中吉乌铁路

与中国－中亚合作：

经贸与人文新观察

The CKU Railway Project
and China-Central Asian Cooperation:
New Observations on Economy and Culture

施越　郑豪　主编

新 华 出 版 社

图书在版编目（CIP）数据

中吉乌铁路与中国－中亚合作：经贸与人文新观察 /
施越，郑豪主编 .－－ 北京：新华出版社，2024.5
ISBN 978-7-5166-7404-8

Ⅰ . ①中… Ⅱ . ①施… ②郑… Ⅲ . ①国际合作－经济
合作－研究－中国、中亚②铁路线路－交通规划－中国、
中亚 Ⅳ . ① F125.536 ② U212.2

中国国家版本馆 CIP 数据核字（2024）第 106974 号

中吉乌铁路与中国－中亚合作：经贸与人文新观察

主编：施越 郑豪

出版发行： 新华出版社有限责任公司

（北京市石景山区京原路 8 号 邮编：100040）

印刷： 三河市君旺印务有限公司

成品尺寸： 170mm×240mm 1/16 **印张：** 25.25 **字数：** 347 千字

版次： 2024 年 9 月第 1 版 **印次：** 2024 年 9 月第 1 次印刷

书号： ISBN 978-7-5166-7404-8 **定价：** 128.00 元

微店 视频号小店 京东旗舰店 微信公众号

喜马拉雅 小红书 淘宝旗舰店 企业微信

感　谢

北京大学社会科学部、研究生院

和中国建筑等企业

对本书的支持

目录

第一部分
中吉乌铁路与中国—中亚—西亚经济走廊建设

第二部分
中国与乌兹别克斯坦、吉尔吉斯斯坦的人文交流

绪 论

当今世界处于百年未有之大变局，中国特色社会主义进入新时代。中亚地区与我国西部边疆毗邻，对于我国边疆安全和经济发展、西向陆上交通和能矿进口多元化而言均有着至关重要的意义，是我国推动"丝绸之路经济带"倡议和构建周边命运共同体的重要区域。2022 年 9 月，国家主席习近平出访哈萨克斯坦，并赴乌兹别克斯坦撒马尔罕出席第十次上海合作组织元首峰会。适逢"一带一路"倡议提出十周年，2023 年 5 月 18—19 日，我国在西安举办本年度首场重大主场外交活动中国－中亚峰会。这是中国与中亚五国建交 31 年以来，六国元首首次举办线下峰会。习近平主席在以《携手建设守望相助、共同发展、普遍安全、世代友好的中国－中亚命运共同体》为题的主旨讲话中提到"中方将全面提升跨境运输过货量，支持跨里海国际运输走廊建设，提升中吉乌、中塔乌公路通行能力，推进中吉乌铁路项目对接磋商。"

"中国－中亚命运共同体"的概念首次提出于 2022 年 1 月 25 日中国同中亚五国建交 30 周年视频峰会。上述历次峰会的领导人讲话中，深化互联互通是推动构建中国－中亚命运共同体的不可或缺的关键领域。本书紧扣上述议题，以中吉乌铁路为焦点，依托赴乌兹别克斯坦、吉尔吉斯斯坦实地调研的一手资料，从两国宏观经济概况、政治和人文环境、相关行业中企展业实践、中国—中亚—西亚经济走廊建设等角度出发，探讨中吉乌铁路的规划和风险管理，思考推动构建中国－中亚命运共同体的路径，为政产学研各界发

图 1　联通中国与中亚的铁路——新疆霍尔果斯铁路换货站（摄影：郑豪）

图 2　调研团行前举行专家研讨会（摄影：刘弋鲲）

展与中亚国家的关系提供智力支持。

在国家高度重视发展与中亚国家关系的背景下，北京大学外国语学院发起"丝绸之路古与今"周边国家系列调研项目，策划并顺利完成赴乌兹别克斯坦、吉尔吉斯斯坦调研。该项目得到了北京大学社会科学部、北京大学研究生院的大力支持。呈现在读者面前的这一作品正是团队成员合作完成的调研报告。该项目是外国语学院在总结参与 2019 年北京大学研究生院"全球视野"研究生暑期国际调研项目和外国语学院"从边疆看周边"调研项目经验的基础上创新的科研实践。该项目旨在融学术研究、资政服务、学术交流、思政建设和人才培养于一体，由北京大学教师带领研究团队赴"一带一路"沿线国家，围绕前沿涉我议题设计涵盖古今的跨学科调研课题及相应调研行程，配套专家讲座、工作坊和子课题组研讨等行前培训活动，以最大限度利用实地调研机会。项目意在为我国与"一带一路"沿线国家的外交工作和边疆省份的发展出谋划策，并在项目开展过程中落实立德树人根本任务，实现"三全育人"目标。

2023 年 6 月 23 日至 7 月 6 日，北京大学"丝绸之路古与今"赴乌兹别克斯坦、吉尔吉斯斯坦调研团完成了为期两周的实地调研工作。调研团由北京大学外国语学院副院长吴杰伟教授领队，国别和区域研究专业施越助理教授和对外经济贸易大学保险学院郑豪助理教授参与调研和指导工作。调研团成员包括北京大学外国语学院博士生刘弋鲲和张梓轩、硕士生李羽姗、俄语专业本科生黄一航、历史学系博士生吕成敏、经济学院博士生谢志伟、法学院博士生史庆。

本项目于 2023 年 2 月开始筹备，以经贸和人文两个领域的主题明确团队成员分工，并于 3 月至 6 月间以至少两周一次的频率召开组会，促进成员相互熟悉磨合，逐步积累研究素材，明晰研究思路和写作框架。本项目邀请来自国内高校、科研院所和企业的相关领域专家就乌兹别克斯坦和吉尔吉斯斯坦基本国情、近期政局、营商环境以及铁路工程建设等开展研讨，帮助不同学科背景的成员熟悉实地调研的环境。此外，调研团部分成员利用五月假期时间赴中国与中亚国家合作的第一线——阿拉山口、霍尔果斯和吐尔尕特口岸，拜访口岸管理委员会、铁路口岸站以及中哈霍尔果斯国际边境合作中心等机构，深入了解口岸管理与物流状况。

在实地调研期间，调研团参访了乌、吉两国的 11 个城市和地区，包括两国的首都塔什干和比什凯克，以及费尔干纳盆地乌方一侧的安集延、费尔干纳、纳曼干、浩罕，吉方一侧的奥什、乌兹根、贾拉拉巴德等城市；走访了 11 所高校和科研机构，拜访了 15 家中资企业和 25 个重要的公共文化机构。通过行前文献研究、实地观察和对一线工作人员的访谈，团队获取了大量一手研究资料。在两国考察期间，调研团受到了乌兹别克斯坦科学院历史学研究所、塔什干国立东方研究大学、吉尔吉斯斯坦国立大学和奥什国立大学等学术机构师生的热情接待。相关院校领导和一线教学科研人员向调研团介绍了整体办学情况，并就中国－中亚地区关系、汉语教学发展现状及双边高校交流前景等主题展开交流。通过实地走访与座谈，调研团深入了解了乌、吉

图 3　调研团访问吉尔吉斯斯坦国立大学（摄影：郑豪）

两国高校和科研机构的学科设置、人才培养、科研方向和毕业生就业领域等方面的情况，增进了彼此之间的认识，拓宽了我国与乌、吉两国的人文交流渠道。

为深化对中亚地区文明传统和当代乌、吉两国国家史观的认知，调研团对乌、吉两国20余处公共文化机构展开了考察。在调研乌兹别克斯坦国家历史博物馆、帖木儿王朝历史国家博物馆、吉尔吉斯斯坦国家历史博物馆、费尔干纳州地方志博物馆、浩罕胡达雅尔汗宫等公共文化机构期间，团队成员深入研究布展设计和展品，结合文献资料梳理了两国的官方历史叙事，把握当前两国尝试向国际社会呈现的国族身份。这些调研成果将成为促进中国与中亚国家民心相通的纽带，助力"一带一路"走深走实。

在经贸合作领域，调研团考察了能源、矿产采掘、基建、建筑、建材、金融、通信、农业、物流、法律服务等领域的中资机构，就各机构的业务状况、市场定位、行业监管要求、属地化管理和企业社会责任履行情况等方面进行了深入探讨。受访中资企业负责人为调研团详细介绍了自身发展历程、运营现状及当前面临的机遇与挑战。在工地现场，调研团全体成员戴上安全帽，实地观摩施工及运营状况，学习各行业生产管理流程细节，了解中资企业与中资企业共同成长的故事。在调研设备供应和物流类企业时，调研团与受访企业家就地区物流状况和铁路建设供应链等专题开展研讨。通过学习一个个鲜活的企业经营案例，调研团在短时间内深化了对中吉乌铁路沿线地区营商环境的认识，为后续全面评估中吉乌铁路计划提供参考。

在行前研究和实地调研信息的基础上，调研团就中吉乌铁路建设风险管理、中资企业在乌、吉两国展业实践和经验、中国—中亚—西亚经济走廊建设前景，以及乌、吉两国国族建构、语言政策和中国的海外形象建设等议题深入探索，撰写了八章专题报告。下文将首先回顾乌兹别克斯坦和吉尔吉斯斯坦独立以来的发展道路和当前对华合作现状，以期为读者搭建理解两国政治经济问题的认知框架。在概述两国基本国情之后，"调研报告内容提要"一节将带领读者鸟瞰全书各节主旨，呈现各章内容之精华。

一、乌兹别克斯坦与吉尔吉斯斯坦的现代转型历程

就自然环境而言，乌、吉两国所在的中亚地区大致可分为北部草原和南部绿洲。草原地区东连天山北麓和蒙古高原，西通伏尔加河和第聂伯河流域，是东亚游牧部落向西、向南迁徙的枢纽。绿洲地区则是伊朗高原和印度河流域人群前往塔里木盆地和中原地区的必经之地。该地区的游牧和农耕人群以商贸、传教、征战和游历等形式活跃于亚欧大陆各地之间的交流中。乌兹别克斯坦和吉尔吉斯斯坦在地理上处于中亚南部的河谷绿洲地区。天山和帕米尔山拦阻的大西洋和北冰洋水汽形成了锡尔河、阿姆河、泽拉夫尚河、楚河等河流。而这些河流数千年来滋养着河谷绿洲地区的各族民众。

中古时期，伊斯兰教的传入和蒙古西征是改变这一地区政治和文化传统的两个重要进程。前者奠定了今天乌、吉两国以伊斯兰教为主要宗教信仰的

图 4　天山、帕米尔高原和费尔干纳盆地形示意①（制作：郑豪）

---

① 调研团根据 SRTM 高程 DEM 90 米分辨率数据进行 3D 建模和渲染制作而成。

文化特征，后者则塑造了 19 世纪俄国征服之前中亚各地诸政权的内在联系：由金帐汗国解体后形成的喀山汗国、阿斯特拉罕汗国、克里米亚汗国、西伯利亚汗国、乌兹别克部南迁形成的布哈拉和希瓦政权，以及哈萨克各部均尊奉成吉思汗的男性子嗣为汗王，大致分享由阿拉伯 - 波斯和草原游牧传统混融而成的文化体系。

16 世纪以降，大航海时代带来的一系列政治经济变迁已经在潜移默化中影响中亚地区的政治经济格局。首先，欧洲列强的殖民扩张逐渐改变了全球的贸易格局。各大陆的沿海港口成为货物和资本全球流动的节点，由此形成全球生产和消费的分工体系。依托河流或畜力运输的亚欧大陆腹地不再成为各区域交流的主要枢纽，"内陆性"由此成为近代以来中亚地区发展所要克服的主要困难。尽管如此，海洋贸易兴盛引发的变迁是一个渐进的过程，且在16—19 世纪，海洋贸易的扩张实际上促进了中亚地区贸易规模的显著增长。规模庞大的布匹、白银、大黄、马匹等物资通过布哈拉汗国的商业网络，在东亚、南亚、西亚和欧洲之间流转。以"布哈拉人""安集延人"为名的商业

图 5 乌兹别克斯坦乡村掠影（摄影：郑豪）

侨民团体分布在从俄国阿斯特拉罕至南亚的广袤地域。其次，以火器和要塞为中心的近代军事技术在 17—18 世纪逐渐改变着中亚地区的政权组织形态。这些技术经由东欧、西亚和南亚三条路线碎片化地传入中亚，在客观上促进了中亚地区政治权力的集中。18 世纪末兴起的浩罕汗国一度维持上万名操持火绳枪的步兵常备军，并在锡尔河和楚河流域修筑要塞，向周边游牧民征收实物税。

尽管如此，中亚地区远离当时的工业、科技和资本的中心西欧，其政治组织、军事技术和意识形态与同时期的欧洲列强存在一定差距。借地利之便，俄国于 19 世纪 60—90 年代逐步征服中亚南部绿洲地区。对于中亚而言，伴随俄国征服而来的是 19 世纪的前沿技术、管理体制和政治思潮。在技术层面，首先，19 世纪中后期的军事技术使俄当局有能力控制中亚各主要人口聚落。至 19 世纪 80 年代，电报网络已经覆盖中亚地区的主要城市和交通线。20 世纪之交，中亚铁路（1899 年从里海东岸修通至塔什干和安集延）和奥伦堡—塔什干铁路（1906 年贯通）相继竣工，整个中亚地区以现代通信和交通方式与俄罗斯和欧洲连接在一起。在此基础上，俄当局在中亚地区引入印刷技术、学校教育体系、图书馆和剧院等现代文教设施，培养本土官僚，并传播支持统治体制的意识形态。

在管理体制层面，俄当局将中亚地区（除沦为受保护国的布哈拉埃米尔国和希瓦汗国之外）划分为九个行省，建立省—县—乡—村四级行政管理体系，并逐步设立粮食供应、公共医疗、兽医、社会保障和国民教育机构。俄当局最初通过吸纳中亚各族群的贵族阶层为基层官吏。至 19 世纪末，随着俄国在中亚地区的统治日渐稳固，本土贵族的传统世袭特权逐渐遭到削夺，基层官吏逐渐由受过俄式教育的本土贵族和平民子弟担任。

新技术和新制度的引入催生了新的社会阶层和政治思潮。俄式学校教育以及基层行政和文教机构为新一代本土知识精英提供了接触、吸收和传播各类欧俄思想文化的平台。部分知识精英赴圣彼得堡、西欧和奥斯曼游历求学，以文学作品针砭时弊，呼唤中亚各地民众的觉醒和社会革新。他们充分

图 6　贴有汉字的拉达汽车（摄影：郑豪）

利用 19 世纪末至 20 世纪初的新技术条件，用本土语言和俄语创造以批判中亚社会现实为主旨的新文学，并编纂教材，改革学校教学方法，在知识供给和传播两个维度上推动文化革新。他们的主张既包括对发展的渴望，即推广世俗教育、吸纳以俄语为媒介的新知识和新技术；也包含反封建的诉求，即破除传统社会的父权、夫权和教权。而在革新的目标上，他们的辩论中同样存在"体用之争"。

　　帝俄时代末期中亚革新派知识分子的愿景在十月革命之后部分成为现实。在欧洲列强竞争白热化的背景下，20 世纪初族裔民族主义浪潮成为促成德、俄、奥、土四国皇统解纽的重要因素。在这一历史背景下，布尔什维克提出了以地域为基础的民族定义以及与社会发展阶段论相结合的社会主义民族理论，并以建立主权国家、加入苏维埃联盟的形式兼顾民族解放的诉求和应对国际竞争的需要。部分支持布尔什维克的中亚各族精英积极参与到这一政治议程中，并通过相互间的博弈初步划定了现代中亚五国的政治版图。在

图 7　吉尔吉斯斯坦奥什市中心广场上的列宁像（摄影：李羽姗）

1925—1936 年间，经过数次领土划分和行政级别的调整，由哈萨克、吉尔吉斯、乌兹别克、土库曼和塔吉克五个加盟共和国构成的苏联中亚地区最终成型。[①]

　　与民族识别和国家组建相配套的是政治和社会关系的变革。首先，在 20世纪 20 年代，苏联在中亚地区大力推行"本土化政策"，从各地基层苏维埃提拔本土族裔干部，并在莫斯科设立面向东方民族的干部院校，培养骨干人才。其次，自 1928 年起，苏联自上而下地组织全国性的集体化和工业化运动，并在中亚地区发动妇女解放运动、打击旧宗教阶层、推广群众扫盲运动和普及国民教育。20 世纪 20—30 年代的社会运动极大冲击了中亚地区此前的社会结构和社会关系，一定程度上践行了帝俄末期中亚知识分子的革新理想。

[①]　具体细节参见丁笃本《中亚通史·现代卷》，北京：人民出版社 2010 年，第 129-148 页；施越：《"分而治之"还是"自下而上"——再议苏联初期的中亚民族划界》，《俄罗斯研究》2019 年第 3期，第 95-122 页。

与社会关系的现代化同步展开的是国族身份的构建。早在 20 世纪 20 年代，部分被吸纳入新政权的革新派知识分子积极投身语言文字改革、本族历史的编纂和基础教育的教材编写工作。自 20 世纪 30 年代开始，苏联科学院的历史学、考古学和东方学研究所开始搜集整理和出版各族历史资料。第二次世界大战期间，莫斯科和列宁格勒的大批学者被疏散到塔什干。来自中央的学术精英积极参与到培养地方学者和编纂加盟共和国的通史的工作中。1955 年，《乌兹别克共和国历史》首卷正式出版。[①]1968 年，《吉尔吉斯共和国历史》首卷正式出版。[②]同一时期，各国以主体民族为研究对象的科研机构陆续相应建立：乌兹别克共和国科学院建立于 1943 年；吉尔吉斯共和国科学院建立于 1954 年。至 20 世纪中期初步构建较为规整的民族知识体系和知识再生产机制。在二战后相对稳定的政治经济条件下，各主体民族的语言、文学、历史、考古和民俗知识由现代学术机构塑造成型。

在苏联的计划经济体系下，中亚地区客观上克服了工业化时代内陆地理条件对发展的限制。经过十一个五年计划的发展，公路、铁路、航空、电网、油气管网基本覆盖中亚各主要城市。至上世纪 80 年代，乌兹别克斯坦的综合实力位居苏联十五个加盟共和国之第四。其原棉、羊羔皮产量、棉纱加工和相关机械生产位列全苏第一；化肥、天然气产量和发电量居第四，而且是重要的农机制造和蔬果生产基地。吉尔吉斯斯坦的羊毛产量居于全苏联第三，是重要的有色金属加工、水力发电和毛纺织基地。乌兹别克斯坦的首座核反应堆于 1959 年投入使用。首都塔什干的首条地铁于 1977 年开通。1966 年动工、1981 年投产的 3100 兆瓦锡尔河火电站项目是当时全球最大规模的火电站之一。与工业化相伴随的是受教育水平的提升。1959 年，乌兹别克共和国每千人中等教育文凭获得者数量为 263 人，每千人高等教育文凭获得者达到 18 人，两项数据均与全苏平均数据持平。

---

① Толстов С. П., Набиев Р. Н. Глямов Я. Г. История Узбекской ССР. Т. 1, кн. 1. Ташкент, 1955.

② Вяткин М. П., Грязнов М. П. Джамгерчинов Б. Д. История Киргизской ССР. Т. 1. Фрунзе, 1968.

图 8　乌兹别克斯坦希林市锡尔河热电站（摄影：谢志伟）

20 世纪 50—60 年代，在民族解放运动的时代潮流下，中亚各国一度成为苏联面向亚非各民族展示现代化道路的样板。以塔什干为代表的中亚国家首府逐渐成为苏联向包括伊斯兰国家在内的亚非拉国家开展外交工作的窗口。1958 年，由美国作家杜波依斯（W. E. Dubois）等知名人士参加的亚非作家协会在塔什干举行第一次会议。1960 年 2 月，莫斯科主办第 25 届国际东方学家大会。参会的各国学者顺道访问了乌兹别克斯坦。1966 年 1 月 10 日，印巴两国领导人在塔什干签订结束 1965 年战争的塔什干宣言。今日塔什干市内仍竖立着时任印度总理沙斯特里（Lal Bahadur Shastri）的半身像，以纪念这一历史事件。

在 20 世纪上半叶，通过社会关系改造、国族身份建构和干部队伍的本土化等措施，中古时期中亚各族裔被整合入多民族的中亚五国。而参与国际劳动分工的困难则通过计划经济下大规模的基建、产能和民生事业投资得以缓解。至 1991 年，中亚各国已经建立了现代行政管理体系和文教体系，实现了 20 世纪中后期水平的工业化和城市化，并以历史、语言、文学和艺术领域数十年的知识再生产相对稳固地建构了各国的国族符号体系。

◆ 二、乌兹别克斯坦与吉尔吉斯斯坦探索独立发展道路 ◆

苏联解体在政治上意味着乌兹别克斯坦和吉尔吉斯斯坦走上了独立发展的道路，须独立应对政权生存和社会经济发展的诸多挑战，妥善处理与国际主要政治力量的外交关系。全苏计划经济体系的瓦解对中亚国家的社会经济状况造成了剧烈冲击。一方面，各共和国之间的经济联系突然中断，乌、吉两国工业部门均因缺乏资金技术支持、零件供应不足与订单中断等原因而陷入生产停滞状态，两国陷入产业链断裂和消费品短缺的困境。另一方面，俄罗斯为缩减财政支出，大幅削减了对于中亚国家的经济援助。而这一补贴在苏联时期一度高达乌兹别克斯坦民生产总值（GNP）的 40%—70%。此外，俄政府将原供给中亚地区的产品价格提升至接近国际平均水平，同时设置出口关税。1993 年，俄罗斯以废除旧卢布的方式实际上使卢布区解体，中亚各国不得不承受短时间内重建货币体系的代价。上述因素叠加，90 年代初乌、吉两国经受了社会经济转型的巨大困难。1991—1994 年间，乌社会消费品零售总额下降48.2%，[①]而考虑到同期乌兹别克斯坦极高的通货膨胀率，居民消费实际降幅远高于前一水平。1991—1995 年，乌兹别克斯坦内生产总值（GDP）增长率持续为负，1992 年下跌至 -11.2%。[②]与此同时，乌通货膨胀率高企，1994 年一度达到 1568.33%。[③]1991—1998 年间，乌失业率亦连年上升。[④]

表 1　2022 年乌兹别克斯坦和吉尔吉斯斯坦基本经济数据对比[⑤]

国名	乌兹别克斯坦	吉尔吉斯斯坦
领土面积（万平方公里）	44.89	19.99
2022 年人口（万人）	3521.13	674.73
2022 年名义 GDP（亿美元）	804	109
2022 年名义人均 GDP（美元）	2254.9	1607.3

更重要的是，乌、吉两国需要面对加入国际劳动分工与重构政治共同体的两大难题。对于乌、吉两国而言，独立之后，亚洲腹地的地缘条件再度成为谋求发展需要克服的障碍。乌、吉两国受地缘条件的限制极为显著。一方面，乌兹别克斯坦是世界上仅有的两个的双重内陆国（本国与邻国均为内陆国）（另一国为人口仅约 4 万的列支敦士登）之一。首都塔什干距离各大洋港

---

① 常庆：《中亚乌国独立以来政治经济形势述评》，《东欧中亚研究》。1996 年第 6 期，第 74-79 页。

② World Bank. GDP growth（annual %）- Uzbekistan. [2022-01-19]. https://data.worldbank.org/indicator/NY.GDP.MKTP.KD.ZG？locations=UZ.

③ Indexmundi. Uzbekistan inflation rate（consumer prices）[DB/OL]. [2022-01-19]. https://www.indexmundi.com/uzbekistan/inflation_rate_（consumer_prices）.html.

④ World Bank. Unemployment, total (% of total labor force) (modeled ILO estimate) – Uzbekistan [DB/OL]. [2021-01-19]. https://data.worldbank.org/indicator/SL.UEM.TOTL.ZS?locations=UZ.

⑤ 数据来源：世界银行数据库。北京大学调研团整理。

图 9　乌兹别克斯坦城市道路街头卖馕的商贩（摄影：郑豪）

口至少 2000 公里以上。吉尔吉斯斯坦同样是内陆国。尽管毗邻中国，但目前沿边地区仅有季节性开放的公路口岸。常年的公铁运输依赖哈萨克斯坦和乌兹别克斯坦的交通网络。因此，物流成本成为乌、吉两国发展外向型产业的瓶颈，而中亚国家接入国际市场的便利途径仍然是借用苏联时期以莫斯科为中心的基础设施网络。在全球市场的吸引下，贵金属、大宗原材料和劳动力输出是中亚国家加入国际分工的主要形式：乌、吉两国目前的主要外贸产品为黄金和皮棉，而两国每年向俄罗斯输出数以百万计的跨境劳工。

另一方面，中亚五国独立后，乌兹别克斯坦、吉尔吉斯斯坦和塔吉克斯坦在苏联时期形成的边界一夜之间成为独立主权国家之间的边界。三国边界犬牙交错、飞地相互嵌套的费尔干纳盆地由此成为国家统合和边境地区治理的难题。对于乌兹别克斯坦而言，费尔干纳盆地三州（费尔干纳州、纳曼干州、安集延州）有着近 900 万人口。苏联时期，进入费尔干纳盆地的铁路线路须经过塔吉克斯坦北部的粟特州（Viloyati Sughd），通过扼守盆地西侧隘口的苦盏市。因此，在 2016 年安格连—帕普铁路通车之前，塔什干到乌属费尔干纳盆地仅由盘山公路和航空线路联系。即便在公铁交通均已通畅的今天，乌兹别克斯坦仍在山区的交通要道派驻军事单位，防范敌对势力袭击交通要道。

对于吉尔吉斯斯坦而言，尽管 20 世纪 20 年代划定的边界尽可能照顾到吉尔吉斯族的活动范围和工业经济发展的需求，但既有边界及其地形状况对国家的内部整合提出了严峻的挑战。吉尔吉斯斯坦国土面积为 19.99 万，90% 的国土是山地，平均海拔在 1500 米以上，地质情况复杂。该国人口主要集中在北部的楚河谷地（以首都比什凯克为中心，人口 200 余万）和南部费尔干纳盆地的东部边缘（以奥什、贾拉拉巴德和乌兹根为主要城市，人口 300 余万）。南北两地区之间仅依靠级别较低的盘山公路和航空线路联系。即便在今天，首都比什凯克到南方主要城市奥什的公路车程约 660 公里，不考虑中途休息的单程行驶时间至少为 12 小时。在苏联时期，北部的楚河谷地实际上是以阿拉木图为中心、哈萨克共和国南部工农业分工体系的一部分。比

图 10　乌兹别克斯坦纳曼干的街巷（摄影：郑豪）

图 11　吉尔吉斯斯坦与哈萨克斯坦边境的楚河（摄影：郑豪）

什凯克市吉尔吉斯族占比相对较低，俄语普遍通用。在今天，阿拉木图至比什凯克仅需 4 小时车程。而吉尔吉斯斯坦南部则天然与乌属费尔干纳盆地联系更为密切。经济上也以种植业和畜牧业为主。地理上的区隔塑造了吉尔吉斯斯坦南北两地区在文化传统、民族、宗教和语言等各方面的差异。

其次，中亚各国的国族身份建构面临大国博弈之下多种力量的牵引。各国内部最重要的两个宪制问题是国族的族裔构成和政教关系。族裔构成问题涉及如何处理主体民族的族裔民族主义与多民族国家公民民族主义之间的关系，尤其是俄语和俄苏文化传统在新条件下的地位。政教关系问题涉及如何处理各国国族符号体系中伊斯兰因素和伊斯兰教在政治和社会中的地位。经过长期的探索，中亚各国均承认自身的多民族国家地位，尝试在少数族裔民族主义和主体民族主义之间寻找平衡点。而鉴于阿富汗政局长期动荡，中亚各国均在宪法中明确政教分离原则，并以法治化手段管理宗教事务。独立后的中亚五国大幅提升主体民族历史文化人物和重要王朝在国族符号体系中的地位，夯实主权独立的意识形态基础：帖木儿在乌兹别克斯坦、玛纳斯在吉尔吉斯斯坦分别被塑造为各自的神圣先祖，占据原先苏联时期革命导师在历史书写、雕像陈设、街道命名和节庆纪念中的地位。①

在上述短期和长期的挑战下，乌、吉两国在独立30余年间艰难探索发展道路。乌兹别克斯坦在独立之初建立了强有力的总统制，并一反当时欧亚地区盛行的"休克疗法"，主动选择减少与外部经济体的联系，放缓市场化改革的节奏，以重建国内经济体系，应对邻国阿富汗政权更迭和塔吉克斯坦内战带来的风险。在政治领域，1992年出台的《宪法》规定了三权分立的政治体制，但明确卡里莫夫既是国家元首，又是行政首脑，同时担任国家武装力量统帅。其权力包括组成并领导行政权力机关，主持重要内阁会议，签署和发布政府决议和命令，提出立法动议，签署公布法律，在同宪法法院协商后解散议会等。②同时，禁止各政党和社会组织从事反政府的活动，反对派政党被依法取缔，而乌独立初期合法存在的四个政党，即人民民主党、祖国进步党、"公正"社会民主党以及民族复兴党均支持总统的政治纲领。由此，卡里莫夫总统树立了极高的权威，并在此后连续执政至2016年。

在国族身份建构层面，卡里莫夫总统三管齐下，一是平衡部族政治力量与地方利益，二是巩固乌兹别克族的主体族裔地位，三是构建国家公民认同。自近代以来，乌兹别克斯坦所处的中亚南部地区长期存在地域认同优先于民族认同的传统。苏联时期，乌兹别克斯坦仍存在以地域划分的政治派系。③为削弱地方主义，进一步巩固政权，卡里莫夫一方面提携来自撒

---

① 杨成：《去俄罗斯化、在地化与国际化：后苏联时期中亚新独立国家个体与集体身份的生成和巩固路径解析》，《俄罗斯研究》，2012年第5期，第107-139页。

② 孙壮志，苏畅，吴宏伟：《列国志：乌兹别克斯坦》，北京：社会科学文献出版社，2016年，第73页。

③ Fedorov, Y. "Uzbekistan: Clans, succession, and stability." *Security Index: A Russian Journal on International Security*, 2012, 18(2): 44.

图 12　乌兹别克斯坦费尔干纳市 2023 年总统选举投票点（摄影：郑豪）

马尔罕和布哈拉的干部，使之与出身塔什干的集团保持平衡；另一方面大量任用年轻技术官僚，强调专家治国，使乌兹别克斯坦政治基础逐渐从地方集团转变为行业集团。[①]与此同时，乌官方着力打造以主体民族为基础的国族认同，这一点突出体现在强化国语地位和塑造国族文化上。乌宪法规定乌兹别克语为官方语言，且总统候选人需熟练掌握国语。自独立以来，乌兹别克语在教育、国际交往乃至计算机、医学、经济学等专业领域日益普及。1994 年卡里莫夫提出"精神（Ma'naviyat）"概念作为核心民族文化，开办同名电视台及刊物，并在中小学及高等院校增设相关课程。在《崇高精神：无形的力量》[②]一书中，卡里莫夫指出塑造"精神"的要素包含历史、习俗与价值观，具体而言就是精神遗产、文化财富和历史古迹。同时，鉴

①　张宁：《乌兹别克斯坦独立后的政治经济发展（1991～2011）》，上海：上海大学出版社，2012 年：第 38-41 页。

②　Karimov, I. A. Yuksak ma'naviyat yengilmas kuch. Toshkent：O'zbekiston, 2008.

于乌兹别克斯坦境内族群众多，乌政府亦提出"家园"等概念打造国家认同。1996 年 8 月，在乌兹别克斯坦共和国最高会议第六次全体会议上，卡里莫夫提到，"我们为 120 多个民族在乌兹别克斯坦领土上和平生活而感到自豪。我们的孩子们能够在中小学和高等院校学习 8 种语言。报纸、电视和无线电广播都在以多种语言播报。民族文化教育中心总数近百个，且日益取得良好发展。"① 尽管在实践中，多民族国家不可避免会存在族裔民族主义与公民民族主义两条路径之间的张力。

最后，在政教关系层面，乌兹别克斯坦独立后明确实行政教分离制度，一方面借助伊斯兰文化填补苏联解体后乌意识形态领域的真空，另一方面将宗教限制在民族传统和文化精神领域，防范宗教极端主义。1997 年，卡里莫夫著书指出，"我们主张，宗教要继续起作用，使居民掌握高尚的精神财富，继承历史遗产和文化遗产。但我们任何时候也不允许，让宗教口号成为夺权的旗帜，成为干涉政治、经济和法律的借口，因为我们把这视为对我国安全和稳定的潜在威胁。"② 为打击"乌伊运"等极端组织，防止塔吉克斯坦内战在乌上演，乌政府 2000 年出台《反对恐怖主义法》，严格管控国内宗教组织和宗教活动，同时就反恐议题与欧美国家以及上海合作组织积极展开合作。

在经济领域，乌兹别克斯坦当局以维护国家主权独立与安全，降低周边国家政治经济波动对本国的冲击为目标。首先，有别于俄罗斯、哈萨克斯坦和吉尔吉斯斯坦等周边国家，乌兹别克斯坦拒绝了大规模私有化的方案，采取分阶段建立市场经济体制的方式，以减弱转型过程对社会的冲击。乌兹别克斯坦当局于 1992—1993 年在公共住房基金、商业企业、地方工业、服务性行业和农产品收购系统内实施"小私有化"改革，而后于1994—1996 年逐步扩大参与成员，实施"大私有化"改革，旨在将国家财

---

① Karimov, I. A. Hozirgi bosqichda demokratik islohotlarni chuqurlashtirishning muhim vazifalari. Toshkent: O'zbekiston, 1997.

② 伊斯拉姆·卡里莫夫：《临近 21 世纪的乌兹别克斯坦：安全的威胁、进步的条件和保障》，王英杰等译，北京：国际文化出版公司，1997 年，第 39 页。

产出售给有能力高效运作的私营部门。同时，分阶段小步伐放开物价管控，提高农产品收购价格，同时对部分粮食商品和工业品以及服务收费率规定最高限价，并在财政部下成立反垄断机构，促进市场公平竞争。这一方案旨在避免将原料资源、消费品与服务价格全部放开所可能造成的严重通货膨胀。在向市场经济过渡的过程中，政府尤其注重社会保护措施，如给予私有化企业税收优惠，向粮食生产者提供补贴，提高最低工资、养老金和助学金标准等，为居民购买力托底。[①]

其次，乌兹别克斯坦领导层清晰认识到，计划经济到市场经济的转轨绝非经济转型的唯一目标，同样重要的工作是经济结构的调整。卡里莫夫曾指出，采纳"休克疗法"的原苏联国家在独立初期迷信货币政策，将解决通胀的重心放在抑制需求上，却忽视了生产端的根本问题。[②]苏联时期，乌兹别克共和国主要承担棉花生产基地的任务，乌兹别克斯坦工业部门也均围绕棉花生产建立，如植棉机械制造业、棉花加工业、化肥工业等，粮食和消费品则由其他共和国供应。单一作物种植的格局不利于乌兹别克斯坦作为独立国家生存：1992年，乌兹别克斯坦棉花产量为412.8万吨，而小麦产量仅为96.4万吨。[③]此外，由于基础工业部门欠发达，尽管乌兹别克斯坦富有天然气等资源，但在独立初期难以实现能源自给。因此，乌兹别克斯坦在90年代初选择保持国家计划指导，通过外交手段引入韩国和欧洲的特定企业发展汽车制造和重化工业，扶持本国的家电和轻工业企业，以谋求战略自主。

最后，在乌兹别克斯坦内资本不足的背景下，乌兹别克斯坦对西方发达国家开展的外交活动乃至国际形象塑造看似政治行为，但实则带有吸引国际投资和降低对俄依赖的双重意义。1991年12月，卡里莫夫在乌兹别克斯坦

① 伊斯拉姆·卡里莫夫:《深化经济改革道路上的乌兹别克斯坦》，陈世忠、邱冰译，北京：国际文化出版公司，1996年，第22-66页。

② 伊斯拉姆·卡里莫夫:《深化经济改革道路上的乌兹别克斯坦》，陈世忠、邱冰译，北京：国际文化出版公司，1996年，第112页。

③ Pomfret, R. "Resource abundance, governance and economic performance in Turkmenistan and Uzbekistan," Discussion Papers 18735, University of Bonn, Center for Development Research, 2004, p. 3.

独立之际出访土耳其，1992 年 2 月，乌兹别克斯坦加入含土耳其在内的中西亚经济合作组织。土耳其于 1992 年 7 月向乌兹别克斯坦提供贷款 5.95 亿美元。[1]1992—1995 年间，卡里莫夫总统两次赴韩国访问，在高层互动的推动下，韩资企业对乌兹别克斯坦汽车和家电等产业进行大规模投资。此外，乌兹别克斯坦同包括美国、英国、德国在内的西方发达国家在双边基础上成立工商联合会，颁布《外国投资与保障外国投资者活动法》，简化建立合资企业、外资注册及办理出口产品许可证的相关程序，采取包括 5 年免征外汇收入税以及免征进口关税等吸引外资的优惠措施。[2]这些活动均对乌兹别克斯坦吸引外资流入起到正面促进作用。得益于 20 世纪 90 年代黄金、天然气等

图 13　安格连—帕普铁路沿线车站的乌兹别克斯坦货运列车（摄影：郑豪）

---

① 孙壮志，苏畅，吴宏伟：《列国志：乌兹别克斯坦》，北京：社会科学文献出版社，2016 年，第 255 页。
② 伊斯拉姆·卡里莫夫：《深化经济改革道路上的乌兹别克斯坦》，陈世忠、邱冰译，北京：国际文化出版公司，1996 年，第 79 页。

乌兹别克斯坦出口的大宗商品国际价格上涨，乌当局获得了稳定的财政收入来源，相对平稳地渡过了动荡的 90 年代。[1]

在外交领域，乌兹别克斯坦以多元平衡的方式在俄、美、欧、土耳其等多种国际政治势力之间寻求发展路径。20 世纪 90 年代，乌兹别克斯坦与俄罗斯在政治、经济、人文各领域的合作均处于低迷态势。一方面，俄罗斯一度奉行融入欧美的外交政策，政治上忽视独联体国家，经济上因实行"休克疗法"而受到巨大冲击，因而对乌实行"甩包袱"政策。之后，受 1998 年金融危机的影响，乌俄经济联系趋弱的局面直至 20 世纪末也未发生改变。在安全领域，乌兹别克斯坦于 1992 年签订集体安全条约，但于 1999 年退出集安组织，同年加入了带有反俄意味的古阿姆集团（GUAM），借此向北约靠拢。在与俄罗斯保持一定距离的同时，乌兹别克斯坦积极与美国、欧洲、韩国、土耳其以及海湾国家发展关系，谋求自身发展空间。乌兹别克斯坦于 1992 年与美国建交，同年乌美合资企业泽拉夫尚－纽蒙特公司成立，负责开发全球储量最大的金矿之一穆龙套金矿。[2] 值得注意的是，不顾欧美国家的反对，乌兹别克斯坦于 1996 年收紧外汇兑换管制。但即便遭到国际货币基金组织（IMF）等国际金融机构的制裁，美乌双边经贸投资仍稳步发展：1996 年，美乌贸易额同比增长 16 倍，至 1998 年，在乌注册的乌美合资企业达 255 家。[3] 正是在同西方发达国家积极发展关系的进程中，最早一批大额外国直接投资（FDI）的流入，包括韩国大宇集团、凯斯纽荷兰（CNH）全球有限公司[4]、德

① Pomfret, R. "The Uzbek Model of Economic Development, 1991–91," Economics of transition, 2000, 8(3); Zettelmeyer. "The Uzbek Growth Puzzle," IMF Working Paper, 1998; Ruziev, K. et al. "The Uzbek Puzzle Revisited: an Analysis of Economic Performance in Uzbekistan since 1991," *Central Asian Survey*, 2007, 26(1): pp. 7-30.

② Mining Technology. Gold Mine—Zarafshan—Newmont—Uzbekistan. [2022-01-30]. https://www.mining-technology.com/projects/zarafshan.

③ 孙壮志，苏畅，吴宏伟：《列国志：乌兹别克斯坦》，北京：社会科学文献出版社，2016 年，第 273 页。

④ 投资于（农业）机械设备制造业，1997—1998 年在乌兹别克斯坦成立四家外商合资企业。

国 Falk-Porsche-Technik GmbH 公司 ①、英国 Lonrho 公司 ② 等奠定了乌兹别克斯坦发展机械制造业等资本密集型产业的基础。

得益于在中亚的韩国人的纽带③，乌兹别克斯坦自独立之初便与韩国建立了密切的经贸合作关系。卡里莫夫总统曾表示，希望新独立的乌兹别克斯坦可以复制韩国 1960—1970 年政府主导的经济发展进程。1992 年 6 月，卡里莫夫访韩期间前往昌原（Changwon）汽车厂，并表达了对某一款车型的强烈兴趣。作为回应，大宇集团高级管理层于 1992 年 7 月访问塔什干，同意投资在安集延州建设产能为年均 20 万辆汽车的工厂。这是中亚地区第一座现代化汽车制造厂。乌兹别克斯坦给予该项目所得税、增值税和进口部件关税五年免税期，承诺在两年内保护乌兹别克大宇汽车公司在国内市场的特权地位，并赋予大宇在工厂建设期间用于进口机器设备（以及生产期间进口零部件）的外汇配给优先权。④ 上述项目的关键谈判均是由卡里莫夫总统和大宇集团主席金宇中直接参与，乌兹别克斯坦时任副总理亲自监管该厂的建设。由此可见乌兹别克斯坦对该项目的重视。⑤ 该项目进一步带动了乌兹别克斯坦汽车制造产业的发展：由于零部件进口成本过高，为实现零部件的国内供应，6 家乌韩合资企业相继成立（如 Uz-Tong Xong Ko 汽车座椅厂和 Uz-SeMyung Ko 油箱厂等），冲压零件全部由国内生产。1997 年，汽车的国内生产量占 40%，到 2000 年，该比例高达 70%。大宇汽车集团至今仍为乌兹别克斯坦外商投资数额最大的项目之一，共计投资 6.58 亿美元。

---

① 投资于（电器）机械制造业，1998 年收购乌兹别克斯坦 Elektrosignal 公司，1999 年成立 Deutsche Kabel AG Tashkent 合资公司。

② 投资于采矿业，1994 年与乌兹别克斯坦地质矿产资源委员会、纳沃伊矿冶联合企业、国际金融公司（IFC）共同成立 AGF 合资公司，Lonrho 持股 35%，后于 1999 年将股份售予英国奥克斯资源公司。Lonrho 公司后更名为 Lonmin。

③ 根据 1989 年全苏人口普查，乌兹别克共和国内有约 18.3 万中亚高丽人。

④ 进口车辆商品税适用 30%。Ganikhodjaev S. "Regulating System of Foreign Trade in Uzbekistan at the Transitional Period," Economic journal of Hokkaido University, 2004(33): 205-219.

⑤ Park, C. "Overseas Business Development in Emerging Market Environment: Daewoo and Uzbekistan Economy (1992~1997)," 경영사학, 2011, 26(1): 133-159.

进入 21 世纪，"9·11"事件使得美俄在中亚地区的博弈形势更为复杂。在美军打响反恐战争的背景下，毗邻阿富汗的乌兹别克斯坦对于美军的后勤保障起到关键作用。2001 年 9 月 24 日，普京宣布支持美国反恐战争的五项计划，包括情报共享、为人道主义援助开放俄罗斯领空、为北方联盟提供军事援助等。正是俄罗斯的正面态度促使美军顺利进驻乌兹别克斯坦汉纳巴德（K2）空军基地。随着美乌军事合作的加强，美国对乌援助力度大幅增加：2002 年提供安全援助 8253 万美元、人道主义援助 4906 万美元、经济援助 3637 万美元，加上其他领域援助之后，合计高达 2.24 亿美元。上述金额超过 1996—2001 年美对乌援助金额之和，约占当年乌兹别克斯坦财政收入的 6.5%。[1] 但乌兹别克斯坦与俄罗斯的双边关系并未因此下滑，尤其在经济领域有所突破。俄罗斯日益成为乌兹别克斯坦天然气领域的重要投资者与出口对象国，2001 年 12 月，两国签署为期 25 年的天然气开采合同。转年 12 月，两国签署《天然气出口协议》，随后俄罗斯天然气工业公司与俄罗斯卢克石油公司先后开始投资乌兹别克斯坦。

以 2003 年格鲁吉亚"玫瑰革命"为标志，"颜色革命"浪潮随后席卷原苏联国家。乌兹别克斯坦开始重新评估与欧美国家的关系，而吉尔吉斯斯坦则经历 2005 年和 2010 年两次政治动荡和政府更迭。2005 年 5 月 12—13 日，乌兹别克斯坦东部城市安集延爆发大规模武装骚乱。乌兹别克斯坦官方称，"安集延事件"系由伊斯兰极端主义分子煽动所致，乌政府进行了合法平暴，共计 169 人在事件中死亡。[2] 然而，欧美国家并不认可，要求对该事件进行国际调查。乌兹别克斯坦以干涉内政为由予以拒绝，并率先寻求俄罗斯的支持。2005 年 5 月，乌兹别克斯坦宣布退出古阿姆集团。6 月，卡里莫夫访俄，向俄方介绍"安集延事件"的调查情况。同时，乌兹别克斯坦政府以环境问题为由，发布对 K2 军事基地运营和美军用飞行器过境的限制。2005 年 7 月，

---

[1] EveryCRSReport.com. Uzbekistan：Recent Developments and U.S. Interests.〔2013-08-21〕[2022-01-30]. https://www.everycrsreport.com/reports/RS21238.html.

[2] Российская Газета. Прокуратура Узбекистана：В Андижане погибли 169 человек.（2005-05-17）[2022-02-05]. https://rg.ru/2005/05/17/uzbekistan-pogibshie-anons.html.

在上海合作组织成员国元首理事会会议上，各成员国联合发布宣言，要求西方国家确定在从中亚国家撤军的最后期限。随后，乌兹别克斯坦于 7 月 29 日正式要求美国于 180 天内撤离 K2 基地。① 此后，欧美国家亦采取了对乌兹别克斯坦的制裁措施。因此，2006 年 1 月，乌兹别克斯坦正式成为欧亚经济共同体成员国；6 月，乌兹别克斯坦宣布重新加入集安组织。2007 年 1 月，俄罗斯通过新移民法，为外国劳工简化取得工作许可的手续，此举使俄罗斯劳务市场上的乌兹别克斯坦工人显著增加。2010 年，乌兹别克斯坦在俄人口较 2002 年翻了一番多，占俄罗斯总人口的比例自 0.08% 上升至 0.2%。② 由此可见，在此一阶段，乌俄在政治、安全、经济、社会各领域的关系持续深化。

尽管俄乌走近，但重新回归俄罗斯主导的一体化进程在更大程度上是乌兹别克斯坦为应对西方压力、维护主权独立的一时之策。自 2006 年下半年起，乌兹别克斯坦同欧美的关系显露出缓和的态势。2007 年 3 月，乌兹别克斯坦内阁机关报《东方真理报》发文呼吁乌兹别克斯坦与美国和欧盟之间"寻求共同理解"。同年 10 月，欧盟部长理事会决定解除对乌部分官员的签证限制。③ 与此同时，由于北约对阿富汗的南部补给线在 2008 年屡屡遭遇塔利班袭击，造成物资供应中断，美国着意开辟"北方运输网络"，乌兹别克斯坦的战略地位再度得以提升。随着乌兹别克斯坦与美国和西方的关系逐渐回暖，乌兹别克斯坦在集安组织中的参与度日益下降，频繁缺席理事会会议，并最终在集安组织决策程序变更和乌塔水资源争端的催化下于 2011 年和 2012 年再度退出欧亚经济共同体和集安组织。即便如此，乌兹别克斯坦与俄罗斯双边的政经关系仍保持平稳发展态势。由此可见，在复杂的地缘政治环

---

① Cooley, A. "Principles in the Pipeline: Managing Transatlantic Values and Interests in Central Asia," International Affairs, 2008. 84(6), 1173–1188.

② Bedrina, E. et al. "Migration from Uzbekistan to Russia: Push-pull Factor Analysis" in Smart Technologies and Innovations in Design for Control of Technological Processes and Objects: Economy and Production. ed. Solovev, D. B. Cham: Springer, 2020: 283-296.

③ Троицкий Е. Ф. Внешняя политика Узбекистана в 2004-2007 гг.: от стратегиского партнерства с США к союзническим отношениям с Россией. УДК, 2008, 327(575.1): 93-96.

境下，乌兹别克斯坦长期奉行多元平衡外交政策，利用自身地缘条件维护主权独立，客观上对地区形势的稳定作出了贡献。

* * *

吉尔吉斯斯坦在独立之初面临与乌兹别克斯坦类似的地缘困境和政治经济挑战。相比乌兹别克斯坦，吉尔吉斯斯坦内部各政治派别之间的争斗使得政治体制反复调整，大政方针经常更易，大国的地缘政治博弈也更容易对吉尔吉斯斯坦造成冲击。1991 年至今的 32 年间，吉尔吉斯斯坦已轮换至第 5 任总统、第 38 任总理；当局发起过 11 次全民公决，其中 8 次涉及宪法条款的修订。[①] 作为中国的邻国，发展道路曲折的吉尔吉斯斯坦同样值得我们关注。

从政治体制角度来看，吉尔吉斯斯坦经历了从总统制（1991—2010 年）到议会制（2010—2021 年）再回归总统制（2021 年至今）的变迁。吉尔吉斯斯坦内部派系斗争的顽疾在苏联行将解体时便埋下了伏笔。1990 年 3 月，苏联新设总统职位，各加盟共和国也进行相应改革，但大多由所在国共产党第一书记通过选举的形式出任总统。出人意料的是，吉尔吉斯共和国的总统选举竟无人当选。吉尔吉斯斯坦最知名的作家钦吉斯·艾特玛托夫一度得到推举，但后者推辞，并举荐时任吉尔吉斯共和国科学院院长阿斯卡尔·阿卡耶夫（Askar Akayev）。由此，46 岁的阿卡耶夫出任吉尔吉斯斯坦首任总统。阿卡耶夫出生于楚河州一个集体农庄家庭，曾以优异的成绩考入列宁格勒精密机械和光学学院，并于 1980 年莫斯科工程物理学院完成博士论文答辩。此后，他在吉尔吉斯共和国科学院从事科研工作，于 1989 年出任科学院院长。相比中亚其他各国，阿卡耶夫是唯一一位早年不曾担任过政府部门职位的首任总统，因此相对缺乏政治关系网络和治国理政经验。独立之后，与俄罗斯和哈萨克斯坦相似，吉尔吉斯斯坦首先面临总统与最高苏维埃权力的权力关系不清的问题。在苏联时期，最高苏维埃是国家最高权力机构，而总统只是

---

① 吉尔吉斯斯坦 1993—2010 年历次修宪的主要内容、历届政府总理名单、历届议会状况和主要政党名单参见张宁、李雪、李昕韡著：《吉尔吉斯斯坦独立后的政治经济发展》，上海：上海大学出版社，2013 年，第 62-72 页。

图 14　吉尔吉斯斯坦比什凯克市中心的玛纳斯像与吉尔吉斯斯坦国旗（摄影：刘戈鲲）

图 15　比什凯克市中心的阿拉套影院（摄影：郑豪）

1990 年新设的职务。主导行政部门的阿卡耶夫总统与最高苏维埃在如何推进国有资产私有化、土地能否私有化、是否引入外资大规模开发矿产资源以及如何计算总统任期等问题上争执不下。在多轮博弈后，阿卡耶夫以全民公决的方式将最高苏维埃改为总统制下的立法机构议会。通过 1996 年修宪，吉尔吉斯斯坦初步确立了三权分立基础上的强总统、弱议会格局。

但政治体制的反复调整并不等于国家权力结构的变革。2002 年 3 月发生的阿克瑟事件（Аксыйские события）引发反对派支持者从吉尔吉斯斯坦南部大规模进入首都示威游行，阿卡耶夫向反对派妥协。这一事件被视为此后十余年吉尔吉斯斯坦政局动荡的开端。这一时期，吉尔吉斯斯坦内部的派系和地域矛盾与 2001 年阿富汗战争引发的大国地缘政治博弈交织在一起。2005年吉尔吉斯斯坦"郁金香革命"因议会选举过程中的派系斗争而起。3 月 18日，反对派占领南部城市奥什和贾拉拉巴德的政府机关；24 日，反对派组织的游行队伍冲击总统府，并从监狱中释放前总理库洛夫（Felix Kulov）。阿卡耶夫总统仓皇出逃，经俄在吉尔吉斯斯坦的肯特空军基地飞赴哈萨克斯坦，后至俄罗斯避难。

但该事件中的反对派也并非成体系的政治组织。反对派领导人之一巴基耶夫（Kurmanbek Bakiyev）在夺取政权后并未将所有重要的反对派领袖均吸收入新政权。由此，2005 年下半年开始，新政权内部出现总统巴基耶夫与总理库洛夫之间的斗争。在人事任命方面，巴基耶夫重蹈阿卡耶夫的覆辙，将兄弟子嗣等近亲安排在安全、外交和经济开发的重要岗位。[1]同时，巴基耶夫政权对美国的亲近立场引发俄罗斯的疑虑。三国在玛纳斯空军基地美驻军去留的问题上反复博弈。2009 年，巴基耶夫一度以承诺关闭美军基地为条件，换取俄罗斯 1.5 亿美元经济援助和 20 亿美元贷款。但至 2010 年初，巴基耶夫仍未兑现对俄罗斯的承诺，反而借此向美方要价，获得美方 1.17 亿美元经济援助。[2]同时，受 2008 年国际金融危机冲击，吉尔吉斯斯坦当局财政拮据，转而提高能源、供暖和移动通信资费来充实国库。这一举措引发了社会民众的不满情绪。2010 年 3 月，俄罗斯临时中止对吉尔吉斯斯坦的石油出口。2010 年 4 月 6 日，巴基耶夫时代的反对派领导人之一希尔尼亚佐夫（Bolot Sherniyazov）在塔拉斯市被捕。其支持者组织上千人围攻塔拉斯州政府大楼，扣押州长。7 日，巴基耶夫宣布在部分地区实行宵禁，但示威游行活动蔓延至全国。8 日，反对派所组织的人群冲击总统府，巴基耶夫出逃至其支持者较多的南方都市奥什，试图以类似方式组织民众夺回部分城市的政权。15 日，反对派领导人与巴基耶夫在贾拉拉巴德举行会谈，巴基耶夫同意签署辞呈，以换取安全保障，并于同日飞赴哈萨克斯坦，后长期居留于白俄罗斯。

由前外长奥通巴耶娃（Roza Otunbayeva）领导的临时政府接管了巴基

---

[1] 王林兵，雷琳：《精英、政党与制度：吉尔吉斯斯坦独立以来的政治发展逻辑》，《俄罗斯东欧中亚研究》，2019 年第 5 期，第 123-141 页。

[2] Cooley, A. "Manas Hysteria - Why the United States can't Keep Buying off Kyrgyz Leaders to Keep Its Vital Air Base Open," April 12, 2010, https://foreignpolicy.com/2010/04/12/manas-hysteria/.

耶夫辞职后的吉尔吉斯斯坦政权。2010 年 6 月，临时政府颁布新宪法，将吉尔吉斯斯坦政治体制改为议会制，明确议会是吉尔吉斯斯坦最高国家权力机关，而议会多数派政党或党团依法组阁是政府产生的唯一方式；总统则作为国家元首，象征着人民团结和国家统一。修宪之后当选的阿坦巴耶夫政府最为显著的政策调整是以俄罗斯为优先的外交方向。新政府组建后，阿坦巴耶夫明确将于 2014 年租期届满后关闭美军在玛纳斯机场租用的基地。吉尔吉斯斯坦当局将吉国家天然气公司的所有股权低价卖给俄罗斯天然气工业股份公司（Gazprom）。作为回报，俄罗斯免除了吉尔吉斯斯坦近 5 亿美元的债务。[①] 此外，阿坦巴耶夫时期吉尔吉斯斯坦最重要的外交工作之一是加入俄罗斯主导的欧亚经济联盟。这一时期，吉尔吉斯斯坦逐渐形成在能源、侨汇、金融、媒体、高等教育等领域与俄罗斯的深度绑定，不过，吉尔吉斯斯坦与欧美国家、中东国家和日韩等国的合作仍在持续。

◆ 三、新时期乌、吉两国的改革与发展 ◆

2016 年 9 月，乌兹别克斯坦首任总统卡里莫夫因病逝世。时任总理米尔济约耶夫代理总统，并于当年 12 月总统大选后正式就任。米尔济约耶夫根据新的国内和国际形势，对乌兹别克斯坦的政治经济制度进行了大刀阔斧的改革。鉴于乌兹别克斯坦地处中亚腹心，与其他四国及阿富汗接壤，乌兹别克斯坦的改革对中亚各国的发展都起到了积极的带动作用。乌兹别克斯坦当局在 2017 年发布《2017—2021 年五大优先发展方向国家行动战略》，明确提出经济领域的五项改革目标：第一，确保宏观经济稳定，保持经济高速增长；第二，通过深化结构改革，推动主要经济部门的现代化和多元化，逐步提升国民经济的竞争力；第三，促进农业的现代化和集约化发展；第

---

① 曾向红，万天南：《塔吉克斯坦为何不加入欧亚经济联盟？——基于与吉尔吉斯斯坦的比较》，《区域与全球发展》，2021 年第 6 期，第 5-24 页。

图 16　乌兹别克斯坦塔什干市区飞驰而过的高铁（摄影：郑豪）

四，继续推进制度性和结构性改革，旨在降低国家在经济中的参与度，强化私有产权的保护和优先地位，刺激中小企业和私营企业的发展；第五，全面协调地区和城乡社会经济发展，开发并有效利用资源潜力。

　　具体而言，米尔济约耶夫政府的改革措施可从"有效市场"和"有为政府"两方面分析。为发挥市场在优化资源配置方面的作用，乌兹别克斯坦当局着力改革金融体制、价格机制和外贸政策。在金融体制方面，其一，2017年9月乌兹别克斯坦取消了外汇兑换管制及外贸出口收汇强制结汇政策，并将官方汇率与非官方汇率并轨，允许苏姆汇率自由浮动。其二，改革银行信贷制度，将优惠政策贷款业务从国有商业银行剥离，将国有商业银行的信贷资源从国有企业向私营企业和个人融资转移。在价格机制方面，其一，乌兹别克斯坦自2017年开始逐步放开包括棉花、谷物、棉籽油、面粉等重要商品的价格管制，逐渐增加经济作物种植面积，调整此前为保障战略自主而设计的政策。2020年3月，乌兹别克斯坦正式废除对棉花的统购统销制度。其二，在政企分开改革后，电力和天然气公共服务价格逐渐上涨，旨在降低国家对能源行业的财政补贴，提升能源行业的现代化水平。与此相应，乌兹别克斯坦最低工资标准也逐步上调。在外贸政策方面，其一，乌兹别克斯坦当局以总统令形式大规模削减进口税费，平均进口关税从 2017 年的 15.3% 降至 2020 年的 7.5%。[①] 其二，取消部分谷物、肉类、奶制品、糖、植物油、皮革和丝绸原料的出口限制，简化进出口合同行政审批手续，并推动海关边检办公系统的电子化，提升通关效率。其三，乌兹别克斯坦以更为积极的姿态与周边国家及欧盟开展经贸合作，推动各经济体为其提供贸易优惠条件。2020 年 12 月，乌兹别克斯坦正式获得欧亚经济联盟观察员国地位。[②] 2021 年 4 月起，乌兹别克斯坦获欧盟超普惠制待遇（GSP+），这意味着乌纺织品、服装和塑料制品等重要出口商品享受对欧盟出口免关税政策。[③]

在政府角色方面，米尔济约耶夫政府调整此前政府在国民经济中的参与程度，明确政府部门在指导产业政策、提供财政支持和改善营商环境三方面的作用。在产业政策方面，乌兹别克斯坦当局以燃料动力工业、采矿和冶金工业、汽车制造业、纺织业和旅游业为优先发展产业，提供税收减免和招商引资上的政策倾斜。在公共投资和贷款方面，乌兹别克斯坦重点投资国土、通信和国防工业领域，燃料、能源和基础工业领域，为其他产业升级基础设施。同时，乌政府在 2017 年以来新设立一系列带有一定产业导向的自由经济区，吸引外资提供先进产能和技术。在提升营商环境方面，乌政府自 2021 年起推动卫生、检疫、生态、建筑施工等领域标准的现代化和电子化，并推出

---

① Izvorski, I. et al. "Assessing Uzbekistan's Transition: Country Economic Memorandum," Washington, DC: World Bank Group, 2021, p. 131.

② 中华人民共和国驻乌兹别克斯坦共和国大使馆经济商务处：《乌兹别克斯坦获得欧亚经济联盟观察员国地位》，2020 年 12 月 13 日，http://uz.mofcom.gov.cn/article/jmxw/202012/20201203022463.shtml，上网日期：2020 年 3 月 17 日。

③ 中华人民共和国驻乌兹别克斯坦共和国大使馆经济商务处：《乌与欧盟贸易超普惠制待遇 4 月 10 日起正式生效》，2021 年 4 月 12 日，http://uz.mofcom.gov.cn/article/jmxw/202104/20210403051498.shtml，上网日期：2022 年 3 月 17 日。

企业注册电子化、单一窗口服务、电子纳税系统、退税线上通道、土地在线拍卖、货运电子平台等一系列数字化服务平台，改善营商监管环境，提升企业办事效率。① 同时，乌政府各部门和各地方政府积极组织商业论坛、展会、企业参访等活动助力招商引资。在上述措施的配合下，乌兹别克斯坦在世界银行发布的《2020 年营商环境报告》中的评级位列第 69 位，较 2017 年提升了 97 位，获评前 20 名最优改革者。② 在米尔济约耶夫总统的第一个任期中，乌兹别克斯坦的国内生产总值（GDP）从 300 亿美元增至 800 亿美元，对外贸易额从 270 亿美元上升至 500 亿美元，外商直接投资从 30 亿美元激增至 80 亿美元。其经济改革的成效可见一斑。

与经济发展相对应的是政治思想层面的创新。近年来，米尔济约耶夫总统多次提及"第三次复兴"（拉丁乌兹别克语：uchinchi renessans），并试图将其发展成一套描述未来乌兹别克斯坦发展图景的学说。③ 在一次采访中，米尔济约耶夫总统系统阐述了这一概念。他提到，革新的理念源自乌兹别克人的价值观和传统，因为最重要的节日——纳吾鲁孜节（Navro'z）正包含了"新"的概念。在他看来，乌兹别克斯坦历史上曾出现过两次类似于西方近代"文艺复兴"（Renaissance）的"复兴"时期。第一次是 9—12 世纪，即萨曼王朝及之后时代。以花剌子密（al-Khwārizmī/Algorismus，约 780—约 850 年）、费尔干尼（al-Farghānī/Alfraganus，约 798—861 年）、比鲁尼（al-Bīrūnī，973—1048 年）和伊本·西纳（Ibn Sīnā/Avicenna，980—1037 年）为代表的中世纪穆斯林学者共同延续了东地中海古典世界学术传统，客观上为西欧的文艺复兴奠定了基础。第二次指的是 14—15 世纪，即帖木儿王朝

---

① 中华人民共和国驻乌兹别克斯坦共和国大使馆经济商务处：《乌司法部长表示乌营商监管环境已大幅改善》，2020 年 9 月 29 日，http://www.mofcom.gov.cn/article/i/jyjl/e/202009/20200903005028.shtml，上网日期：2022 年 4 月 8 日。

② World Bank. "Doing business 2020: Comparing business regulation in 190 economies," Washington, DC: World Bank Group, 2020, p. 5.

③ 较早出现"第三次复兴"提法的报道参见 Xalq so'zi.（2019-09-11）[2023-08-31] https://xs.uz/uz/post/ozbekistonda-uchinchi-renessans-davriga-pojdevor-qojildi.

时代。以兀鲁伯（Ulugbek）和纳沃伊（Alishir Navoiy）为代表的文人学者不仅在自然科学方面成果斐然，而且也为现代乌兹别克语言文学奠定了基础。①第三次复兴，无疑是指代当前米氏新政之下乌兹别克斯坦科学与教育的发展以及乌兹别克斯坦未来对科技进步、文教昌盛的追求。

吉尔吉斯斯坦的现政府产生于2020年议会选举之际出现的变局。就吉尔吉斯斯坦长期存在的内部派系斗争和外部大国博弈两大难题而言，2010年的议会制改革未能缓和前者，而后者则通过阿坦巴耶夫时期优先发展对俄关系得到缓解。2017年，阿坦巴耶夫和平交接权力，曾担任过政府总理的热恩别科夫（Sooronbai Jeenbekov）在其支持下担任吉尔吉斯斯坦第四任总统。不幸的是，热恩别科夫执政不久就与阿坦巴耶夫的政治派系发生冲突。2020年议会选举成为两派争斗的焦点。

2020年10月5日，吉尔吉斯斯坦议会选举公布，进入议会的党派大多支持前任总统热恩别科夫。这一结果引发吉尔吉斯斯坦多地示威游行。10月6日，首都的示威者占领议会大楼、总统府和监狱，释放了前总统阿坦巴耶夫和前议员萨德尔·扎帕罗夫（Sadyr Japarov）。在各派达成妥协之后，扎帕罗夫出任掌握国家最高权力的临时总统。2021年1月10日，扎帕罗夫在吉尔吉斯斯坦总统大选中获得79.28%选票，正式成为新一任总统。

扎帕罗夫上任后最重要的工作是推动吉尔吉斯斯坦的政治体制回归总统制。2020年11月，扎帕罗夫在会见奥什州民众时，曾对议会制的弊病进行了严厉的批评。因此，他召集相关领域的专家在不到三个月的时间里制定修宪草案，并通过公投形式使其通过。2021年5月5日，扎帕罗夫正式签署新宪法。这标志着吉尔吉斯斯坦总统制重新确立。新宪法规定总统既是国家元首，也是行政部门负责人，可直接任命政府内阁成员，任免地方政府官员和中央选举委员会人员；总统具有一定程度的立法权；总统任期为每届五年，

---

① Gazeta, "Что такое Третий Ренессанс?" (2021-08-17) [2023-08-31] https://www.gazeta.uz/ru/2021/08/17/renaissance/.

图 17　从空中俯瞰比什凯克近郊（摄影：李羽姗）

不得连任超过两届。

　　此外，扎帕罗夫大刀阔斧改革议会制度，一方面降低政党参加议会选举的保证金额度和得票率门槛，激发更多草根政党的参政热情。另一方面，议会的议员规模从原先 120 人缩减到 90 人，人员构成从此前全部由政党选举产生，变更为政党选举出 54 席，地方选举 36 席。2021 年 12 月 4 日，吉尔吉斯斯坦第七届议会的选举结果公布，进入议会的 6 个党派中，得票排位前三的党派均支持政府。故扎帕罗夫得到议会的支持。此外，吉尔吉斯斯坦成立新的议政机构"人民库鲁尔泰"（吉尔吉斯语：Элдик Курултай），分担部分议会的职权。

　　在改革政治体制后，扎帕罗夫提出了新的发展规划，并采取了一系列措施提升国家能力。2021 年 10 月 12 日，扎帕罗夫批准通过《吉尔吉斯斯坦 2026 年国家发展纲要》，明确将公共行政系统改革、行政管理数字化、行政区划改革以及财政、司法和执法部门改革列为最重要的改革事项，并提出以数字技术提升进出口效率和物流基础设施水平，改善土地管理制度、金融市场和公共财政体系，加大对水电、农产品加工、旅游、矿产采掘和轻工业的投资。① 同年 9 月 30 日，为确保政教关系和谐，扎帕罗夫政府发布了《吉尔吉斯斯坦 2021 —2026 年宗教领域国家政策构想》。② 该文件承认，目前吉尔吉斯斯坦在宗教活动管理、法律概念界定、执法和学校教育等领域仍存在与世俗国家性质相悖的现象。为保障世俗主义原则和宗教信仰自由、发展国家与宗教团体的合作以完善规范宗教团体活动的机制，国家通过该文件规划未来的主要政策方向，包括通过电子化手段优化对宗教团体和宗教场所的监管和审查制度、加强国家与宗教团体之间的合作与互动、建立公民法制教育体系、完善世俗性质的宗教教育体系、打击极端主义等。此外，2021 年以来，扎帕罗夫政府在反腐败、保障民生和提升教育医疗方面均开展了大量的工作。

自上台以来，扎帕罗夫最为知名的政治议程是推动库姆托尔金矿的国有化。库姆托尔金矿是吉尔吉斯斯坦最重要的矿产资源，是世界第八大金矿、亚洲第一大露天金矿。库姆托尔金矿最早于 1992 年由加拿大卡梅科公司（Cameco Corporation）与吉尔吉斯斯坦成立的合资企业负责开发，1997 年正式投产。2004 年，该企业的股东和债权人改组为森特拉黄金公司（Centerra Gold Inc.）。2012 年，由于森特拉黄金公司被指控存在污染生态环境和腐败等问题，当时担任议员的扎帕罗夫联合其他政客，提议将库姆托尔金矿收归国有。但这一动议因吉尔吉斯斯坦内部各派势力相互掣肘而未能落实。

2021 年 5 月 14 日，新当选总统的扎帕罗夫总统签署了一项允许政府临时控制该矿的法案。在反复博弈后，2022 年 4 月 4 日吉尔吉斯斯坦政府与加拿大森特拉黄金公司以协议方式结束争端，库姆托尔金矿被吉尔吉斯斯坦

---

① Министерство Юстиции Кыргызской Республики. "Национальная Программа Развития Кыргызской Республики До 2026 Года", (2021-10-12) [2023-08-31] http://Cbd.Minjust.Gov.Kg/Act/View/Ru-Ru/430700?Cl=Ru-Ru,.

② Министерство Юстиции Кыргызской Республики. "Концепция Государственной Политики Кыргызской Республики в Религиозной Сфере На 2021-2026 Годы", (2021-09-30) [2023-08-31] http://Cbd.Minjust.Gov.Kg/Act/View/Ru-Ru/430711.

完全国有化。2021 年，吉尔吉斯斯坦企业黄金开采总量为 25.116 吨，其中 66.9% 来自库姆托尔金矿。该矿是吉尔吉斯斯坦最大的私营部门纳税机构。根据吉尔吉斯斯坦国家统计委员会发布数据，库姆托尔金矿产值占 GDP 的比重在 9% 左右，占工业总产值的比重在 45% 左右。而黄金开采业产值占吉尔吉斯斯坦矿产开采业产值的 90%，其出口额占吉尔吉斯斯坦出口总额的比重在 40% 左右。[①] 据专家估算，未来 10 年吉尔吉斯斯坦将从该矿开采 160—200 吨黄金，可从中获得约 50 亿美元利润。相比之下，2021 年尚未国有化之时，吉尔吉斯斯坦政府只能从森特拉黄金公司获得 3.23 亿美元收益。[②] 库姆托尔金矿国有化不仅对于扎帕罗夫兑现十年前对民众的承诺、树立政治威信而言至关重要，而且将实质性提升吉尔吉斯斯坦国家矿业管理机构的管理水平，充实国家预算，支持各方面改革工作走深落实。

独立三十余年以来，中亚各国的国族身份趋于稳定，各国逐渐尝试通过区域内双边和多边合作，解决超越一国边界的问题。2018 年 3 月，第一届中亚国家首脑峰会在哈国首都召开，第五届峰会将于今年 9 月在塔国首都杜尚别召开。该机制是近期区域合作的加速的重要动力。2023 年 1 月 27 日，乌、吉两国元首通过联合声明的形式宣告完成两国边界确认流程，标志着乌吉塔三国在携手解决费尔干纳盆地治理方面迈出了重要一步。在能源和经贸方面，塔国宣称将加入 2019 年由哈乌吉三国重建的中亚统一电力系统；哈乌两国在边境地区建立中亚国际商贸合作中心，并联合成立外贸公司。这些都是新时期乌、吉两国改革与发展的有利外部条件。19 世纪以降，亚非拉国族建构中的族群矛盾常常为大国竞争所激化，一旦冲突延宕，则受害国反而被贴上"失败国家"之类的标签。作为中国的近邻，中亚区域内以及"一带一路"框架下的国家间合作回应的是如何处理民族国家体系与人类命运共同体

---

① 苗红萍，张利召：《吉尔吉斯斯坦采矿业现状与合作需求分析》，《化工矿产地质》，2020 年第 1 期，第 88-94 页。

② 郭玉朵，贾国栋：《扎帕罗夫执政后吉尔吉斯斯坦形势：希望与挑战并存》，2023 年第 1 期，第 79-98 页。

关系这一时代之问，是"深度全球化"时代各国如何携手遏制冲突、实现各国相互依存和文明交流互鉴的积极探索。

◆ 四、本书内容提要 ◆

本书由两个部分的八章专题报告组成。第一部分"中吉乌铁路与中国—中亚—西亚经济走廊建设"将从区域、国别和铁路项目三个层次探讨中吉乌铁路的战略意义、过境国经贸状况以及项目建设风险管理。第一章从经济增长、经济结构、国际贸易以及社会稳定四个角度概述乌、吉两国宏观经济发展形势，并从贸易和投资两个角度概述两国对华贸易的合作状况。整体而言，现阶段乌、吉两国政局相对稳定，现任领导人均锐意改革。两国的经济状况受新冠疫情冲击较大，目前仍在恢复阶段。2017年乌兹别克斯坦取消汇率双轨制，这标志着乌兹别克斯坦从内循环转向外向型经济。乌兹别克斯坦以黄金和棉花为主要出口产品，以汽车制造、矿产采掘和纺织业为主要产业。吉尔吉斯斯坦以金、铜、铁、银、锑、煤等矿产资源采掘和出口为支柱产业。赴俄跨境劳工所提供的侨汇是两国外汇的主要来源之一。在国际贸易方面，中国是乌、吉两国的主要贸易伙伴，且已经成为两国最重要的外商投资来源国之一。吉尔吉斯斯坦贸易自由度较高，且同时是世界贸易组织和欧亚经济联盟的成员国，具有作为商品加工和转运枢纽的政策优势。在财政和债务方面，乌兹别克斯坦近年来外债规模逐渐上升，但在较高的黄金储备支持下，乌兹别克斯坦的偿债能力良好。吉尔吉斯斯坦财政收支规模较小，每年在约20亿美元左右，且吉尔吉斯斯坦政府竭力维持收支平衡，大多数年份保持小额财政盈余。吉尔吉斯斯坦公共部门债务占GDP的比重长期保持在45%左右，吉尔吉斯斯坦举债投资基建和产能项目的空间较小，存在一定的主权信用违约或国际资本外流风险。近年来，中国对乌、吉两国的投资全面开花，领域涵盖能源开发、矿产采掘、交通基础设施、汽车制造、建材、建筑、化工、农业等领域。

第二章以调研团此次实地调研所获信息为基础，综述矿产采掘、能源、路桥基建、电信、电力、机电设备供应、建材、建筑、纺织、农业、物流以及法律服务等各行业具有代表性的 15 家企业在乌、吉两国的展业历程，呈现其市场定位、属地化管理经验以及企业社会责任实践。调研团重点调研的问题有两方面：其一，上述企业如何评估中吉乌铁路的意义以及项目施工和运营可能面临的风险。其二，各企业负责人如何发掘两国的商业机遇，如何评估所在国营商环境、劳工政策以及员工职业技能。由此，调研团尝试从真实的展业经验出发，归纳中吉乌铁路的风险管理建议，并尝试从各家企业的属地化管理实践中发掘"讲好中国故事"的鲜活案例。

第三章聚焦于全书主题——中吉乌铁路建设。该章回顾了中吉乌铁路自1997 年最初提出至今的规划、沟通和谈判历程。二十余年的曲折历程反映出，中吉乌铁路项目的进展主要受到地缘政治、融资方案和轨距差异三方面

图 18　乌兹别克斯坦的货运列车（摄影：郑豪）

因素掣肘。从中吉乌沿线各国的铁路交通情况来看，中国南疆地区已经修建
较为完整的电气化铁路环线，而乌、吉两国受制于财力，自独立以来较少推
进铁路建设。这一项目将有助于为中国南疆地区、吉尔吉斯斯坦南部和乌兹
别克斯坦东部提供便利的运输方式，为上述地区的长期发展提供新的机遇。
本章提出，在当前的政治经济条件下，对于中国而言，中吉乌铁路项目首先
有助于统筹南疆地区的稳定与发展，促进喀什成为我国西向开放的窗口，推
进新疆"一带一路"核心区建设；其次将提升中国与中亚国家的物流效率，
降低运输成本，有力支撑中资企业在该地区的经营，有效推动构建"中国－
中亚命运共同体"。对于乌、吉两国而言，中吉乌铁路将为两国铁路交通行
业注入新的活力，扩大两国矿产品和农产品进入中国市场，或借助中国的物
流体系进入国际市场；同时，物流效率的提升也将反过来促进乌、吉两国营
商和投资环境的改善，进而吸引更多人流、物流和资本，促进中吉乌三国协
同合作发展，共同克服内陆地区的地缘经济局限。

　　第四章将视野拓展到区域层面，考察中国—中亚—西亚经济走廊沿线
地区的互联互通状况和产能合作前景。以中吉乌铁路为基础，向西延伸的
交通网络主要涉及陆上的土库曼斯坦和伊朗两国公铁运输，以及水上的跨
里海交通走廊。本章首先考察环里海国家港口建设现状，分析现阶段里海
航运的运输规模。其次，本章对 2018 年环里海五国签署的《里海公约》
进行了细致的法律分析。根据《里海公约》，里海所在空间及其海床底土
实际上已经被环里海五国精细分割，各国可以对其上水体的航行自由进行
限制，而管道的修建实际上须符合环里海各国认可的环保标准。这就意味
着跨里海运输实际上与陆路运输无异，且须额外支付多式联运的运输成
本。因此，目前跨里海运输仅能作为中国—中亚—西亚陆路交通运输的补
充选项。

　　在综述区域、国别和项目沿线三个层面的状况之后，第五章专论中吉乌
铁路建设的风险管理。在前人学者文献和调研团实地调研观察的基础上，本
章将中吉乌铁路建设可能面临的风险归纳为以下六类：自然灾害风险、征地

风险、环保风险、安全风险、供应链风险、第三方责任风险。此外,技术风险和用工风险是须纳入考虑范畴,但可控性更高的两类。与此相应,本章建议未来参与该项目的各方高度重视风险管理工作,明确业主方和相关各方的风险管理职能,引入专业的风险管理顾问团队,并重视研究中亚地区的大国博弈形势,将利益攸关方尽可能吸纳入建设收益的分享机制中。最后,作为具有战略意义的大型基建项目,中吉乌铁路不可避免地将成为沿线国家和地区的舆论焦点,也必将承担参与塑造中国海外形象的职能。因此,宜积极主动协调企业公关部门和中吉乌三国媒体做好相关舆论宣传工作,打造中国海外铁路建设品牌,重视发掘蒙内铁路、中老铁路等成功案例在带动社会经济发展、注重生态环境保护方面的成效,发掘建设和运营期间中资企业与所在国互动所体现的"共商、共建、共享"精神和文明交流互鉴意义,在做大利益共同体的过程中讲好"中国故事"。

第二部分"中国与乌兹别克斯坦、吉尔吉斯斯坦的人文交流"从国族建构、语言政策和海外形象建设三个角度介入,探讨如何在中亚地区讲好"中国故事"。海外形象建设的首要工作是了解对象国的政治和文化环境。第六章呈现了调研团对乌、吉两国国家博物馆和首都公共空间的考察成果。独立后乌兹别克斯坦所建构的政治文化符号体系中,帖木儿(Amir Timur,1336—1405 年)是最重要的历史人物,而由帖木儿开创的帖木儿王朝则被乌兹别克斯坦视为其古代历史的顶峰。当代乌兹别克斯坦建构的帖木儿王朝形象包含如下要素:其一,帖木儿是反抗蒙古侵略、使得今乌兹别克斯坦所在地区重获"独立"的关键人物。其二,在帖木儿及其后裔治下,王朝境内汇集了一批学者、文人与艺术家,推动了天文、数学、文学、绘画、建筑等领域的进步,故而这一时代被称为"帖木儿文艺复兴"。其三,帖木儿征战亚欧大陆各地,且与东西方君主建立书信联系,在当时名动四方。借用帖木儿王朝的历史文化遗产,乌兹别克斯坦希望激励国民共同建设主权独立、文教昌盛且国际地位显赫的国家。

对于乌、吉两国而言,近现代历史是处理古今关系的关键时期,其评价也不可避免地包含了对当代内外关系的考量。而首都的公共空间则是展示上述官方历史叙事的场所。乌兹别克斯坦近现代历史叙事对俄国征服和苏联时期整体持否定立场，突出乌兹别克族历史人物在该时期的主体地位。而吉尔吉斯斯坦则以相对温和的方式告别苏联时期的政治文化符号体系，一方面继续以"自愿归并"的口径叙述近代与俄罗斯帝国的关系，另一方面也描述吉尔吉斯各部对浩罕和俄罗斯帝国的反抗。就二十世纪的历程而言，吉尔吉斯斯坦在延续苏联时期话语体系的基础上突出吉尔吉斯族主体地位和20世纪后半期的社会经济发展成就，淡化较为敏感的政治争议问题，由此平衡突出主体民族地位与维护对俄关系两方面考量。乌、吉两国首都的纪念碑设置和街道更名也与上述政策方针吻合。

第七章关注乌、吉两国政治和文化环境的另一个重要构成元素：语言。该章借用语言政策研究理论，从规划和实践两个角度来观察乌、吉两国当前的语言状况。两国语言政策的核心关切是一个一体两面的问题：乌、吉两国如何建构主体民族语言的国语地位，以及如何处理俄语和俄苏传统在本国语言和文化体系中的地位。在这个问题上，乌、吉两国根据本国国情采取了类似的政策规划路径，但目前的语言实践存在较大差异。两国政府在政策规划层面均致力于提升国语的竞争力，但在如何对待俄语地位上存在差异。乌兹别克斯坦在 1992 年即推动了乌兹别克语的拉丁化改革和俄语的"外语化"。乌兹别克斯坦既没有在宪法中，也没有在修订后的《语言法》中规定俄语的地位。在本次调研所及城乡村镇，公共场所文字中拉丁文乌兹别克语相比西里尔乌兹别克文已经获得了显著优势。俄语的使用人群主要集中在首都塔什干。首都周边郊区和乌属费尔干纳盆地的俄语普及率均较低。此外，英语在塔什干受青年人群青睐。

吉尔吉斯斯坦并未效仿阿塞拜疆、土库曼斯坦、乌兹别克斯坦和哈萨克斯坦等国的国语拉丁化政策，吉尔吉斯语至今仍以西里尔字母拼写。与此相应，在各版本的吉尔吉斯斯坦宪法和《语言法》中，俄语均被明确界定为官方语言。调研团观察到，俄语在吉尔吉斯斯坦的官方语言地位相当稳固。前人文献往往强调吉尔吉斯斯坦南北两地区诸多层面的差异，然而在语言使用上，即便在南部地区的市镇，俄语同样为各阶层人群广泛使用。此外，在长期的互动中，吉尔吉斯语和俄语在吉尔吉斯族的日常使用中呈现语音、词汇和句法各层面的混融特征。乌、吉两国语言实践的差别也折射出两国与俄罗斯关系的差异。尽管两国均有大规模人口赴俄罗斯务工，但吉尔吉斯斯坦在国防、能源、电力、电信、传媒、高教等领域对俄罗斯的依赖程度更高，因此在语言领域也更重视俄苏传统。

第八章从企业经营实践、文化媒介、网络社区等角度探讨当前乌、吉两国的中国形象建设状况。本章提出了三个分析形象建设的维度——标准、平台和内容。在标准层面，目前中国标准在乌、吉两国尚处于"走出去"的起步阶段，主要集中在清洁能源、新能源汽车、超高层建筑和电力设备等技术密集型领域。在平台层面，调研团选取中资企业和海外汉语教学机构为主要观察对象，探讨两者在塑造中国形象方面的特点和成效。本章提出，须重视中资企业，尤其是长期扎根所在国的生产型企业对于建设中国海外形象的基础性作用。能长期扎根的企业往往抓住了中国与对象国在某一领域的长期利益交汇点，能成为两国员工和民众深入交流互动、相互塑造认知的平台。以高校中文系和孔子学院为代表的汉语教学机构是官方认可、支持的中外文化交流和中国文化传播平台。但目前，乌、吉两国汉语教学机构所培养的人才与所在国的市场需求结合程度尚且有限。受限于政府拨款规模，两国高校中文系普遍重教学而轻科研。孔子学院则大多在探索市场定位的过程中。汉语教学机构与中资企业之间的互动也相对较少，尚未形成共同塑造中国形象的合力。

在内容层面，本章考察了中国消费品、影视作品以及中资企业运营中的文化交流案例，以及乌、吉两国网络社区的中国形象。整体而言，中国消费品和影视作品在乌、吉两国尚处于品牌建设阶段；网络社区固然存在一些负面信息，但整体上涉华内容并非舆论场的主流；中资企业往往在实践中积累着有待发掘、总结和宣传的"中国故事"。最后，在实地调研期间，调研团成员专程探访若干土耳其在乌、吉两国运营的文教机构和援助项目，发现此类项目存在由政府机构统筹协调、各类机构相互配合的"集群化"运作模式，往往以少而精的资源投放，着力打造若干品牌项目。其运营方式和形象建设模式有一定借鉴价值。

本报告各部分写作分工如下：

第一部分：郑豪、谢志伟、史庆负责各章节撰写。郑豪负责该部分各章节统稿。

第二部分：刘弋鲲、吕成敏合作完成第六章，吕成敏、张梓轩合作完成第七章，刘弋鲲、吕成敏、李羽姗、黄一航合作完成第八章。刘弋鲲、吕成敏负责该部分各章节统稿。

附录 1 由史庆执笔。附录 2 由李羽姗执笔。

施越、马萍、李羽姗负责绪论和全书统稿。

第一章

乌兹别克斯坦和吉尔吉斯斯坦的
宏观经济概况

从空中俯瞰乌兹别克斯坦首都塔什干（摄影：陈旭）

无论是探讨中吉乌铁路的建设，还是中国—中亚—西亚经济走廊的规划，沿线国家的政治经济状况都是首先需要考察的内容。乌兹别克斯坦和吉尔吉斯斯坦是我国西向陆上交通的枢纽，具有联通西亚和南亚的便利条件。本章将从经济增长、经济结构、国际贸易、财政收支以及社会稳定五个角度分析乌、吉两国的宏观经济发展形势，并从贸易和投资两个方面分别概述中国与乌、吉两国的经贸合作状况。

◆ 一、乌兹别克斯坦宏观经济概况 ◆

作为矿产资源较为丰富的传统农业大国，乌兹别克斯坦以黄金、棉花和天然气为经济支柱，经济发展主要由资源出口和投资驱动。米尔济约耶夫政府高度重视国家工业发展，大力进口机械设备等产品，积极引进外资。目前乌兹别克斯坦进入新一轮的增长期，通货膨胀率和本国货币苏姆对美元比值趋于稳定。从产业结构来看，乌兹别克斯坦经济以冶金工业和矿产采掘业为主，第三产业在产值份额中占主导，第一产业以种植业和畜牧业为主。长时间以来，乌兹别克斯坦社会结构保持稳定，总统权力的交接并未引发社会动荡。稳定的政治和社会局面是发展中乌经贸、推动落实"一带一路"倡议的基础。

（一）经济增长

2003 年至 2015 年，在一系列内因和外因的影响下，乌兹别克斯坦的 GDP 保持 7% 以上的增长率（见图 1-1）。2017 年 9 月，乌兹别克斯坦取消了双轨制汇率管理制度，允许外汇自由兑换，苏姆兑美元贬值 49.6%（见图 1-2）。同期，乌兹别克斯坦以本币计价的国内生产总值仍然维持正增速，但增速降至 4.40%（2017 年）和 5.35%（2018 年），以美元计价的国内生产总值出现负增长。汽油价格上涨，以及苏姆的贬值同时带来进口商品价格上涨，使得乌兹别克斯坦内经历较大幅度的通货膨胀。2017 年乌兹别克斯坦通

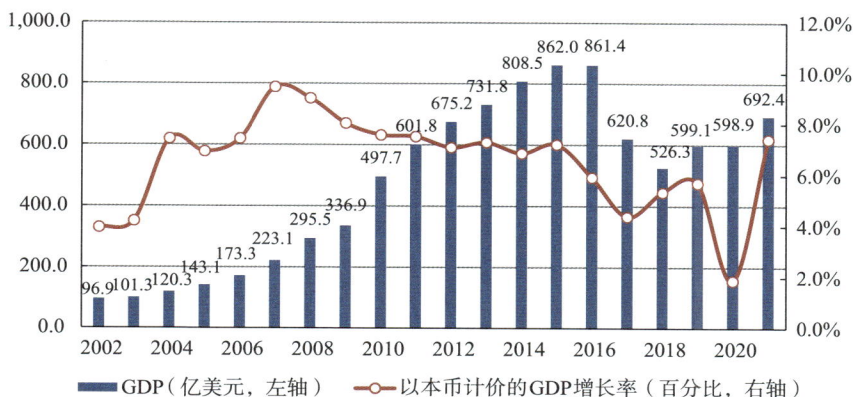

图 1-1　2002—2021 年乌兹别克斯坦 GDP 及其增长率[①]

货膨胀率高达 18.8%。[②] 2017 年全年食品类商品价格平均上涨 15.9%，非食品类上涨 16.1%，服务类上涨 8.6%。[③]

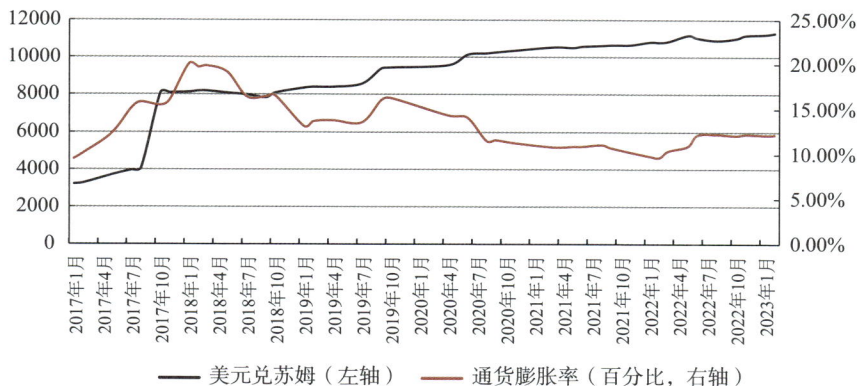

图 1-2　2017 年以来苏姆汇率和乌兹别克斯坦消费者价格指数同比[④]

---

① 数据来源：世界银行数据库，北京大学调研团整理。

② 数据来源：国际货币基金组织数据库，北京大学调研团整理。

③ 中国驻乌兹别克斯坦共和国大使馆经济商务处：《2017 年乌消费领域通货膨胀率为 14.4%》.[EB/OL].（2018-01-18）[2023-10-20]. http://uz.mofcom.gov.cn/article/jmxw/201801/20180102700889. shtml.

④ 数据来源：乌兹别克斯坦共和国国家统计委员会，北京大学调研团整理。

针对宏观经济出现的问题，乌兹别克斯坦央行将价格稳定作为首要目标，通过银行准备金、政策利率和银行间利率等工具实行积极的货币政策。2017 年 6 月之前，一方面，乌兹别克斯坦实际货币政策利率大多为负值，自 2019 年之后一直在 2% 到 3% 之间波动；[①]另一方面，修改《乌兹别克斯坦共和国税法》，进行大规模税收改革，降低企业税负。2019 年 1 月，乌兹别克斯坦通胀率控制在 13.19%（图 1-2），2019 年 GDP 增速达到 5.71%（见图 1-1）。2020 年，受新冠疫情影响，乌兹别克斯坦 GDP 增长率降至 1.89%，以美元计价的国内生产总值再次出现负增长（见图 1-1）。对此，乌兹别克斯坦当局出台减税降费和定向扶持政策。[②]2021 年，乌兹别克斯坦社会经济生活逐步恢复正常，GDP 增长率提升至 7.42%，通胀率也控制在 11% 以下。2022 年前三季度，乌兹别克斯坦 GDP 同比增长 5.8%，人均 GDP 同比增长 3.6%。[③]

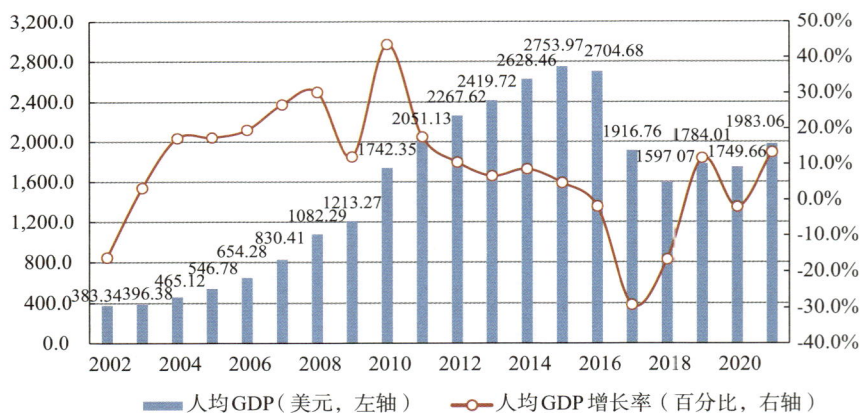

图 1-3　2002—2021 年乌兹别克斯坦人均 GDP 及其增长率[④]

---

① Moayad, Al Rasasi, Ezequiel Cabezon. "Uzbekistan's Transition to Inflation Targeting," IMF Working Papers, 2022, p. 229.

② 商务部：《对外投资合作国别（地区）指南：乌兹别克斯坦（2021 年版）》，2022 年。

③ 驻乌兹别克斯坦共和国大使馆经济商务处：《2022 年前三季度，乌兹别克斯坦 GDP 同比增长 5.8%》[EB/OL].（2022-11-04）[2023-10-20]. http://uz.mofcom.gov.cn/article/jmxw/202211/20221103364920. shtml.

④ 来源：世界银行数据库，北京大学调研团整理。

然而，世界银行预计，俄罗斯和乌克兰经济衰退会对中亚国家产生负面影。①

（二）经济结构

乌兹别克斯坦所在地区有着悠久的农耕历史，而黄金、棉花、天然气和有色金属是今天乌兹别克斯坦的支柱产业。独立以来，为适应市场经济的发展、改变经济结构单一的状况，乌兹别克斯坦实行对外开放，大力发展工业。在经济结构上，服务业在乌兹别克斯坦经济中比重最大（见图1-4），2009年占比达到41.37%。2017年以后，服务业占比降至35%左右。

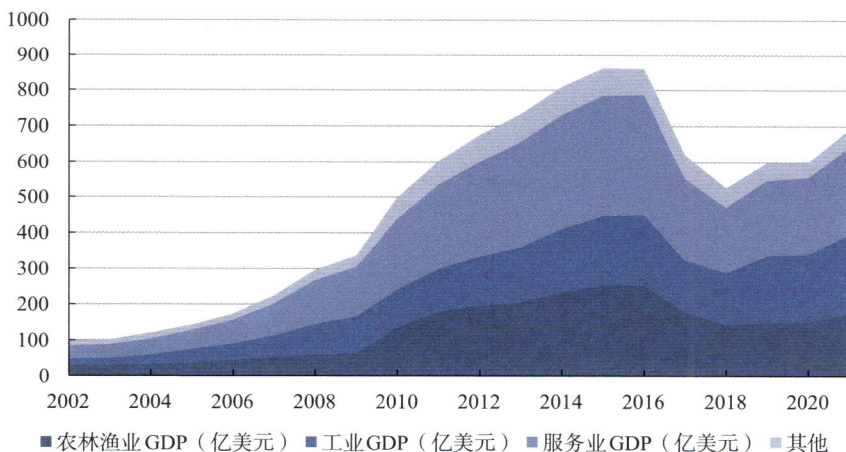

图 1-4　2002—2021 年乌兹别克斯坦各产业占 GDP 比值②

2002 年至 2009 年，乌兹别克斯坦工业产值占 GDP 的比重由 19.39% 提高至 30.35%，2010 年回落到 21.23%（见图 1-4）。2018 年后，工业产值在乌兹别克斯坦 GDP 构成中上升到第二位。2021 年乌兹别克斯坦工业产值为221.89 亿美元，占国内生产总值的 32.05%。从各行业工业产值占比看，从

① 驻乌兹别克斯坦共和国大使馆经济商务处：《世界银行预测 2023 年乌兹别克斯坦经济增长 4.9%》.
[EB/OL].（2023-01-12）[2023-10-20]. http://uz.mofcom.gov.cn/article/jmxw/202301/ 20230103378960.
shtml.

② 来源：世界银行，北京大学调研团整理。

图 1-5　乌兹别克斯坦安格连—帕普铁路沿线的煤矿与坑口电站（摄影：郑豪）

2001 年到 2014 年，重工业比重逐渐上升而轻工业比重有所下降。具体而言，机械制造业产值的占比由 11.2% 上升至 19.2%，轻工业占比由 20.0% 下降至 14.1%。[1]2018 年至 2019 年，冶金工业占制造业的比重从 16.5% 上升至 22.5%，[2] 在制造业乃至整个工业产值中位居第一。

　　汽车制造业、采矿业和纺织工业是乌兹别克斯坦的三大特色产业，2022 年占工业产值的比重分别为 9.27%、9.52% 和 11.39%。乌兹别克斯坦是中亚最早生产汽车的国家。2017 年到 2018 年汽车制造业产值在制造业占比由 8.7% 上升到 14%，2019 到 2021 年逐渐降低至 8.5%。2022 年产值同比增长 58.75%，汽车制造业发展迅速。乌兹别克斯坦是世界第七大黄金开采国和第十一大天然气开采国，2020 年黄金出口额为 58 亿美元，同比增长 18%；天

---

① 马萍，施越：《乌兹别克斯坦产业发展困境与前景：以纺织服装业为例》，《欧亚经济》，2021 年第 2 期，第 66-89 页。

② 数据来源：乌兹别克斯坦共和国国家统计委员会，北京大学调研团整理。

然气出口额 4.78 亿美元，同比下降 73.6%。乌兹别克斯坦纺织业较为发达，拥有超过 3500 家纺织企业。[①]2021 和 2022 年纺织业产值同比增长 17.4% 和 19.5%（见图 1-6），近年来增长势态良好。

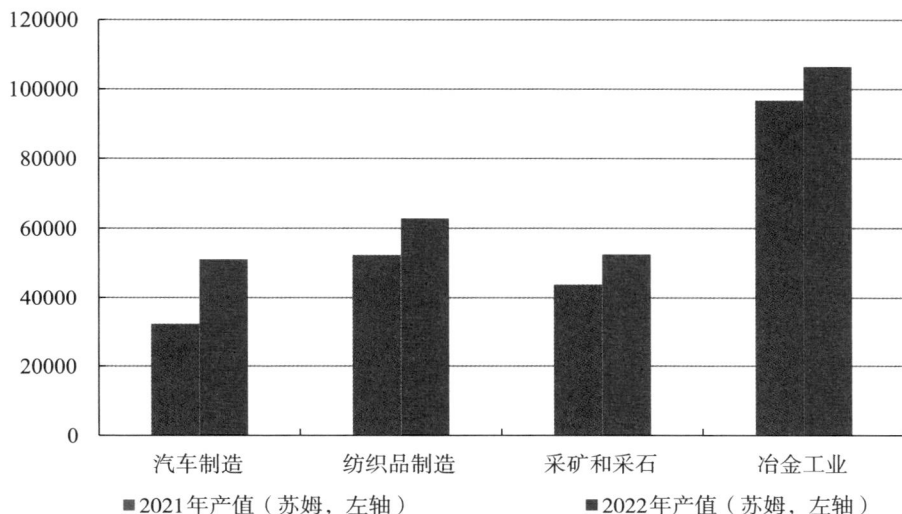

图 1-6　2021 年和 2022 年乌兹别克斯坦主要工业产业的产值与比重[②]

　　种植和畜牧业为乌兹别克斯坦农业生产中两个最重要的产业，2019 年种植业和畜牧业产值占比分别为 48.3% 和 48%，而林业和渔业仅占 2.5%、0.6%。[③]2006 年以来，乌兹别克斯坦的农产品结构基本稳定：近五年蔬菜产量复合增长率为 3.4%，而小麦维持在 610 万吨左右。在农产品来源方面中，农业公司占 31.4%，农业个体经济占 62.2%，农业合作企业占 6.4%（2022 年数据）。在农产品产量方面，乌兹别克斯坦产出 176 万吨葡萄、334 万吨土豆、1633 万吨牛奶，谷物农产品中小麦产量占 86.4%（见图 1-7）。

---

① 商务部：《对外投资合作国别（地区）指南：乌兹别克斯坦（2021 年版）》，2022 年，北京大学调研团整理。
② 数据来源：乌兹别克斯坦共和国国家统计委员会，北京大学调研团整理。
③ 中国驻乌兹别克斯坦共和国大使馆经济商务处：《乌兹别克斯坦 2019 年经济发展情况》. [EB/OL].（2020-06-07）[2023-10-20]. http://uz.mofcom.gov.cn/article/ztdy/202006/20200602971728.shtml.

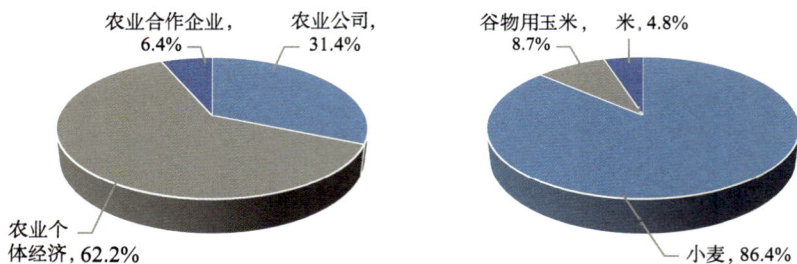

图 1-7　2022 年第四季度乌兹别克斯坦农产品来源（左图）和产品构成（右图）①

（三）国际贸易与投资

　　就国际贸易而言，乌兹别克斯坦进口额长期大于出口额，贸易赤字规模逐渐扩大。从图 1-8 可以看到，乌兹别克斯坦进出口增长率的变化曲线基本平行，但在 2018 年，两者的变化轨迹出现显著差异。这是因为一方面，米尔济约耶夫总统自 2016 年末上任以来高度重视发展工业发展，大量进口机械设

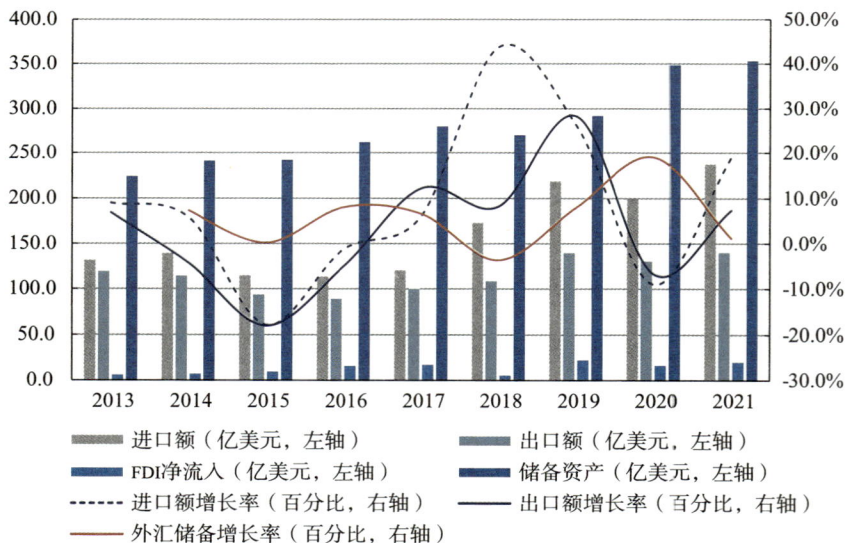

图 1-8　2013—2021 年乌兹别克斯坦进出口额、FDI 净流入、外汇储备及其增长率②

---

①　数据来源：乌兹别克斯坦共和国国家统计委员会，北京大学调研团整理。

②　数据来源：世界银行数据库，北京大学调研团整理。。

备等产品；另一方面，2018 年原油价格已经由 2016 年的 50 美元 / 桶左右提高到约 75 美元 / 桶，而黄金价格由约 1100 美元 / 盎司提高到约 1340 美元 / 盎司（见图 1-9）。黄金与原油价格通过乌进出口商品结构影响该国的进出口额，而乌兹别克斯坦出口商品中黄金和天然气占较大比重，进口商品中制成品和机械及运输设备占较大比重，所以 2018 年出口额增长幅度小于进口额增长幅度。

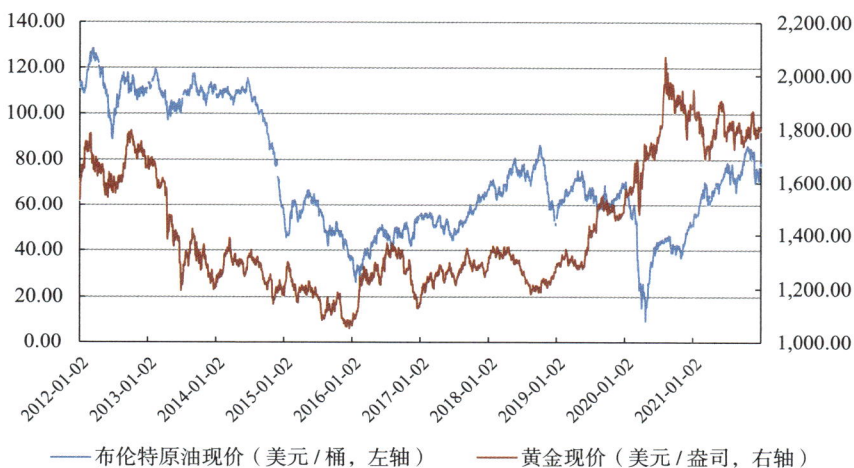

图 1-9　2012 年以来布伦特原油现价与黄金现价[1]

2021 年，乌兹别克斯坦进口商品中制成品占比为 34.48%，机械及运输设备占比为 25.63%，其余主要类别是化工产品和农产品及食品，分别占据 10.24% 和 12.97%（图 1-10）。同年，在总出口额中，制成品占比为 28.73%，能源及矿产品占比为 21.44%，农产品及食品和纺织品及服装分别占据 18.57% 和 16.66%。

在跨国投资方面，乌兹别克斯坦过去十年都是国际资本流入国。外商直接投资净流入额一定程度上呈现逐步提高的变化，其中 2015 年 FDI 净流入为 10.41 亿美元，2016 年跃升至 16.63 亿美元，2018 年骤降至 6.42 亿美元，2019 年又回升至 23.16 亿美元。中国自 2015 年开始成为乌兹别克斯坦的第一

---

① 数据来源：EIA、世界黄金协会，北京大学调研团整理。

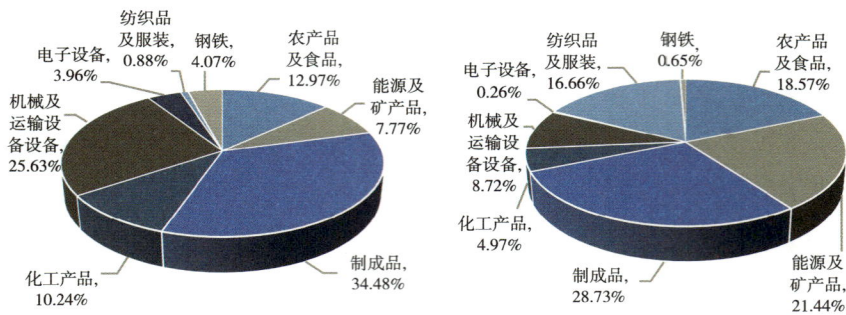

图 1-10　2021 年乌兹别克斯坦进口产品组成（左图）和出口产品组成（右图）①

大投资来源国。其他主要的投资来源国是韩国、俄罗斯以及土耳其。2018 年之前，全球对乌兹别克斯坦的外商直接投资主要集中于矿产采掘业，而目前中国对乌兹别克斯坦的投资主要集中于贸易、建筑、油气勘探、交通运输、基础设施建设、电信、纺织和化工等领域。②

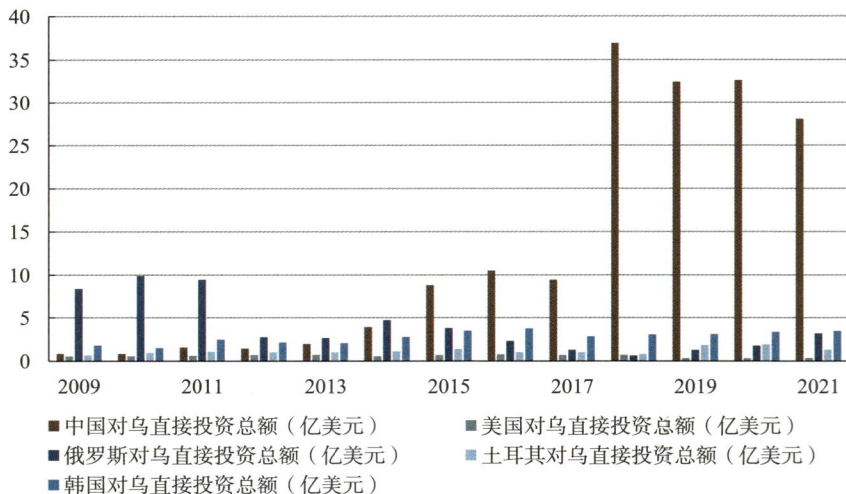

图 1-11　2009—2021 年中国、美国、俄罗斯、土耳其、韩国对乌兹别克斯坦外商直接投资额③

---

① 数据来源：WTO，北京大学调研团整理。

② 数据来源：World Bank, "Recommendations for a National FDI Strategy and Roadmap for Uzbekistan," https://elibrary.worldbank.org/doi/abs/10.1596/37882, (2022-06-01) [2023-04-14].

③ 数据来源：IMF，中国对外直接投资统计公报，北京大学调研团整理。

在外汇方面，自 2017 年 9 月乌兹别克斯坦放开外汇管制以来，本币苏姆在经历最初的贬值后，目前汇率相对平稳。过去十年，乌兹别克斯坦存在较大贸易逆差，但得益于较高的侨汇收入，经常项目总体平衡或略有逆差。乌兹别克斯坦长期维持较高的储备资产，总额在 350 亿美元左右；其中黄金储备比例较高，2021 年达到外汇储备总额的 60%（图 1-12）。

图 1-12　2013—2021 年乌兹别克斯坦侨汇收入、黄金储备和黄金储备占总储备比例 ①

总体而言，乌兹别克斯坦进出口结构反映了其资源禀赋和经济结构。从经贸合作的角度来看，乌兹别克斯坦在发展制造业和交通运输业方面有着迫切的需求，而其农产品和矿产品有一定国际竞争力，能与中国形成优势互补。

（四）财政收支

图 1-13 展示了 2013—2020 年乌兹别克斯坦财政收入和支出情况。整体来看，乌兹别克斯坦中央政府处于财政略有盈余的状态，但其财政盈余自2017 年开始减少。2020 年乌兹别克斯坦的财政收入和支出分别为 128.8 亿美元和 126.6 亿美元，各自占 GDP 的比重仅相差 0.38% 的百分点，维持了收支

① 数据来源：世界银行数据库，北京大学调研团整理。

平衡。但随着米尔济约耶夫政府大量推动新的基础设施工程落地，预计未来乌政府将出现一定规模的财政赤字。

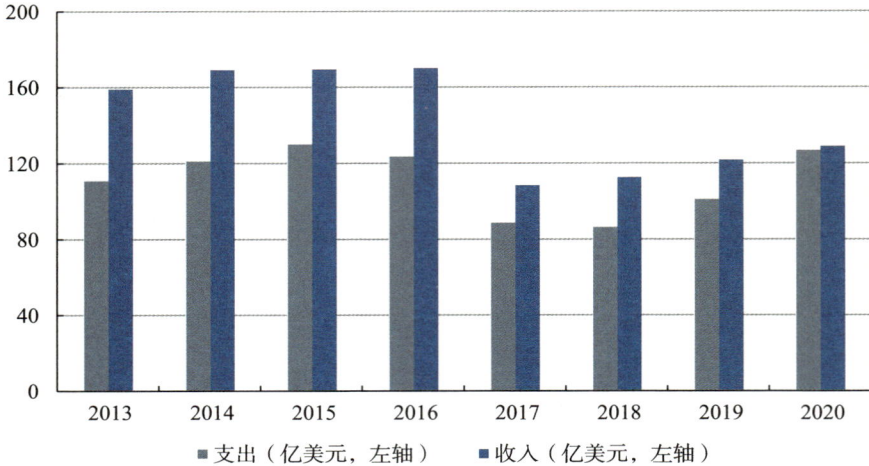

图 1-13　2013—2020 年乌兹别克斯坦财政收支统计 ①

2020 年新冠疫情期间，乌兹别克斯坦外债存量增长率达到 44.34%，外债规模大幅扩张，截至 2021 年已达到约 390 亿美元（图 1-14）。整体而言，随着乌兹别克斯坦实施扩展性的财政政策和加强基础设施建设，近十年其外汇储备与外债之比逐年降低，外债与国民总收入之比呈现上升趋势，乌兹别克斯坦债务负担逐渐加重。但由于较高的黄金产出和储备，乌兹别克斯坦总储备与外债之比仍然保持在 90% 以上，尚处于合理区间。2023 年评级机构认为，乌兹别克斯坦的债务中长期低息贷款占比较高并且国家复兴发展基金仍占 GDP 比重的 20.8%，政府的金融资产较为充足，因此给予乌兹别克斯坦主权信用稳定的评级。②

---

① 数据来源：世界银行，由北京大学调研团整理。

② 大公国际评定乌兹别克斯坦主权信用等级 . [EB/OL]. （2023-10-13）[2023-10-20]. https://finance. sina.com.cn/zl/2023-10-13/zl-imzqxprt7880261.shtml.

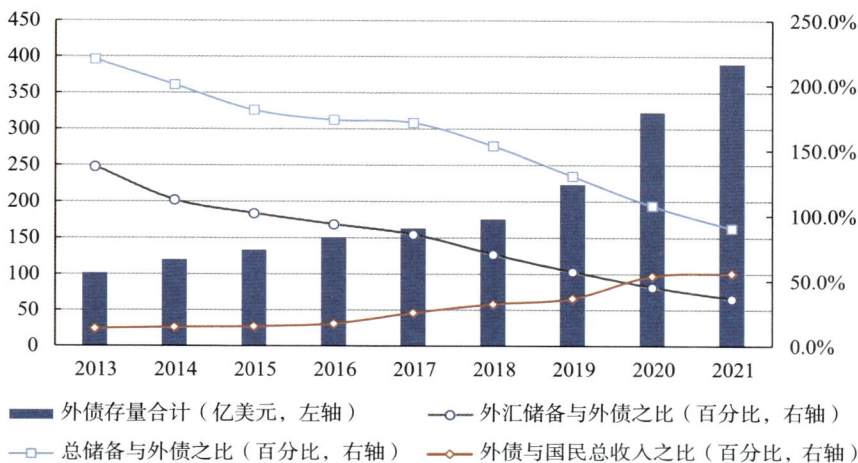

图 1-14　2013—2021 年乌侨汇收入、黄金储备和黄金储备占总储备比例 ①

（五）社会稳定

乌兹别克斯坦的社会发展呈现较为稳定的特征。从人口规模上看，2022年乌兹别克斯坦的总人口为 3521.13 万人，近十年总人口增长率长期维持在1% 至 2% 之间。2021 年，乌兹别克斯坦适龄劳动力人口为 1377.91 万，且呈现缓慢增长的态势。从城市化程度来看，2021 年乌兹别克斯坦的城市人口为1760.66 万人，城市化率长期保持在 50.5% 左右（见图 1-15）。就失业率而言，2002 年至 2007 年，乌兹别克斯坦的失业率从 10% 降低到 5%；2008 年至2021 年整体维持在 5% 左右，就业较为充分。从人口年龄结构看，乌兹别克斯坦老龄人口占比在 9% 以下，15 岁至 59 岁人口占比在 60%，人口结构稳定，人力资源开发和消费市场潜力较大（见图 1-16）。从近三十年乌兹别克斯坦各群组占有国民收入的份额看，乌兹别克斯坦收入不平等程度下降。2021 年，乌兹别克斯坦前 10% 人群占有国民总收入的 45.53%，后 50% 人群占有国民收入的 14.62%（见图 1-17）。

---

① 数据来源：世界银行国际债务统计数据库，北京调研团整理。

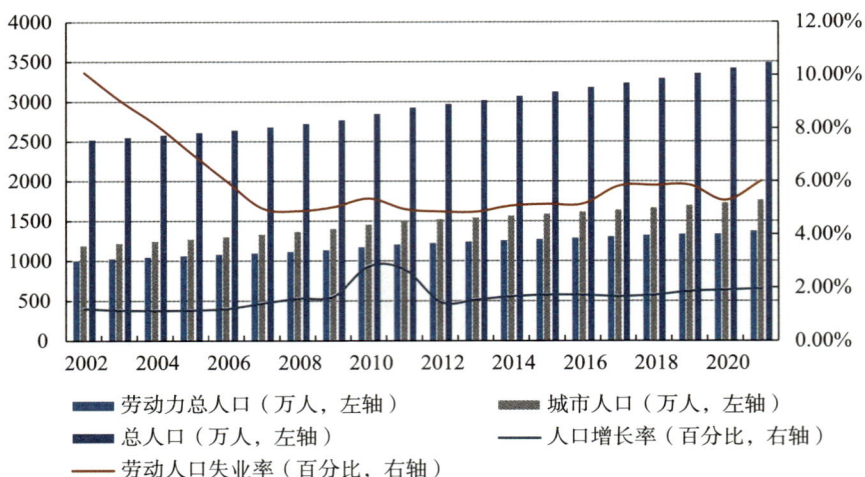

图 1-15　1999—2018 年哈萨克斯坦劳动力人口、城市化人口、失业率、总人口及其增长率[①]

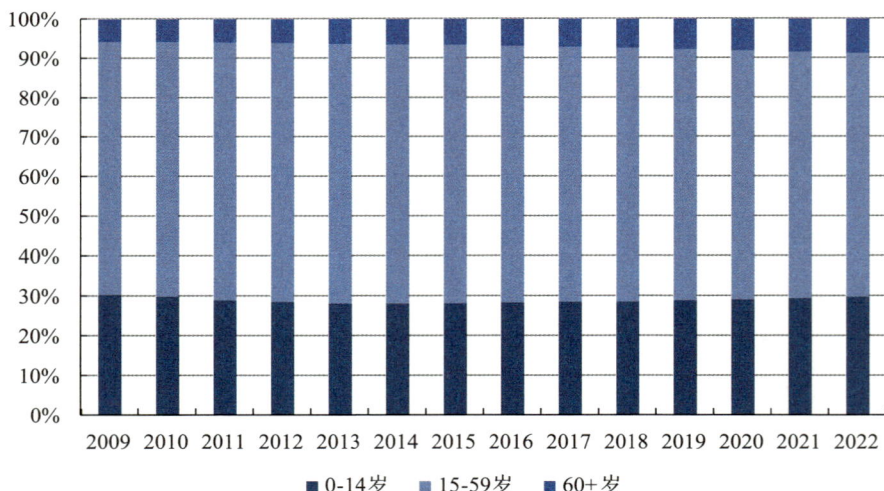

图 1-16　2009—2022 年乌兹别克斯坦人口结构[②]

---

①　数据来源：世界银行数据库，北京大学调研团整理。失业率数据采用国际劳工组织（ILO）统计
　　标准。
②　数据来源：乌兹别克斯坦国家统计委员会，北京大学调研团整理。

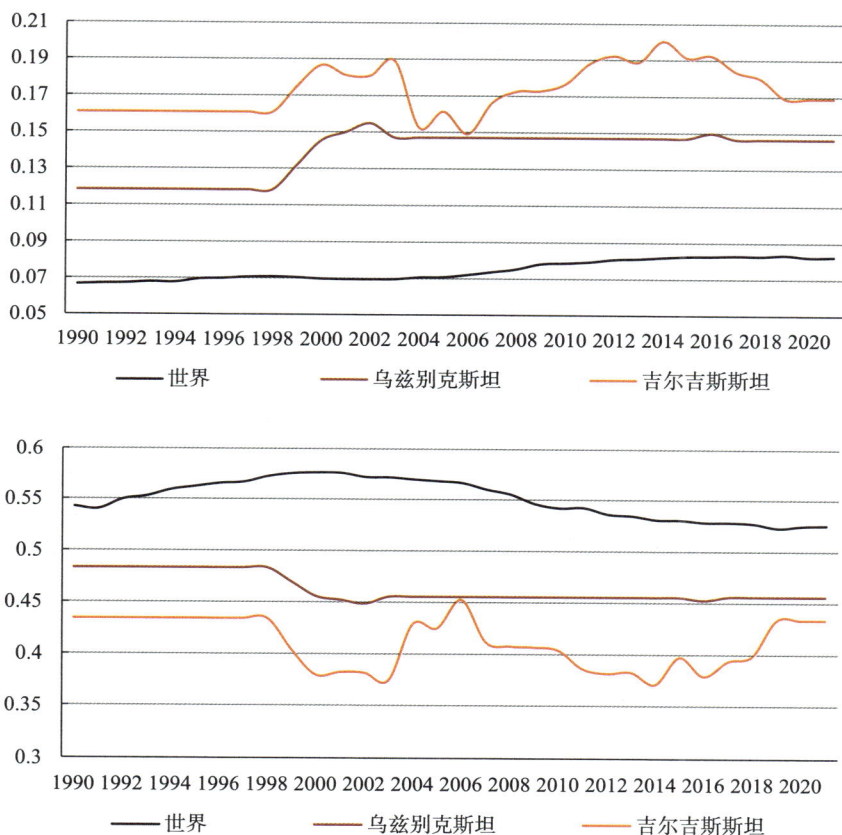

图 1-17　1990—2021 年各国前 10%（上图）和后 50%（下图）人群占有税前国民收入的份额 [1]

在政治上，2016 年底，乌兹别克斯坦实现总统权力的顺利交接。2016 年9 月，长期执政的首任总统卡里莫夫去世，总统职责暂由总理米尔济约耶夫履行。2016 年 12 月，米尔济约耶夫以 88.61% 的得票率当选为新任总统，标志着总统权力交接完成。2021 年 10 月，乌兹别克斯坦米尔济约耶夫在新一届总统选举中赢得连任。乌兹别克斯坦宪法规定，总统任期为五年且可连任两届。而 2023 年 4 月 30 日公投通过的新宪法将总统任期延长至七年，还允

① 数据来源：World Inequality Database（WID），北京大学调研团整理。

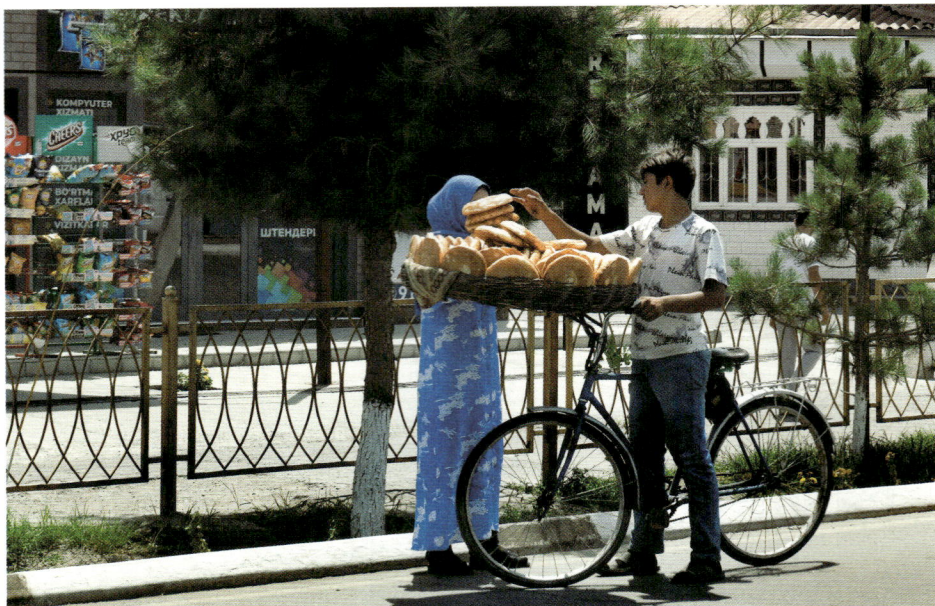

图 1-18　乌兹别克斯坦街头贩售烤馕的青年（摄影：郑豪）

许现任总统连任两届期满后可再次竞选总统。这也使得乌兹别克斯坦政府有
着相对较强的稳定性。稳定的社会发展和政治环境使得乌兹别克斯坦成为较
为理想的跨境投资目的地国。

◆ 二、吉尔吉斯斯坦宏观经济概况 ◆

　　吉尔吉斯斯坦在过去二十年间经济实现了较快增长，但期间受国内与国
际政治形势影响，经济增长并不平稳，且 GDP 总量在中亚五国中排名靠后。
从产业结构来看，过去二十年间吉尔吉斯斯坦主要通过发展工业拉动经济增
长，具体而言，油气与矿产开采行业以及制造业产值增长迅速。吉尔吉斯斯
坦矿产资源较为丰富，因此矿产出口也是吉尔吉斯斯坦拉动经济的重要支柱
之一。在贸易结构上，吉尔吉斯斯坦的主要进出口对象国依然是俄罗斯和哈
萨克斯坦，但同时与中国、英国等非独联体国家的贸易额在近年也较快增

长。从人口结构上看，吉尔吉斯斯坦的人口年龄结构稳定，人口老龄化程度不高，从中长期看劳动力供给仍然是其经济发展优势之一。

（一）经济增长

过去二十年间，吉尔吉斯斯坦的宏观经济总体上保持较快增长态势，国内生产总值的年均增长率为 8.72%。但值得注意的是，吉尔吉斯斯坦的宏观经济增长并不平稳，2003—2022 年间有六个年份经济增速低于 4%，甚至有三个年份经济出现负增长。2009 年，由于受到国际金融危机的影响，随着俄罗斯、哈萨克斯坦等主要贸易伙伴经济形势恶化，吉尔吉斯斯坦经济增速显著放缓。2010 年吉尔吉斯斯坦国内政局动荡，受此影响，国内经济也呈现下滑趋势。2012 年后，吉尔吉斯斯坦逐渐走出国内政治动乱和国际金融危机的影响，国内经济开始恢复。2013 年国内生产总值同比增长 10.92%，是 2003 年以来的最高水平（见图 1-19）。2020 年受新冠疫情冲击，吉尔吉斯斯坦经济出现下滑，国内生产总值同比下降了 8.40%。

图 1-19 2003—2022 年吉尔吉斯斯坦 GDP 及其增长率 [1]

---

[1] 数据来源：世界银行 WDI 数据库，北京大学调研团整理。

从人均指标看，吉尔吉斯斯坦的人均 GDP 在过去二十年间平均年增长率为 7.46%，实现了较快增长，人均 GDP 增速与国内生产总值增速同步变化。受新冠疫情的影响，人均 GDP 在 2020 和 2021 年间有所回落，在 1100 美元至 1300 美元左右徘徊。疫情结束后，吉尔吉斯斯坦人均 GDP 迅速回升：截至 2022 年底，吉尔吉斯斯坦人均 GDP 为 1606.67 美元，达到过去二十年的峰值（见图 1-20）。

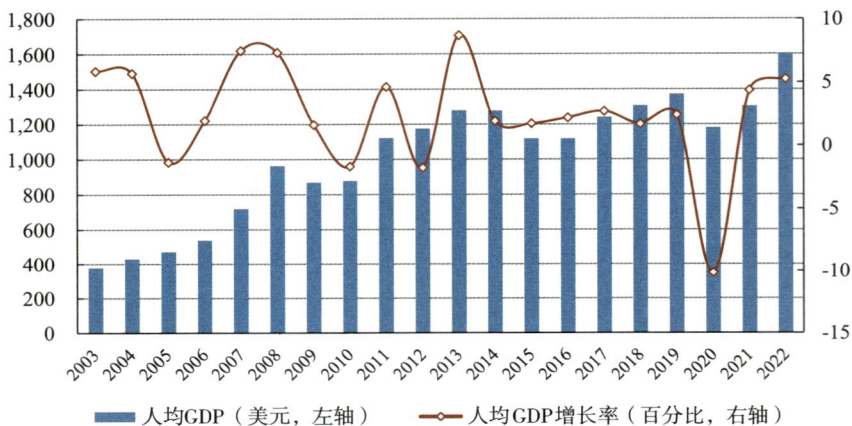

图 1-20　2003—2022 年吉尔吉斯斯坦人均 GDP 及其增长率①

从物价水平看，过去二十年间吉尔吉斯斯坦的通货膨胀水平经历了较大的起伏。2003—2007 年间，随着市场化经济改革不断推进，吉尔吉斯斯坦经济增长的同时通货膨胀水平也不断上升。2008 年金融危机爆发后，通货膨胀水平有所回落，但在随后的宽松的货币政策环境下迅速回升。2011 年吉尔吉斯斯坦实际利率水平仅为 1.1%，而居民消费价格指数同比上升 16.6%。在 2012—2019 年间，吉尔吉斯斯坦的通胀水平保持稳定较低水平，直至 2020 年新冠疫情暴发后迅速攀升（见图 1-21）。

---

① 数据来源：世界银行 WDI 数据库，北京大学调研团整理。

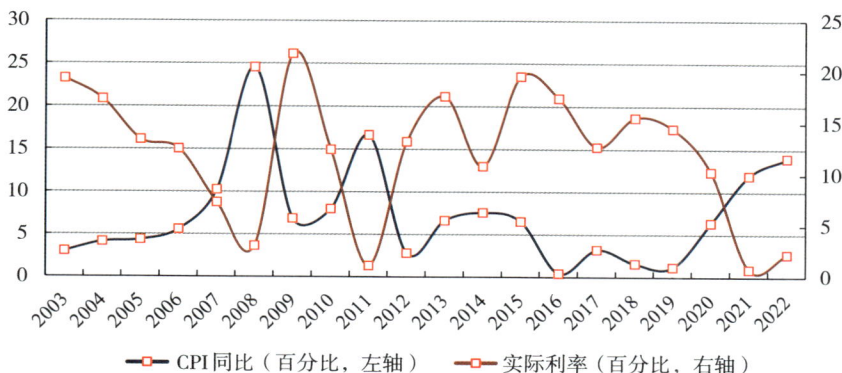

图 1-21　2003—2022 年吉尔吉斯斯坦 CPI 与实际利率

（二）经济结构

过去二十年间，吉尔吉斯斯坦服务业和工业增加值占国内生产总值的比重呈不断上升的趋势，其中服务业增加值占 GDP 的比重上升趋势尤为明显（见图 1-22）。2003 年服务业增加值为 7.25 亿美元，占 GDP 的比重仅为 37.8%。2022 年，吉尔吉斯斯坦服务业增加值为 56.9 亿美元，占 GDP 的 52.1%；工业增加值占 GDP 的比重从 2003 年的 20.2% 上升至 2020 年的

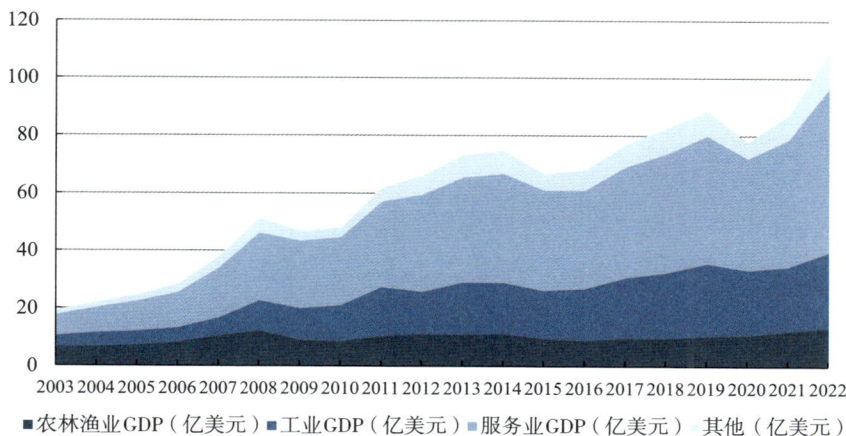

图 1-22　2003—2022 年吉尔吉斯斯坦各产业同比增速①

---

① 数据来源：世界银行，由北京大学调研团整理。

29.2%，为历史峰值。工业与服务业产值比重的增加必然伴随着农林牧渔业产值比重的下降，从 2003 年的 33.6% 降低至 2022 年的 12.1%。

从三大产业增加值同比增速看，过去十年间对吉尔吉斯斯坦 GDP 增长贡献最大的依次是工业和服务业。其中，在 2013-2019 年间，工业 GDP 同比增速在三大产业中一直保持最高（见图 1-23）。2020—2021 年受疫情影响，工业 GDP 连续两年降低，而服务业率先从新冠疫情中恢复过来，2021 年服务业 GDP 同比增长 14.61%，并在 2022 年间创下了 29.3% 的增速，为过去十年的最高值。相比之下，吉尔吉斯斯坦农业 GDP 过去二十年间呈现缓慢增长的态势，期间增速略有波动，平均年增速为 3.7%，远不及工业与服务业的平均增速。

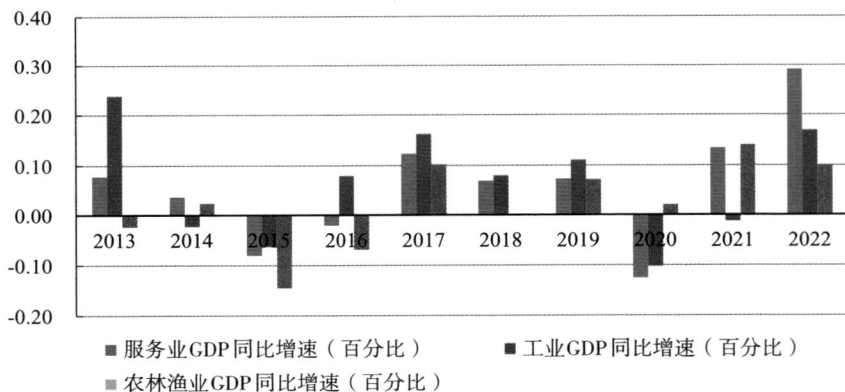

图 1-23　2013—2022 年吉尔吉斯斯坦各产业同比增速 [①]

表 1-1 汇总了 2013—2022 年吉尔吉斯斯坦各类工业产值。2022 年，吉尔吉斯斯坦采矿与油气产业产值为 5.58 亿美元，同比增长 11.5%；制造业产值为 39.32 亿美元，同比增长 18.3%；供电供气供热产值为 5.3 亿美元，同比增长 5.13%；供水与废料加工产值 0.46 亿美元，同比下降 13.0%。值得注意的是，采矿与油气产业在过去十年的平均增速最高，平均每年增长 18.2%。

---

① 　数据来源：世界银行，由北京大学调研团整理。

相比之下，制造业的年平均增速仅为 3.0%，其余两大产业的产值在过去十年波动幅度较大，但整体而言并未显著增长。因此，采矿与油气产业是吉尔吉斯斯坦工业的支柱产业。

表 1-1　2015—2022 年吉尔吉斯斯坦工业产值统计（单位：亿美元）[①]

产业产值/年份	2015	2016	2017	2018	2019	2020	2021	2022
采矿与油气产业产值	1.23	1.82	2.60	2.33	2.80	2.33	5.00	5.58
制造业产值	21.81	23.36	26.37	29.04	32.17	34.40	33.23	39.32
供电供气供热产业产值	4.79	4.56	5.18	5.60	5.28	4.88	5.01	5.27
供水与废料加工业产值	0.26	0.27	0.30	0.42	0.43	0.42	0.53	0.46

从自然资源租金占 GDP 比重的角度看，矿产采掘是吉尔吉斯斯坦的支柱产业（见图 1-24）。截至 2021 年底，矿物租金占 GDP 比重达 11.15%，是过去二十年以来的最高水平。除了矿产资源外，吉尔吉斯斯坦还拥有煤炭和石油等自然资源，2021 年煤炭租金和石油租金占 GDP 的比重分别为 0.26% 和 0.08%，对宏观经济的贡献较低。

在农业方面，2021 年，吉尔吉斯斯坦农林牧业产值为 3242.83 亿索姆（约合 38.31 亿美元），同比下降 5%。2021 年，主要农作物产量：小麦 36.27 万吨，同比下降 42.3%；土豆 128.91 万吨，同比下降 2.9%；蔬菜 112.42 万吨，同比下降 1.5%；水果浆果 26.64 万吨，同比下降 4.2%；籽棉 6.69 万吨，同比下降 8.1%；瓜类作物 22.49 万吨，同比下降 14%。

---

① 数据来源：吉尔吉斯斯坦国家统计委员会，由北京大学调研团整理。吉尔吉斯斯坦国家统计委员会提供的原数据以现价索姆计价，笔者使用世界银行提供的各年份索姆兑美元的汇率对原数据进行币值转换。根据吉尔吉斯斯坦国家统计委员会提供的解释，采矿与油气产业具体包括煤矿、石矿、金属矿以及石油天然气的开采行业；制造业具体包括食品加工、纺织加工、造纸与木材加工、焦炭与石油精炼、化工、制药、橡胶与塑料制品、金属制品（机器成品除外）、电子产品、电气设备以及其他机械设备的制造。

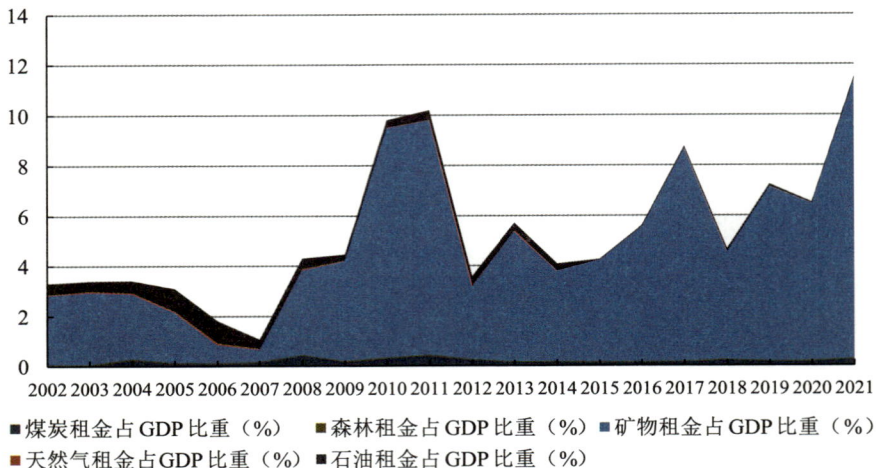

图 1-24　2002—2021 年吉尔吉斯斯坦自然资源租金占 GDP 比重 ①

（三）国际贸易与投资

在对外贸易上，吉尔吉斯斯坦贸易制度自由度较高，投资较为便利，是上海合作组织、世界贸易组织、欧亚经济联盟等国际组织的成员。吉尔吉斯斯坦可以作为商品加工和转运的基地，生产的产品能够辐射中亚、俄罗斯、欧洲以及中东国家。吉尔吉斯斯坦在过去二十年间一直处于贸易逆差地位，且贸易赤字逐步扩大.从 2002 年的 0.78 亿美元上升至 2018 年的 31.7 亿美元。随着吉尔吉斯斯坦经济逐渐从新冠疫情的冲击中恢复过来，截至 2021 年底，吉尔吉斯斯坦进口额达 59.3 亿美元，同比增长 46.3%（见图 1-25）。出口额为 32.9 亿美元，同比增长 36.2%，

从各类商品进出口额看，农业产品是吉尔吉斯斯坦对外出口的主要商品，而机械设备是吉尔吉斯斯坦从外进口最多的商品类别。2021 年，吉尔吉斯斯坦对外出口农业产品 3.59 亿美元，是出口额最高的商品类别；排名第二为燃料与矿产，出口额为 3.53 亿美元（表 1-2）。同年，吉尔吉斯斯坦进口机

① 数据来源：世界银行，由北京大学调研团整理。

图 1-25　2002—2021 年吉尔吉斯斯坦进出口额 ①

械设备达 11.23 亿美元，燃料与矿产进口额为 8.8 亿美元（表 1-3）。除机械设备与燃料矿产外，吉尔吉斯斯坦还进口了较多的农业产品、化工产品以及纺织品。这在一定程度上反映吉尔吉斯斯坦国内制造业有待发展，现阶段农业产品与矿物产品出口是吉尔吉斯斯坦创收外汇的重要途径。

表 1-2　2017—2021 年吉尔吉斯斯坦各类商品出口额（单位：百万美元）②

商品类别	2017	2018	2019	2020	2021
农业产品	246	239	300	280	359
燃料与矿产	304	422	396	273	353
钢铁	17	15	16	10	25
化工产品	23	22	35	25	23
药品	1	1	2	1	6
机械设备	212	140	107	96	163
办公与电报设备	4	5	4	5	61
电子数据处理和办公设备	1	1	1	4	4

---

① 数据来源：世界贸易组织，由北京大学调研团整理。

② 数据来源：世界贸易组织，由北京大学调研团整理。

续表

商品类别	2017	2018	2019	2020	2021
网络通信设备	2	1	2	1	56
集成电路与电子元件	1	3	1	0	0
交通运输设备	149	85	65	53	65
汽车产品	59	47	44	26	47
纺织品	5	4	11	4	16
服装	119	152	103	56	82

表 1-3　2017—2021 年吉尔吉斯斯坦各类商品进口额（单位：百万美元）①

商品类别	2017	2018	2019	2020	2021
农业产品	654	614	704	554	844
燃料与矿产	680	948	744	525	880
钢铁	189	241	239	214	227
化工产品	494	552	578	481	612
药品	183	164	190	196	190
机械设备	837	1005	1081	742	1123
办公与电报设备	167	208	268	173	218
电子数据处理和办公设备	55	48	61	39	48
网络通信设备	106	154	202	132	167
集成电路与电子元件	5	6	4	3	3
交通运输设备	218	240	217	211	379
汽车产品	159	163	158	180	287
纺织品	416	406	363	208	495
服装	264	389	227	97	373

　　吉尔吉斯斯坦的经济支柱之一是国内的矿产采掘行业，主要矿产包括黄金、钨、锡、汞、锑、铁。其中，黄金总储量为 2149 吨，探明储量 565.8 吨，年均开采量为 18—22 吨；钨矿总储量 19 万吨，探明储量 11.72 万吨；锡矿

---

① 数据来源：世界贸易组织，由北京大学调研团整理。

总储量 41.3 万吨，探明储量 18.68 万吨。考虑到吉尔吉斯斯坦重工业发展较为缓慢，以矿产出口为主、以能源和工业制成品进口为主的外贸结构在中短期内难以发生显著改变。

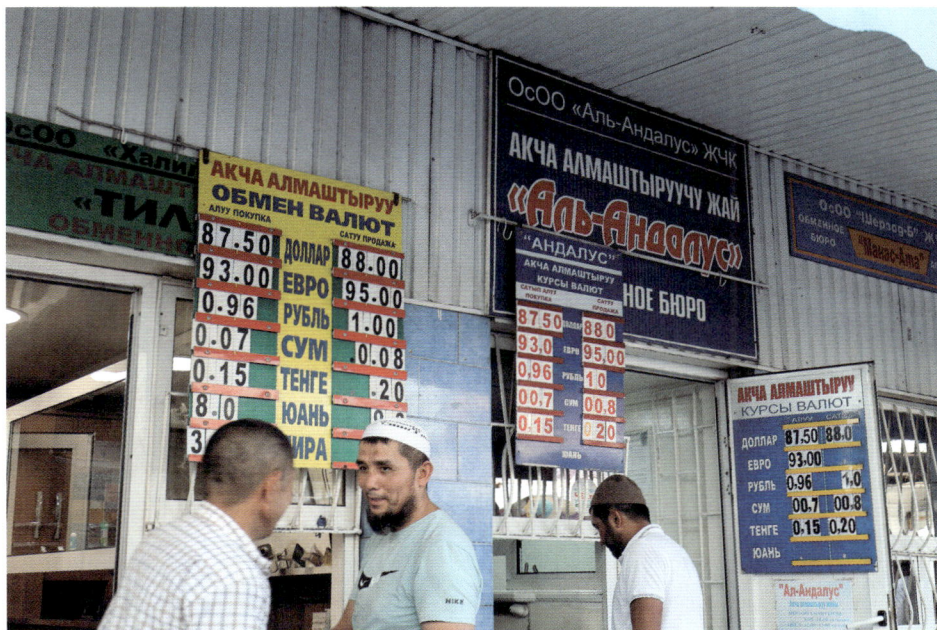

图 1-26　吉尔吉斯斯坦贾拉拉巴德的换汇点（摄影：李羽姗）

　　从出口对象国角度看，2020 年吉尔吉斯斯坦的前六大出口国分别为英国（9.9 亿美元）、哈萨克斯坦（2.85 亿美元）、俄罗斯（2.57 亿美元）、乌兹别克斯坦（1.52 亿美元）、土耳其（0.75 亿美元）以及中国（0.43 亿美元）（见表 1-4）。值得注意的是，吉尔吉斯斯坦对中国的出口额在 2014—2017 年间出现大幅增长。2018 年，受吉尔吉斯斯坦内部政治局势的影响，吉尔吉斯斯坦对中国出口额出现了较大幅度的下降。[①] 而吉尔吉斯斯坦对英国的出口额在 2016 至 2020 年间出现了迅猛增长，年均增长率达到了 98.6%。

① 2018 年吉尔吉斯斯坦时任总统热恩别科夫签署总统令，宣布解散以总理伊萨科夫为首的政府。

从进口对象国角度看，2020 年吉尔吉斯斯坦前六大进口国分别为俄罗斯（13.2 亿美元）、中国（7.4 亿美元）、哈萨克斯坦（5.2 亿美元）、土耳其（1.9 亿美元）、乌兹别克斯坦（1.9 亿美元）、乌克兰（0.5 亿美元）（表 1-5）。整体而言，吉尔吉斯斯坦对俄罗斯的进口额在过去 7 年间一直较高，表明吉尔吉斯斯坦经济对俄罗斯的依赖度较强，同时吉尔吉斯斯坦对中国的进口额在 2014—2018 年间呈现较快增长。

表 1-4　2014—2020 年吉尔吉斯斯坦前六大出口国出口额（单位：百万美元）[①]

国家	2014	2015	2016	2017	2018	2019	2020
英国	3.1	1.8	32.0	191.2	670.0	833.2	990.0
哈萨克斯坦	579.2	237.6	265.5	268.6	270.3	347.1	285.9
俄罗斯	139.8	166.8	178.4	265.7	358.2	281.3	257.3
乌兹别克斯坦	120.1	112.1	125.1	146.3	158.5	138.9	152.9
土耳其	86.0	85.2	90.0	131.2	104.3	89.9	74.7
中国	32.8	36.2	80.1	97.5	61.2	81.5	43.2

表 1-5　2014—2020 年吉尔吉斯斯坦前六大进口国进口额统计（单位：百万美元）[②]

国家	2014	2015	2016	2017	2018	2019	2020
俄罗斯	1851.9	1460.2	1049.4	1232.7	1510.6	1404.3	1319.9
中国	1200.2	1049.5	1468.4	1500.1	1942.3	1735.0	737.9
哈萨克斯坦	574.4	553.1	531.0	520.5	602.7	649.4	523.6
土耳其	226.2	166.3	191.1	224.9	290.2	222.8	194.9
乌兹别克斯坦	106.5	56.2	67.2	163.6	178.0	200.9	189.0
乌克兰	115.0	89.4	39.9	38.9	29.7	48.5	51.8

---

① 数据来源：CEIC 数据库，由北京大学调研团整理，前六大出口国按照 2020 年的出口额进行排序确定。

② 数据来源：CEIC 数据库，由北京大学调研团整理，前六大进口国按照 2020 年的进口额进行排序确定。

从外商直接投资角度看，土耳其、中国和俄罗斯对吉尔吉斯斯坦的直接投资额最高，2022 年吉尔吉斯斯坦接受来自上述三国的外商直接投资额分别为 3.4 亿美元、3.3 亿美元和 1.5 亿美元。值得注意的是，土耳其在 2021 年间加大了对吉尔吉斯斯坦的直接投资，由 2020 年的 0.2 亿美元直接增加至 20212.4 亿美元，同比增长 879.2%。此外，哈萨克斯坦对吉尔吉斯斯坦的外商直接投资额也较高，2022 年达 0.9 亿美元。

（四）财政收支与债务

从政府财政收支角度看，除去受新冠疫情影响较大的 2020 年外，吉尔吉斯斯坦政府收入在过去 8 年呈现稳步增长态势，且保持着财政收支平衡。截至 2021 年，吉尔吉斯斯坦政府财政收入约为 25.3 亿美元，财政支出规模为 21.6 亿美元（见图 1-27）。不仅如此，过去 8 年间，除了 2020 年外，吉尔吉斯斯坦财政收支一直保持着略有盈余的状态。

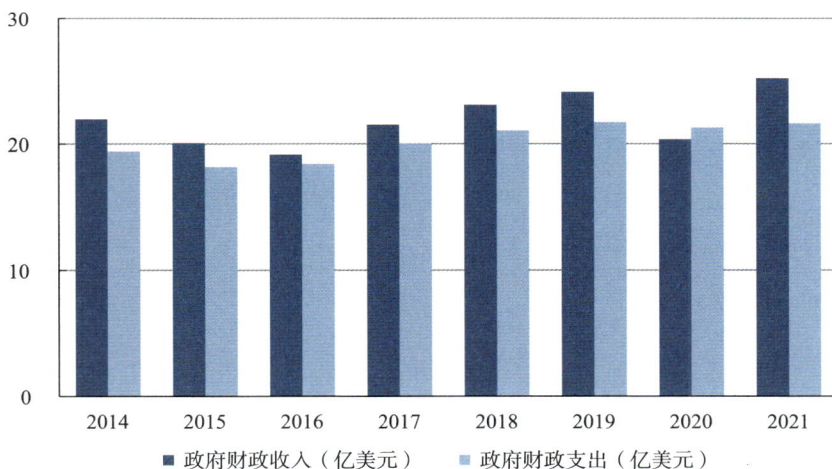

图 1-27　2014—2021 年吉尔吉斯斯坦财政收支统计 ①

----

① 数据来源：世界银行，由北京大学调研团整理。

从对外债务角度看，吉尔吉斯斯坦公共部门债务在过去八年间略有增长，从 2014 年的 32.5 亿美元增加至 2021 年的 39.6 亿美元。吉尔吉斯斯坦公共部门债务占 GDP 的比重在 2015—2017 年间超过 50%，此后便在 46% 水平上下浮动。值得注意的是，吉尔吉斯斯坦公共部门对中国债务占其公共部门总债务的比例从 2014 年的 34.3% 上升至 2019 年的 47.9%，在 2020—2021 年间比重有所降低（见图 1-28）。截至 2021 年，吉尔吉斯斯坦公共部门对中国债务约为 18 亿美元。从长期来看，吉尔吉斯斯坦存在一定的主权信用违约或国际资本外流等风险。

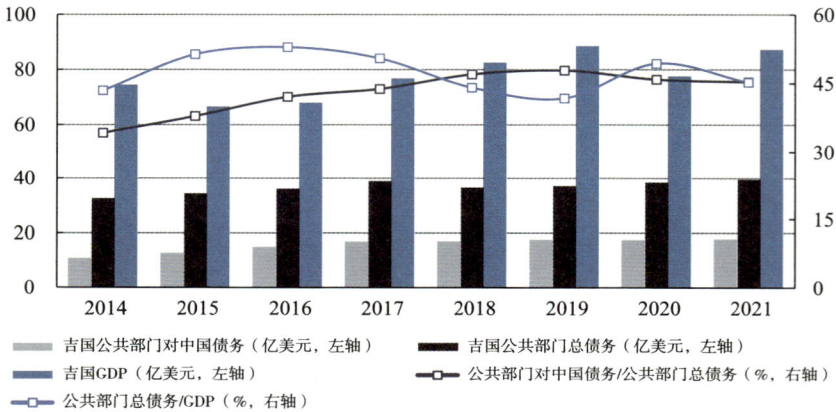

图 1-28 2014—2021 年吉尔吉斯斯坦公共部门对外债务统计 [①]

（五）社会稳定

吉尔吉斯斯坦在过去二十年间人口呈现稳步增长的趋势。就总人口而言，2003—2022 年间，吉尔吉斯斯坦总人口数量由 504.3 万人增长至 680.3 万，人口增长率长期保持在 1.5%—2.0% 之间（见图 1-29）。就劳动力人口而言，2003 年吉尔吉斯斯坦劳动力人口为 309.1 万，截至 2022 年底劳动力人口达到了 415.1 万。但城镇人口的增长并未跟上总人口的增长，2003—2022 年

---

① 数据来源：世界银行，由北京大学调研团整理。

间，城镇人口仅增加76.8万人，占总人口增加数的43.7%。2014年以来，劳动力人口的失业率节节攀升，直至新冠疫情期间达到顶峰，约为4.8%。截至2022年，吉尔吉斯斯坦的劳动力人口失业率为4.6%，同比下降0.2个百分点。

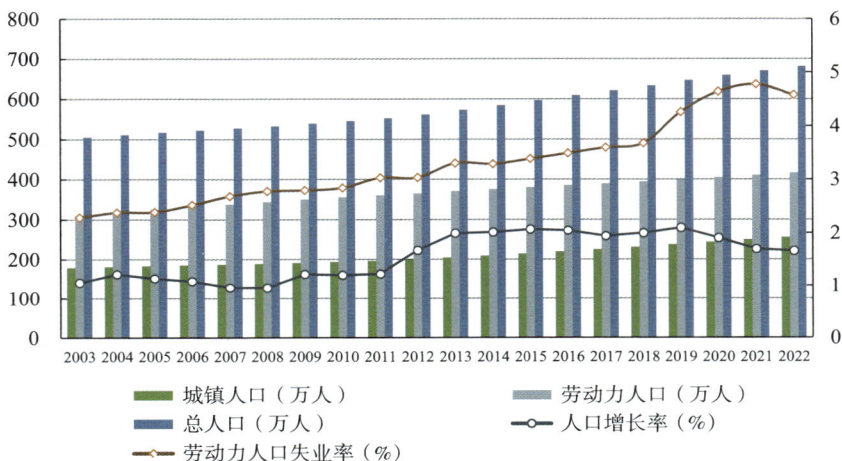

图1-29　2003—2022年吉尔吉斯斯坦总人口、城镇人口、劳动力人口、
人口增长率以及劳动人口失业率 ①

　　从人口结构角度看，吉尔吉斯斯坦仍然保持着橄榄型人口结构。2022年，吉尔吉斯斯坦0—14岁人口组占总人口的34.4%，15—64岁人口组占总人口的61.0%（见图1-30）。过去二十年间，吉尔吉斯斯坦65岁及以上人口占总人口的比重呈现先下降后上升的态势：2003年65岁及以上人口占总人口的比重为5.2%，随后稳步下降至2013年的3.8%，2013年以后又缓步增长，2022年其比重约为4.5%。

　　从收入分配角度来看，吉尔吉斯斯坦的基尼系数在过去保持相对稳定。21世纪初，此时基尼系数呈上升趋势，2006年最高达0.37（见图1-31）。2007—2020年期间，基尼系数整体呈缓慢下降趋势。截至2020年底，吉尔吉斯斯坦的基尼系数为0.29。

_____

① 数据来源：世界银行，由北京大学调研团整理。

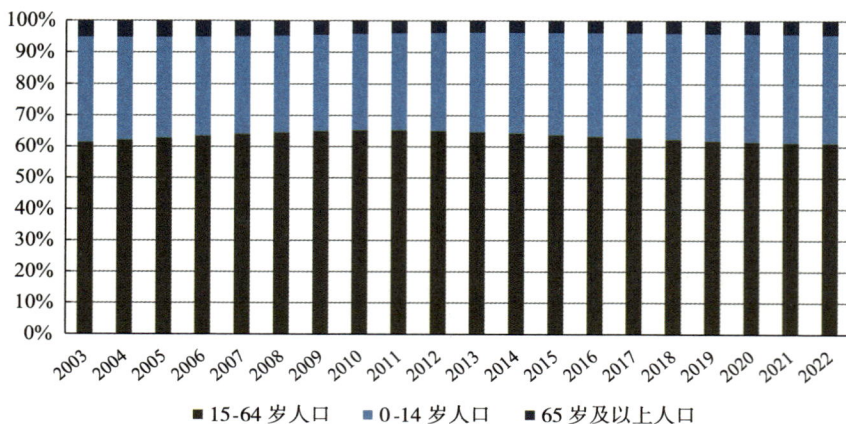

图 1-30　2003—2022 年吉尔吉斯斯坦人口年龄结构①

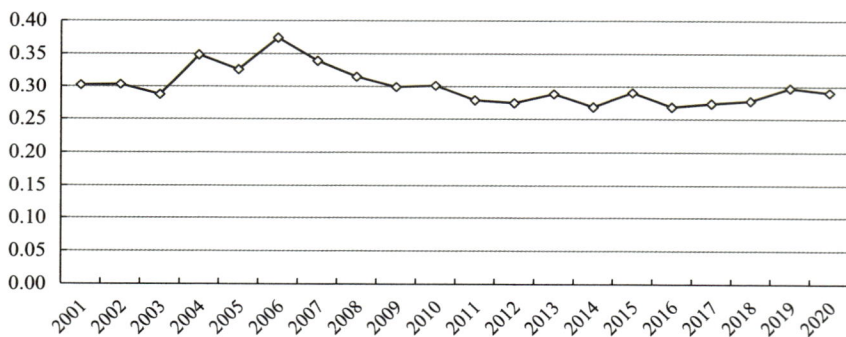

图 1-31　2001—2020 年吉尔吉斯斯坦基尼系数②

◆ 三、中国与乌、吉两国的经贸合作 ◆

在国际贸易方面，中国是乌兹别克斯坦和吉尔吉斯斯坦重要的贸易伙伴。中国是乌兹别克斯坦第二大进口国，同时也是乌兹别克斯坦第一大出口国。对吉尔吉斯斯坦而言，中国是其第二大进口国，第六大出口国。在投资方面，中国也在逐步增加对乌兹别克斯坦和吉尔吉斯斯坦的直接投资力度，

---

① 数据来源：世界银行，由北京大学调研团整理。

② 数据来源：世界银行，由北京大学调研团整理。

主要投资领域集中在能源、水泥、纺织工业等行业。可以预期，未来中国与乌、吉两国的经贸合作将会进一步深化。

（一）中国与乌兹别克斯坦的经贸合作

中国是乌兹别克斯坦最重要的贸易伙伴之一。2021 年，俄罗斯以 17.9% 的比例位列乌兹别克斯坦第一大贸易伙伴；中国以 17.7% 的比例居第二；哈萨克斯坦居第三。具体而言，中国是乌兹别克斯坦第二大进口国，位列俄罗斯之后；同时也是乌兹别克斯坦第一大出口国。从贸易总额的变化看，在 2012—2021 年的大部分时间内中乌贸易均呈增长态势，仅在其 2014 年和 2016 年国际能源价格低迷、2020 年新冠疫情期间出现负增长（见图 1-32）。2021 年，随着乌兹别克斯坦经济复苏，中乌贸易总额实现了 21.5% 的增长率。中国贸易顺差为 37.4 亿美元。中乌贸易在乌兹别克斯坦国际贸易中起着越来越重要的作用。2021 年，随着乌兹别克斯坦经济复苏，中乌贸易总额实现了 15.8% 的增长率。中国贸易顺差为 23.9 亿美元。中乌贸易在乌兹别克斯坦的

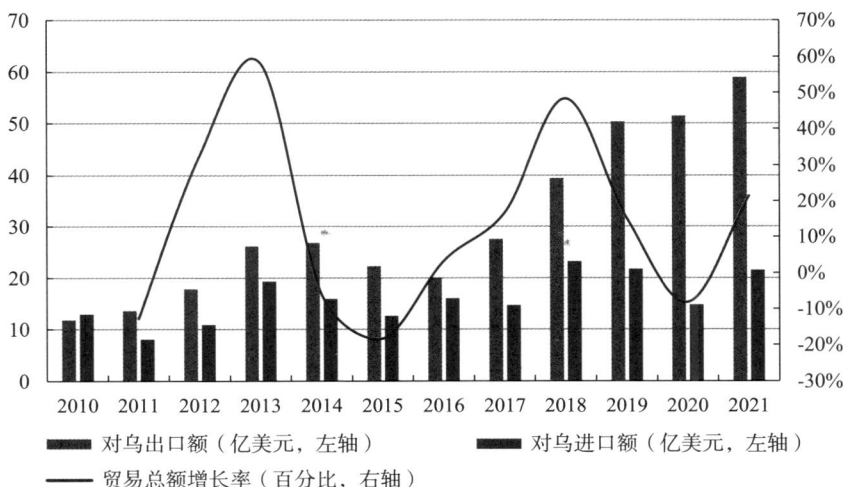

图 1-32 2010—2021 年中国对乌兹别克斯坦进出口额及总额增长率①

① 数据来源：世界银行，由北京大学调研团整理。由于统计口径不同，不同数据库数据可能存在差异。

对外贸易中起着越来越重要的作用。

中国是乌兹别克斯坦外商投资的重要来源国。根据《2021 年度中国对外直接投资统计公报》和世界银行的数据，2021 年中国对乌兹别克斯坦直接外商投资净流量为 3.69 亿美元，占乌兹别克斯坦当年 FDI 的 17.7%。[1] 中国对乌兹别克斯坦的投资以油气勘探开发、天然气管道建设与运营、公路与化工厂建设、铁路电气化与电信网改造和汽车组装等领域为主[2]，具体大型项目包括中国—中亚天然气管道项目、卡拉库利气田项目，安格连—帕普铁路卡姆奇克铁路隧道项目（见图 1-33）等。

2015 年，两国签署《中国商务部和乌兹别克斯坦外经贸部关于在"丝绸之路经济带"倡议框架下扩大互利合作的议定书》。该《议定书》的签署推动了中国在乌兹别克斯坦大宗商品贸易、基础设施建设、工业项目改造和工业园等领域重点项目的实施。目前，中国与乌兹别克斯坦产能合作项目主要集中在水泥、轻纺、汽车组装和通信领域。在水泥领域，代表项目包括安

图 1-33　中企承建的乌兹别克斯坦安格连—帕普铁路卡姆奇克隧道（摄影：郑豪）

①　商务部：《2021 年度中国对外直接投资统计公报》，北京：中国商务出版社，2022 年。
②　商务部：《对外投资合作国别（地区）指南：乌兹别克斯坦（2021 版）》，2022 年。

徽海螺水泥公司在塔什干、安集延和卡尔希建设的水泥厂项目、华新水泥公司建设的华新吉扎克水泥厂、陕西祥盛实业公司建设的费尔干纳亚星水泥厂等。在轻纺领域，中国企业投资建设了卡什卡达里亚州的利泰纺织厂、安集延州的安集延纺织园区等项目；在汽车领域，中国重汽、乌汽车控股公司和德国曼集团（MAN AG）在乌兹别克斯坦建立汽车厂，以组装中国重汽旗下卡车；在通信领域，华为公司在乌兹别克斯坦开展了 5G 网络、智慧城市、平安城市建设等项目。

在对乌兹别克斯坦投资之外，中企在乌兹别克斯坦还大量开展工程承包业务。2020 年，中国企业在乌兹别克斯坦新签承包工程合同 39 份，新签合同额 27.71 亿美元，承包工程派出 6864 人，完成营业额 9.57 亿美元。整体来看，从 2017 年新任总统米尔济约耶夫上台以后，中国在乌的工程承包金额显著上升，并维持相对稳定的状态。外派工程承包人数受项目周期影响，波动较大（见图 1-34）。中企承包的工程以基础设施为主，包括石化、化工、煤炭、水利、水电、水泥、道路建设和建筑等行业的项目。

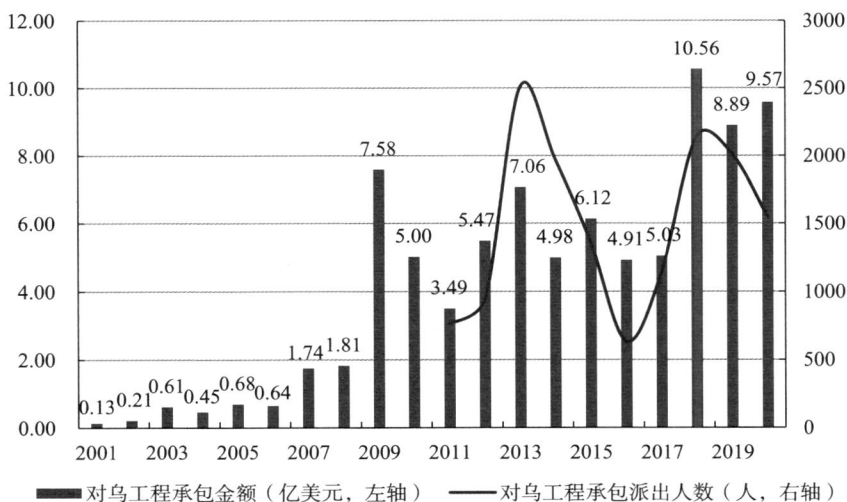

图 1-34 2002—2019 年中国在乌兹别克斯坦工程承包项目金额及劳务派遣人数①

① 数据来源：中国国家统计局，北京大学调研团整理。

（二）中国与吉尔吉斯斯坦的经贸合作

早在 1992 年 5 月 14 日，中吉两国就签署了《中华人民共和国政府和吉尔吉斯斯坦共和国政府关于鼓励和相互保护投资协定》。2002 年 6 月 24 日，双方签署了《中华人民共和国政府和吉尔吉斯共和国政府关于避免双重征税协定》。在 2017 年 5 月首届"一带一路"国际合作高峰论坛期间，中国国家发改委与吉尔吉斯斯坦经济部签署了关于共同推动产能与投资合作重点项目的谅解备忘录。近年来，中吉双边政治关系日渐紧密，高层互访频繁，2018 年 6 月，双方将中吉关系提升为全面战略伙伴关系。2019 年 6 月，习近平主席成功访问吉尔吉斯斯坦并出席上合组织成员国元首理事会第十九次会议，将中吉全面战略伙伴关系提升至新高

图 1-35　吉尔吉斯斯坦首都比什凯克街头的宇通客车（摄影：郑豪）

度。良好的政治关系为推动中吉经贸、投资合作奠定了基础，吉尔吉斯斯坦积极响应中国"一带一路"倡议，并主动进行政策对接。2019 年，双方签署《中华人民共和国商务部和吉尔吉斯共和国经济部关于扩大经贸合作的备忘录》《中华人民共和国商务部与吉尔吉斯共和国工业、电力和矿产资源利用委员会和投资促进保护署关于建立投资和工业合作工作组的谅解备忘录》等文件。

中国在吉尔吉斯斯坦投资和经济合作项目涵盖交通、通信、电力、矿产资源开发、农业等经济社会发展主要领域，规模水平不断提升。从中吉双边贸易角度看，吉尔吉斯斯坦对中国进口额迅猛增长，但对中国出口额长期处于较低水平。2004—2018 年间，吉尔吉斯斯坦对中国进口额整体呈现大幅增长趋势，期间部分年份略有波动（见图 1-36）。2004 年对中国进口额仅为189.3 万美元，2019 年该指标上升至 19.4 亿美元。截至 2020 年，受新冠疫情影响，吉尔吉斯斯坦对中国进口额为 7.4 亿美元，同比下降 57.5%。相比之下，吉尔吉斯斯坦对中国出口额长期处于较低水平，2022 年仅为 0.43 亿美元。

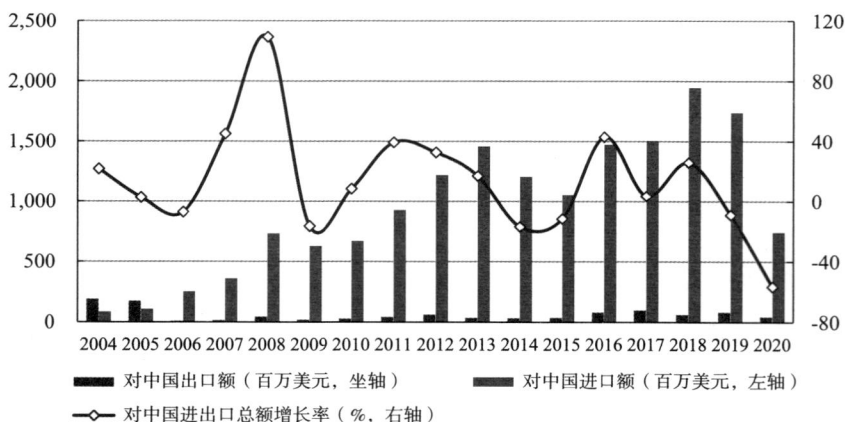

图 1-36　2004—2020 年吉尔吉斯斯坦对中国进出口额①

---

① 数据来源：世界银行，由北京大学调研团整理。

据中国海关统计，近年来，中国对吉尔吉斯斯坦出口商品主要类别包括：针织或钩编的服装及衣着附件；鞋靴、护腿及其零件；针织物及钩编织物；棉花；非针织或非钩编的服装及衣着附件；化学纤维长丝；锅炉、机械器具及零件；电机、电气、音像设备及其零附件；皮革制品，箱包等。中国从吉尔吉斯斯坦进口商品主要类别包括：矿砂、矿渣及矿灰；铜及其制品；生皮及皮革；矿物燃料、矿物油等；羊毛等动物毛，马毛纱线及其机织物；水果、干果等。

从外商直接投资看，中国对吉尔吉斯斯坦的外商直接投资额在 2003 — 2013 年间保持了较快增长，随后在 2014 年出现一定程度的下降，并在此之后保持稳定（见图 1-37）。2003 年中国对吉尔吉斯斯坦的外商直接投资仅为 0.15 亿美元，随着中吉双边经贸关系的提升，外商直接投资额也增长至 2013 年的 4.7 亿美元。而今，中国对吉尔吉斯斯坦的外商直接投资稳定在 3 亿美元左右。

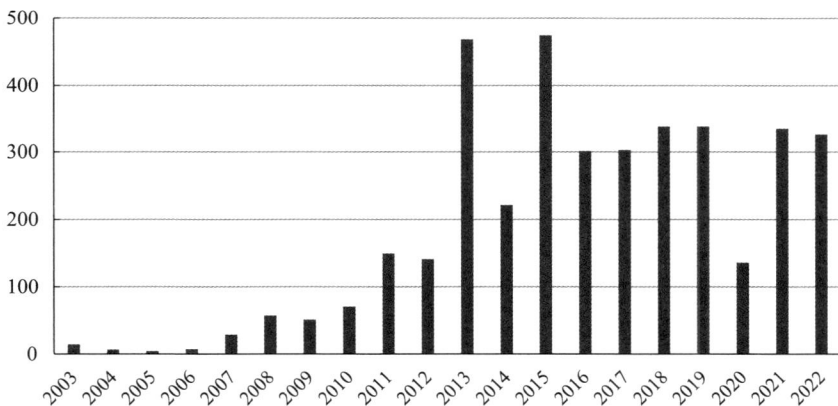

图 1-37　2003—2022 年中国对吉尔吉斯斯坦外商直接投资统计 [1]

从工程承包角度看，中国在吉尔吉斯斯坦工程承包项目金额整体呈现先上升后降低的趋势。2003—2013 年间，中国在吉尔吉斯斯坦工程承包项目金

---

[1]　数据来源：CEIC 数据库，由北京大学调研团整理。

额由 1.04 亿美元逐渐增长至 7.12 亿美元。但在 2013—2021 年间，工程承包项目金额快速下降，2021 年仅为 1.37 亿美元（见图 1-38）。工程承包项目派出人数也随着营业额的变化而同步变动：最高峰时中资企业派出人数为 3258 人，2021 年最新数据仅为 363 人。

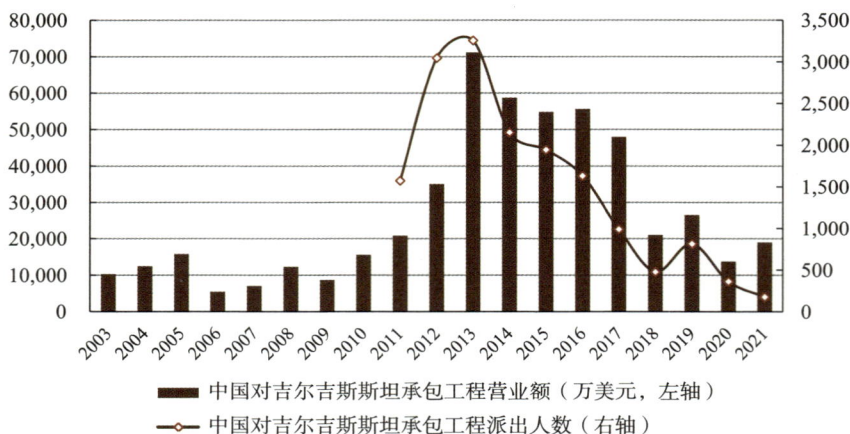

图 1-38　中国对吉尔吉斯斯坦承包工程统计 ①

---

① 数据来源：中国国家统计局，北京大学调研团整理。

第二章
中资企业在乌、吉两国的经营

上海建工塔什干银行总部项目（摄影：顾觎）

◆ 一、中资企业在乌兹别克斯坦的经营历程 ◆

中企"走出去"赴乌兹别克斯坦投资经营可以大致分为三个阶段，分别为 2001—2013 年，2013—2017 年以及 2017 年至今。

中企"走出去"到乌兹别克斯坦经营的第一阶段是在上海合作组织成立后。1991 年中乌建交之后，乌兹别克斯坦时任总统卡里莫夫曾在 1992 年 3 月和 1994 年 10 月两次访华。时任国家主席江泽民于 1996 年 7 月访问了乌兹别克斯坦。但这段时期，两国主要在安全领域开展合作，经济合作相对较少。2001 年 6 月 15 日，包括乌兹别克斯坦在内的上海合作组织宣告成立。这为中国与乌兹别克斯坦增强政治互信、巩固友好关系和加强经济合作搭建了平台。

此后，中国和乌兹别克斯坦签署了一系列能源领域的合作协议，中国石油天然气勘探开发公司在乌兹别克斯坦注册的中国石油国际有限公司于 2006 年获得乌油气总公司颁发的油气勘探作业许可证。中企在乌兹别克斯坦能源领域的投资经营规模由此逐渐扩大。自 2008 年开始，已有几家大型企业参与乌兹别克斯坦国内的项目投资，如中石油中亚天然气管道有限公司以中乌企业合资的方式参与中国—中亚天然气管道的建设，中信建设乌兹别克斯坦项目团队在乌实施了德赫干纳巴德钾肥加工厂一期及二期、昆格勒碱厂二期等多个大型化工项目，华为实施了乌兹别克斯坦国家电信运营商通信网络开发及现代化改造项目。2009 年，乌兹别克斯坦鹏盛工业园开工兴建。园区定位为利用中国技术和民间资本生产适合乌兹别克斯坦市场需求的商品。此时中企"走出去"在乌兹别克斯坦开展投资建设的主体主要是大型国企，多在能源和化工领域开展业务。

中企"走出去"的第二个阶段开始于 2013 年 9 月国家主席习近平提出建设"丝绸之路经济带"的合作倡议。"一带一路"倡议激发了中企在乌兹别克斯坦经营投资的热情。一方面，金融危机后中国形成了丰富的产能，"走出

图 2-1　位于塔什干的华为技术有限公司乌兹别克斯坦代表处（摄影：郑豪）

去"成为中企释放国内富余产能的有效方式；另一方面，改革开放以来中国积累了大量基础设施建设和施工经验，质量、效率和口碑在世界范围内都有很强的竞争力。借助"一带一路"倡议，中企能够将这方面的经验转化为新的业务增长，缓解经济"新常态"和结构性调整带来的经营压力。同期，国家层面又成立了亚投行和丝路基金，再加上中国金融机构响应国家号召，"一带一路"倡议相关项目受到资本的青睐。多方面因素推动中企赴乌兹别克斯坦开展业务步入新的阶段。2015 年，《中国商务部和乌兹别克斯坦外经贸部关于在"丝绸之路经济带"倡议框架下扩大互利合作的议定书》的签署，提高了中国企业参与对乌兹别克斯坦的贸易、投资、金融等活动的积极性，尤其促进了中企在交通通信领域开展在乌业务[1]。

　　2013 年起，中企开展"安格连—帕普"铁路卡姆奇克隧道项目、为

---

[1]　中乌签署共建"丝绸之路经济带"合作文件．[EB/OL]．（2015-06-17）[2023-08-01]. http://www.gov.cn/xinwen/2015/06/17/content_2880473.htm.

"马拉坎德—卡尔希"铁路电气化工程提供设备，帮助乌交通网络实现高效互联互通。在能源电力领域，也有中企活跃于安格连电厂，参与电厂施工或承建安格连 150 兆瓦燃煤火力发电工程。此外，中国杭州中乌电子仪表有限公司主要投资的太阳能热水器厂、保利科技以 EPC 模式承包的橡胶厂，以及金昇利泰纺织厂启动的利泰纺织国际园区以及卡尔希市 12 万锭纺纱厂等项目，展示了这一阶段中企在乌多领域投资建厂的几种典型模式。此一阶段中国企业在乌兹别克斯坦投资和经营的规模迅速扩大，2013 年中国对乌兹别克斯坦直接投资的存量为 1.98 亿美元，到 2016 年就提高到 10.58 亿美元。

图 2-2　乌兹别克斯坦锡尔河州的中乌经贸合作论坛广告（摄影：李羽姗）

中企"走出去"的第三个阶段发轫于 2017 年乌兹别克斯坦新任总统米尔济约耶夫的经济改革。米尔济约耶夫政府取消外汇管制、改善营商环境、支持工业发展并吸引外资。2017 年至 2018 年，乌兹别克斯坦增加了包括 10 个小型工业区在内的 18 个经济自由区，为投资者提供较大力度的税收优惠。

在这一阶段，中企在水电基建方面继续发力，承担了如图雅布古兹水电站、沙乌达尔水电站项目和乌兹别克斯坦电站3座水电站技改项目。在石油、化工和交通等领域，中企负责了卡拉库里区块气田地面工程建设项目、PVC生产综合体建设项目、水泥熟料生产线项目和卡拉卡尔帕克斯坦道路第二标段项目相关业务。在农业领域，宁波绿兴农业科技有限公司在乌兹别克斯坦投资了种兔养殖项目。2019年，乌总统米尔济约耶夫访问了华为北京研究所，了解了华为的5G技术、"平安城市"及"智慧城市"解决方案，塔什干也与华为、中信国安签订上述领域项目相关协议。2022年10月，乌兹别克电信股份有限公司与华为、中兴就关于5G和通信网络的电信基础设施发展项目达成一致。这段时期，乌兹别克斯坦更加积极地与中国政府和企业开展合作，2018年至2020年中国在乌兹别克斯坦的直接投资存量约为2017年的3.5倍。

二、中资企业在吉尔吉斯斯坦的经营历程

目前在吉尔吉斯斯坦开展业务的中资企业主要分为两类，第一类是基建工程企业，第二类是矿产资源企业。基建工程类企业以中国路桥、中铁五局等企业为代表。2001年，中国路桥集团在与来自意大利、德国等国的6家国际承包商竞标中胜出，承揽了吉尔吉斯斯坦首都比什凯克城市道路改造工程，由此进入中亚市场，这也是吉尔吉斯斯坦首个由中资企业负责的道路改造项目。2007年，中国路桥（集团）总公司驻吉尔吉斯斯坦办事处在比什凯克与吉尔吉斯斯坦交通部签署了《援中吉乌公路吉尔吉斯斯坦境内段修复项目实施合同》，合同总金额为5900万元人民币。该公路连接了中国、吉尔吉斯斯坦和乌兹别克斯坦三国。至此，中国路桥在吉尔吉斯斯坦站住了脚跟。

2017年，中铁五局承包了吉尔吉斯斯坦BK公路（比什凯克—奥什）项目。该项目是连接哈萨克斯坦、塔吉克斯坦等国的重要国际运输通道，对吉尔吉斯斯坦经济发展和沿线地区民生状况的改善具有战略性意义。2021年9

图 2-3　吉尔吉斯斯坦三一集团门店（摄影：郑豪）

月 1 日全线沥青路面提前贯通，2021 年 11 月 29 日顺利签署了项目移交证书。由于项目整体进度和质量良好，2020 年 7 月业主增加了 7.4 公里的施工任务，工期 2 年。随后，中铁五局依次承担了吉尔吉斯斯坦灌溉系统改造项目和 ED 公路（Epkin-Dyikan）项目的修建。2023 年，吉尔吉斯斯坦能源部部长伊布拉耶夫到中国中铁总部访问，双方签署了谅解备忘录，就加强基础设施建设领域合作达成广泛共识。

　　矿产资源类企业以中国黄金、紫金矿业为代表。2012 年，中国黄金在吉尔吉斯斯坦注册成立第一家海外子公司凯奇－恰拉特公司[1]，并在贾拉拉巴德

---

[1]　中国黄金集团积极推动与吉尔吉斯斯坦矿业合作. [EB/OL].（2015-11-19）[2023-08-31]. http://www.xinhuanet.com//world/2015-11/19/c_1117196253.htm.

州恰特卡尔区并购了库鲁－捷盖列克铜金矿。在一系列建设前期准备工作和反复论证后，中国黄金确定建设一座日处理矿石量 6000 吨、年处理量达 180 万吨的大型采选矿山。除此座铜金矿外，中吉矿业还拥有索尔通－萨雷金矿和布丘克金矿 [①]。2015 年，紫金矿业吉尔吉斯左岸金矿项目进入试投产阶段，左岸金矿是吉尔吉斯斯坦第三大金矿，此金矿项目也是中国企业在吉尔吉斯斯坦矿产开采上运营最为稳健成功的项目。

◆ 三、乌兹别克斯坦的调研企业 ◆

（一）段和段律师事务所

段和段律师事务所（以下简称"段和段"）成立于 1993 年，在国内律所中国际化业务是其优势。段和段在 2017 年因参与海螺水泥在乌兹别克斯坦的业务开始进入乌兹别克斯坦市场，2018 年设立塔什干办公室，2019 年正式开业，目的是为中国公民和企业在乌兹别克斯坦及中亚其他国家乃至整个俄语区域的各种经贸活动提供法律、商务和翻译等全方位服务。在段和段海外业务架构中，考虑到乌兹别克斯坦政局稳定、总统锐意改革、学习中国经验等原因，段和段将乌兹别克斯坦作为其中亚业务的中心，希望以此辐射周边国家和地区。在行政管理上，段和段塔什干办公室由其重庆办公室代管，采取公司制模式进行一体化管理。核心管理人员由国内派出，按一定周期轮换，践行中国律师走出去。塔什干办公室同时也作为段和段的境外培训基地。

在实际展业中，塔什干办公室一方面自己雇有本地律师，另一方面也和当地其他律师事务所和专家顾问合作开展业务。同时也将根据项目需

[①] 中国黄金集团有限公司投资吉尔吉斯斯坦布丘克金矿采选工程项目变更经国家发展改革委备案. [EB/OL].（2020-07-29）[2023-08-31]. https://www.ndrc.gov.cn/fggz/lywzjw/jwtz/202007/t20200729_1234807.html.

图2-4　调研团拜访段和段律师事务所塔什干办公室（摄影：谢志伟）

求，联合段和段境内外其他办公室一起为客户提供相关的法律服务。在展业时，段和段指派的高级合伙人和派驻律师能够以中文、英语、俄语作为工作语言。

在中亚市场上，段和段的核心优势在于对中国客户需求的把握、资源整合能力、服务质量的管理等。整体上，乌兹别克斯坦本地法律服务市场相对较小，法律服务职业化程度较低，行业的水平和服务能力还有待提高，再加上工作方式、文化背差异等原因，难以满足中国客户的高标准、严要求。因此，段和段在海外市场上将自己定位为"资源的整合者"，即解读客户需求、学习当地法律、监督管理当地律师、校验本地成果，从而提供针对性、系统性的服务，包括提供境外、境内双重合规等综合服务。尽管在当地展业需要依托本地律所，但是段和段强调业务过程由中国律师主导，发挥中国律师在流程掌控、可视化呈现、沟通交流、风险系统防控等诸多优势，为客户提供较好的法律服务体验。

（二）H 公司

H 公司进入乌兹别克斯坦的时间最早可以追溯到 1999 年。早期，H 公司与当地电信运营商合作，为运营商领域提供设备，并逐渐发展出企业业务部门（EBG）和消费者业务部门（CBG）。H 公司乌兹别克斯坦业务此前隶属于俄罗斯的分支机构管理。2022 年俄乌冲突发生后，H 公司将乌兹别克斯坦子公司业务划归中东片区管辖。目前，H 公司乌兹别克斯坦代表处拥有 400 余名员工，其中中国员工的规模为不到 100 人。近年来，乌兹别克斯坦持续建设 4G 网络、数据中心。得益于此，H 公司在乌兹别克斯坦的业务发展整体维持 10% 至 20% 的增速。H 公司在乌兹别克斯坦有两个代表性项目，一是配合其他中资企业建设亚青会场馆的通信网络，二是完成乌兹别克斯坦国家数据中心建设，获得乌兹别克斯坦总统和总理的高度评价。

近年来，H 公司还支持乌兹别克斯坦政府推进"智慧城市""平安城市"、电子政务以及数字能源等业务。2019 年 4 月 25 日，米尔济约耶夫总统在访华时访问了 H 公司北京研究所，了解 5G 技术、"平安城市"等解决方案。2019 年 8 月 29 日，乌兹别克斯坦总理阿里波夫参观了 H 公司深圳数字化转型展厅并签署了"全境平安城市战略合作协议"和"全国应急医疗项目战略合作协议"。

在属地化管理上，H 公司希望作为社会公民融入乌兹别克斯坦。一方面，H 公司在当地有针对性地履行企业社会责任，例如为部分开展汉语教学的中学捐赠电脑，联合部分学校开展数字教育试点，为其配备实验室、语音室等设备。另一方面，H 公司大力与乌兹别克斯坦高校合作，不仅通过设立奖学金资助本地大学生为公司全球化业务做支撑，还与高校合作开展信息与通信技术（ICT）人才培养。

（三）特变电工

特变电工型能源装备制造企业，被列为国家级高新技术企业集团。特变电工旗下拥有三家上市公司，技术和实力雄厚，是世界机械 500 强企业，

2022 年实现营收 960 亿元。特变电工目前的业务范围较广，除了输变电高端装备制造外，还从事硅基新能源、铝基新材料以及工程承包等诸多领域。特变电工进入乌兹别克斯坦较早，早在 2011 年就参与"塔里马尔詹 500 千伏热电站－索格季安纳 500 千伏露天配套电网"项目设备供应。乌兹别克斯坦电力系统承袭苏联时期管理体制，一度存在政企不分、体制臃肿、电费收缴困难、财务亏损严重等弊病。2019 年，米尔济约耶夫总统大刀阔斧地改革电力系统，亚洲开发银行等国际多边金融机构亦为乌兹别克斯坦的电力系统改造提供了支持。这次的改革在前乌兹别克斯坦能源公司基础上成立了能源部，同时还成立发电公司、国家电网公司和区域配电公司。其中，发电公司管理着 12 座发电部门，6 座火电，总装机容量在 11329.15 兆瓦。2022 年乌兹别克斯坦总装机容量为 16000 兆瓦，火电占比为 70.81%，水电占比 12.95%，光伏等新能源占比 16.24%。乌兹别克斯坦国家电网公司主要负责电力输送，拥有 86 个 220-500KV 的变电站，110KV、220KV 和 500KV 输电线路 11650 千米，2022 年全年共输电 665 亿千瓦时。[①] 区域配网公司负责运营 110KV 以下输电网络，线路总厂 25.04 万公里，110KV 及以下变电站 1700 座。此外，乌兹别克斯坦水利能源公司是独立于能源部的企业，他在全乌拥有 32 座水电站，装机容量为 1900 兆瓦，占能源系统的总容量的 15%，目前计划实施新建 42 个水电站并对 32 个中型水电站现代化改造。目前，乌兹别克斯坦非常重视绿色能源的发展，2019 年米尔济约耶夫总统批准《2019—2030 年乌兹别克斯坦向绿色经济过渡战略》，提出要加强光伏、风力、水力等可再生能源发电项目建设。近年来，乌兹别克斯坦与国际公司签署了总投资金额约为 100 亿美元的多项购电协议与投资协议，其投资方主要来自以 ACWA Power 和马斯达尔（MASDAR）为代表的海湾国家能源企业。在这一背景下，当前以特变电工为代表的设备制造企业在乌兹别克斯坦有着广阔的市场前景。

---

① 乌兹别克斯坦国家电网公司 2022 年工作开展情况. [EB/OL].（2023-02-26）[2023-08-01]. http://uz.mofcom.gov.cn/article/jmxw/202302/20230203393468.shtml.

特变电工目前在乌兹别克斯坦运营四个项目。在建项目中，穆龙套输电项目是特变电工第一个利用国际资本融资并开展属地化运营的项目。项目的业主是乌兹别克斯坦国家电网公司。该项目旨在增强纳沃伊热电厂到乌兹别克斯坦最大金矿穆龙套金矿之间的电力运输能力，保障矿区的工业生产和居民用电。该项目充分体现了现阶段中资企业在海外运营过程中有能力充分利用国际资本与在地资源，与投资对象国共同成长。[①]

（四）P 园区

乌兹别克斯坦 P 园区发展有限责任公司（以下简称 P 园区）是目前在乌兹别克斯坦经营时间最长的中资民营企业之一。P 园区的创始人早在 20 世纪90 年代就开始在中亚国家经营毛皮贸易。2008 年金融危机之后，综合政治环境、原材料工业、人力资源条件、文化习俗等因素，P 园区选择在乌兹别克斯坦投资建设工业园区。2013 年，乌兹别克斯坦政府正式批准该园区为吉扎克自由经济区锡尔河分区，享受政府多方面的投资优惠政策。2016 年，经中国商务部、财政部评估，该园区被确认为中国国家级境外经贸合作区，同年被商务部评为"丝路明珠"项目。

调研团了解到，通常工业园的模式是先建立工业园区，再进行招商引资扩大生产，而 P 园区则是在其前期经营的基础上再拓展建立工业园，并且主要依靠自身造血能力维持运营。2018 年，乌兹别克斯坦颁布总统令，在原来的吉扎克自由经济区锡尔河分区的基础上批准设立锡尔河自由经济区。P 园区是锡尔河自由经济区的主体企业，享受两国优惠政策。2021 年，上合农业基地 – 中乌现代农业科技示范园落户 P 园区，该项目也获得浙江省政府的资助。由于农业投资的回收期限较长，因此设立农业园的主要目的是希望 P 园区"以工带农"，即通过工业基础带动新技术农业发展。2022 年，习近平主

---

① 一带一路项目：特变电工精品工程造福中亚国家. [EB/OL].（2022-09-08)[2023-08-01]. https://www.seetao.com/details/180850.html.

图 2-5　P 园区生产线上的乌兹别克斯坦员工（摄影：郑豪）

席主持的中国－中亚五国建交 30 周年视频峰会中，P 园区被列为与中亚国家互利共赢的 5 个合作项目之一。

目前，P 园区占地 380 公顷，其中工业用地 143 公顷，农业用地 237 公顷。整体上，P 园区拥有三方面优势。第一，P 园区拥有稳定的能源供应和完善的基础设施。园区内有专用且可靠的双变压器、双回路供电的 110 千伏变电站，并且有专用的天然气供气站。乌兹别克斯坦政府极其重视 P 园区的生产工作，其水电气等基础设施均能得到优先保障。此外，园区还建有日处理 2 千吨生产、生活污水的处理厂。第二，P 园区物流便利。园区建设有专用铁路运输支线以及园区海关监管仓库，进出口货物可直接铁路运输到园区车站并在园区办理相关进出口手续。第三，P 园区商事服务完备，显著降低了企业在乌投资生产的门槛。园区聘请有专业的法律服务、海关、商检、税务等团队，协调处理与乌兹别克斯坦政府各相关部门的关系，为各入园企业提供及时的市场调研、政策咨询、注册服务、人事代理、财务税务代理以及园区建设、生产过程中的进出口等一条龙服务。

P园区有一套适用于乌兹别克斯坦国情的招商理念。目前，P园区有皮革、制鞋、陶瓷、瓷砖、卫浴五金、农业等多类生产企业。这些企业均是经过P园区管理方筛选入园。P园区筛选的标准之一是与园区既有的产业链是否配套协同。在农业园的发展上，P园区的重点是引入适于本地种植推广的中国的农业品种和种植技术。目前，该园区棉花实验种植面积达到60余公顷。

P园区积极履行企业社会责任，与所在地政府和民众形成了良好的互动关系。2017年，园区负责人投资建成了"乌中友谊公园"。该公园由米尔济约耶夫总统亲自命名，建成后成为地方政府举办重大活动和附近居民休闲娱

图 2-6　乌兹别克斯坦安集延巴扎中售卖的中国农作物良种（摄影：郑豪）

图 2-7　P 园区建设的乌中友谊公园（摄影：李羽姗）

乐的重要场所。P 园区负责人表示，本地很多青年愿意在公园拍摄结婚照。乌中友谊公园的设计融入了包括苏州园林在内的大量中国元素，已成为本地的一道亮丽风景。

（五）中国能建与中建五局

中国能建葛洲坝国际公司（以下简称中国能建）与中国建筑第五工程局旗下中建五局第三建设有限公司（以下简称"中建五局"）目前正在承建锡尔河 1500 兆瓦燃气联合循环独立电站项目（以下简称"锡尔河项目"）。该项目位于乌兹别克斯坦锡尔河州希林市（Shirin）。厂址所在地毗邻苏联时期中亚装机容量规模最大的火力发电站锡尔河热电站（Syrdarya Thermal Power Plant）。锡尔河热电站始建于 1966 年，落成于 1972 年，装机容量 3050 兆瓦，是当时中亚区域电网的主力发电站。希林市也是因该热电站而兴建。从调研中了解到，锡尔河热电站在建成时规格极高，当时是为了供应中亚地区

图 2-8　乌兹别克斯坦锡尔河循环电站项目办公室与锡尔河热电站（摄影：郑豪）

电力，目前仍由乌兹别克斯坦民警卫队负责安保。21 世纪初，由欧洲复兴开发银行融资，德国西门子股份公司对该热电站进行过现代化改造。该电站的设计寿命是 40 至 50 年，目前已经进入运行周期的末尾阶段。2022 年 1 月 25 日，哈萨克斯坦、乌兹别克斯坦、吉尔吉斯斯坦发生大规模停电，此次停电起因是哈萨克斯坦境内一条国境线路超负荷运转造成，当天锡尔河热电厂和塔什干变电站之间的分离器发生严重的短路事故。①

　　为了缓解国内电力短缺的现状，乌兹别克斯坦于 2020 年启动建设锡尔河 1500 兆瓦燃气联合循环独立发电项目，以逐步替代完成其历史使命的锡尔河热电站。2021 年 1 月初，中国能建作为项目总包以云签约方式与该项目的业主 ACWA Power 成功签署项目 EPC 现汇合同。该合同金额约合人民币

---

① 中亚最大！乌兹别克斯坦锡尔河畔的燃气联合循环电站. [EB/OL]. （2021-01-05）[2023-08-01]. https://power.in-en.com/html/power-2417714.shtml.

50 亿元，是中资企业在乌兹别克斯坦签约的第一个燃气联合循环电站项目。[①] 该项目获得了包括欧洲复兴银行、法国兴业银行、中国银行在内的多家银行的融资，中国资金占据较大比例。该项目是 ACWA Power 与乌政府通过议标的方式委托中国能建，再由其负责分包。2021 年 1 月 24 日，项目正式开工。锡尔河 1500 兆瓦燃气联合循环独立发电项目采用"二拖一"的方式运行，即两台天然气作为能源的燃气轮机发电并将其产生的高温尾气用于两台锅炉加热，获得高温水蒸气驱动一台蒸汽轮机发电。按照业主方的要求，项目所使用的燃气轮机从日本企业采购，热锅炉来自意大利企业，汽轮机则来自德国企业。虽然项目的三大主机来自国外，但是很多钢结构和模块都以再分包的

图 2-9　调研团与中国能建和中建五局项目人员合影（摄影：刘弋鲲）

---

① 公司签下 50 亿元中亚最大燃气联合循环电站项目. [EB/OL].（2021-01-05）[2023-08-01]. http://www.cggc.ceec.net.cn/art/2021/1/5/art_58492_2516610.html.

方式由中国企业生产。^① 设备采购开支占据整个项目总投资额的 60%。项目制定了严格的环保标准，整体实现"废水零排放"。建成后，该循环电站将提供占当前乌兹别克斯坦发电量约 10% 的电力。

作为当前乌兹别克斯坦规模最大的能源项目之一，该项目的实施遇到多方面挑战。首先，物流运输，尤其是超重件运输成为项目开展初期的"卡脖子"问题。其中，重达 517 吨的 2 号燃气轮机的运输难度最大。该设备整体运输历时 300 余天，行程超过 28000 公里，是中亚地区采用桥式系统运输的最重件货物，也是世界运输史上运输距离最长的超重件货物之一。其次，该项目在过去两年中面临较为严峻的供应链风险。一方面，该项目大量的机电设备采购自中国。疫情、俄乌冲突、哈萨克斯坦政局变动等因素使得物流成本陡增。另一方面，由于发电站建设对水泥和钢材的品质有特殊要求，部分环节还需要高抗硫水泥等特种水泥。当时，乌兹别克斯坦本国生产的水泥和钢材难以达到施工要求：项目施工所用的水泥 80% 采购自哈萨克斯坦。^② 而钢材主要采购自俄罗斯和哈萨克斯坦。乌兹别克斯坦生产的钢材以回炉钢为主，杂质含量较高，就该项目而言强度不足。俄乌冲突发生后，钢材、木模板、防水涂料等多种原材料的采购均受影响。中国能建不得寻找新的供货商，规避制裁风险。再次，该项目在用工方面遇到较为复杂的挑战。锡尔河项目中方员工和本地员工的整体配比是 1∶1，在不同的施工环节配比不同。整体上，技术要求越高的环节，中方施工团队的比例越高。其中，用工的挑战主要体现在两个方面：一是中国的一线土木工程工人队伍逐渐老龄化，青年从事这一行业意愿低，出境从事土建项目的意愿更低，招工成本不断上升；二是本地工人用工成本不断上升，乌兹别克斯坦普通工人工资从项目之初约

① 中亚最大燃气联合循环电站 EPC 项目设备专列从金华启程. [EB/OL].（2022-06-19）[2023-08-02]. https://zj.zjol.com.cn/video.html？id=1878917&duration=62.0&isVertical=0&fsize=32180170&width=1920&height=1080
② 首批西里高抗硫水泥应用到乌兹别克斯坦电站项目. [EB/OL].（2021-06-28）[2023-08-02]. http://www.ceec.net.cn/art/2021/6/28/art_11019_2480944.html.

图 2-10　锡尔河循环电站项目现场（摄影：郑豪）

人民币2000元左右上涨到3000元，但是施工效率和技术却没有相应提升。最后，中国的电力设施建设技术标准认可度还有待提高。乌兹别克斯坦电力项目标准受欧美影响较大，中国的电力建设技术标准虽然实际上已经领先，但是推广存在一系列困难，导致中国工程承包企业难以发挥自身产业链优势。

2023年7月31日，锡尔河1500兆瓦燃气联合循环独立发电项目户外开关站（AIS）500KV成功受电，项目的建设逐渐进入尾声。与此同时，由哈尔滨电气集团有限公司作为总包承建的乌兹别克斯坦锡尔河二期1600MW联合循环项目正在筹备中。①中乌能源合作正在书写新的历史篇章。

（六）L公司

L公司是一家集设计、施工、采购、咨询于一体的工程承包企

----

① 在勇毅笃行中写就奋进华章——哈电集团2022年高质量发展回眸. [EB/OL].（2021-06-28）[2023-08-02]. https://www.harbin-electric.com/news_view.asp?id=15076.

图 2-11　乌兹别克斯坦电气化的铁路线（摄影：郑豪）

业。L 公司在中亚各国均设有代表处。目前 L 公司在中亚各国共实施了 12 个项目，合同总金额约 11 亿美元。其中，L 公司最早 2003 年进入吉尔吉斯斯坦市场，参与建设了新南北公路、巴雷克奇污水处理厂等多个项目。L 公司最早于 2009 年进入乌兹别克斯坦，后因政策环境原因退出。2019 年，L 公司再次进入乌兹别克斯坦市场，至今已顺利实施 3 个项目。第一个项目是位于纳曼干的乡村公路（20 千米）升级项目。因项目施工质量过硬，L 公司获得了市场的认可。目前，中国路桥在建的项目有两个，分别是"A-380 古扎尔—布哈拉—努库斯—别伊涅公路"改扩建项目（以下简称"布哈拉项目"）三个标段，和"A-380 昆格勒至达乌特—阿塔段 240 公里改建项目"（以下简称"卡拉卡尔帕克斯坦项目"）三个标段（共 120 公里）。

　　L 公司在乌兹别克斯坦经营同样面临用工成本不断上升的问题。L 公司在乌兹别克斯坦项目中方员工和本地员工配比约为 1∶3。此外，乌兹别克斯坦铁路运力有限使得项目材料供应也面临困难。L 公司的项目大多为公路建设或者改造项目，属于线性工程，面临一定的偷盗风险。此外，L公司反馈，乌兹别克斯坦环保法律严格，尤其对林木采伐有较为严格的约束。L公司认为，中吉乌铁路的战略意义重大，不仅能改善中国同中亚地区的物流，还能加强人文交流，拉近中国与乌、吉两国的关系。

（七）海螺水泥

安徽海螺集团有限责任公司是中国最大同时也是全球最大的水泥建材企业集团之一，2022年营收397亿美元，在《财富》世界500强中名列353位，旗下上市公司安徽海螺水泥股份有限公司（以下简称"海螺水泥"）近年在乌兹别克斯坦投资较多。海螺水泥的业务范围包括水泥制造、绿色建材、新能源材料、环保节能等诸多领域。海螺水泥的产品早在21世纪初就进入中亚。该公司于2016年着手布局中亚，综合多方面原因选择了正在推行经济改革的乌兹别克斯坦。

2017年6月，海螺水泥在乌开设办事处，先后规划了四个项目，目前已有两个项目落成，一个在建。其中，由海螺水泥独家投资1.5亿美元的卡尔希项目新型干法熟料生产线已于2022年5月18日顺利点火投产，日产3200吨水泥熟料。[1] 正式点火以后，该项目继续升级。2022年海螺水泥卡尔希项目余热发电项目正式开工建设。[2] 此外，海螺水泥还在塔什干和安集延投资建设两条水泥生产线。其中，塔什干项目投资额为2.6亿美元，采用我国目前先进的生产工艺，2021年11月开工建设，于2023年完工。[3] 本次调研的具体对象是海螺水泥安集延项目。选择安集延投资水泥生产线主要是因为费尔干纳盆地人口稠密，本地建材行业目前产能有限，未来发展前景乐观。

---

[1] 乌兹别克斯坦卡尔西海螺顺利点火投产. [EB/OL].（2022-05-20）[2023-08-02]. http://www.chinaconch.com/conch/_109/_378/337272/index.html.

[2] 海螺水泥厂里的绿色梦想.（2023-05-21）[2023-08-02]. http://www.chinaconch.com/conch/_101/_326/353403/index.html.

[3] 乌兹别克斯坦塔什干海螺5000t/d熟料水泥生产线项目计划年底竣工.（2023-07-21）[2023-08-02]. https://yjy.ccement.com/detail/39911652568965001.html.

图 2-12 海螺水泥安集延项目现场（摄影：郑豪）

图 2-13　调研团与海螺水泥安集延项目人员合影（摄影：郑豪）

2022 年 1 月 28 日，海螺水泥通过增资持有乌兹别克斯坦上峰友谊之桥有限责任公司 51% 股权，与原股东在友谊之桥现有的批文权证许可及资源的基础上建设两条日产 5000 吨新型干法熟料生产线及 100 万吨骨料项目。[1] 该项目的土建工程承包方为中铁一局，2022 年 8 月开工。

海螺水泥在当地的经营整体平稳，尽可能推动属地化运营和管理，与当地民众建立了友好的关系。目前为止，该公司未经历安全事件。生产经营中遇到的主要挑战是乌兹别克斯坦政府政策法律和机构人事变动较为频繁，有时导致相关的外资优惠政策难以落实。从调研中了解到，近年来随着中企"走出去"加速，中亚地区中资企业之间存在无序竞争的现象。在多家中资水泥建材企业的集中投资下，乌兹别克斯坦在未来几年将面临水泥产能过剩的趋势。

---

[1]　甘肃上峰水泥股份有限公司第九届董事会第三十九次会议决议公告.（2022-01-28）[2023-08-03].
https://php.cnstock.com/texts/2022/20220128/CC61BAF339DD04FB586532ABC5D3902A.pdf.

图 2-14　海螺水泥安集延项目现场标语（摄影：郑豪）

（八）上海建工

上海建工集团股份有限公司（以下简称"上海建工"）是上海市属国企，不仅是 A 股上市公司，也是超高层建筑施工领域经验最为丰富的中资企业之一，经营业务包括建筑施工、设计咨询、房产开发、城建投资、建材工业。2022 年上海建工营收为 2860.37 亿元，位列《财富》世界 500 强中第 351 位。SH 公司历史悠久，成立距今已有 70 年历史。从 2016 年开始，SH 公司开始进军中亚，目前承建了哈萨克斯坦两条公路的建设工程，以及由乌兹别克斯坦阿洛卡（ALOQA）银行、阿萨卡（ASAKA）银行、工业建设银行（PSB）三家银行总部办公楼组成的乌首都金融中心项目（以下简称"金融中心项目"）。三家银行总部大楼位于"塔什干新城"核心区域，总建筑面积 22.54 万平方米，其中地上建筑面积 16.06 万平方米，均为超高层建筑：ALOQA、ASAKA 两座银行均为 26 层、高 115.6 米，PSB 银行为

图 2-15　调研团与上海建工塔什干项目管理团队合影（摄影：郑豪）

33 层、高 147.1 米。[①] 该项目合同价值约为 25 亿人民币[②]，于 2019 年 6 月开工建设。"塔什干新城"是米尔济约耶夫总统亲自部署的重要首都地标项目，因此金融中心项目也是改革开放的标志。从调研了解到，上海建工的设计团队精心融合本地文化元素和业主的企业文化，从外观到内饰都进行了独特的设计。

大楼采用中国的设计施工规范，特别是中国超高层的设计、施工理念、方法和措施。由于塔什干处于地震带，因此大楼是按照九级抗震标准设计。除了设置阻尼器外，还在混凝土结构的基础上增加钢结构。这在国内超高层建筑中是比较通用，但在乌兹别克斯坦为首次。并且，楼宇的智能化程度在

---

① 乌兹别克斯坦塔什干三座银行项目全面实现结构封顶．（2022-03-29）[2023-08-03]. https://www. scg.com.cn/scg_jtyw/2022-03-29/Detail_227755.htm.

② 上海建工 2019 年年度报告．（2022-04-22）[2023-08-03]. https://vip.stock.finance.sina.com.cn/corp/ view/vCB_AllBulletinDetail.php？stockid=600170&id=6083269.

乌兹别克斯坦也属先进。

在项目的实施过程中，上海建工面临多方面挑战：一是供应链的保障问题。在项目施工过程中，钢筋、水泥、黄沙、木方和混凝土相关土建材料，以及涂料、水管和管材等装饰与基建辅助材料在当地有生产能力，但是相关材料的质量、型号和标准有待进一步提高，相关材料的供应市场化程度不足。除此之外，项目所需电梯、锅炉、空调系统、消防系统等机电设备以及墙纸、地毯、地面材料、木料、装饰面等装饰材料全部需要进口。在国际化采购中，中国的成本优势明显，因此项目材料优先从国内进口。然而，受疫情影响，上述建材的跨境物流受到中哈之间的过境效率制约。但总体而言，国际化采购中80%的采购依然来自中国，施工所需的工程机械、塔吊、挖机、测量设备等也需从国内进口。

二是国内出口的运力不足。项目施工期间先后经历了新冠疫情、哈萨克斯坦暴乱和俄乌冲突，运力有限，运输成本波动巨大，中哈之间的运力大幅度上升挤占中乌运力。然而，企业认为，中吉乌铁路的建设和开通将增强中企在乌的经营优势。

三是用工保障问题。由于项目为超高层建筑，抗震等级高，其机构、尺寸、做法和工艺复杂，对于工人的技能要求高于一般的基建项目。项目用工采用自行招工管理和向本地企业分包两种方式。但整体而言，本地土建工人的施工效率仍有较大提升空间。在用工比例方面，中国人和本地人的用工比例平均为1∶1.5，高峰期间用工为1∶3，由于技术等原因，本地工人的使用低于常规性的项目。项目开工以来，工人的工资也从平均300美元上涨到400—600美元。

四是政策法规变动对生产经营的影响。在项目实施期间，增值税变动对于企业影响最为突出。乌兹别克斯坦2021年出台增值税相关总统令，要求针对项目而成立的常设机构缴纳增值税。由于在此之前外资常设机构无须缴纳增值税，因此在之前和业主签订合同时未考虑增值税成本。虽然可以通过与业主协商或者诉诸法律途径获得补偿，但是上述法令对上海建工和许多中企的现金流造成一定压力。

五是中国标准的本地化历时较长。受 1966 年塔什干大地震影响，卡里莫夫总统任内不允许建设高层建筑。米尔济约耶夫政府放开了相关限制，希望以超高层建筑塑造塔什干的天际线。由于乌兹别克斯坦没有超高层建筑设计和施工的相关规范，上海建工在项目早期希望借助金融中心项目在乌兹别克斯坦推广中国相对先进的超高层建筑标准。为此，上海建工与乌兹别克斯坦政府进行了大量沟通，申请使用中国的设计和施工规范，并且可在转化完毕前就开始施工。具体而言，上海建工需要将设计方案转换为当地的设计图纸和技术资料，经过乌兹别克斯坦设计院审核后才能通过。实际上，标准转化过程经历了近 3 年的时间，耗费了大量人力和财力，远比最初想象的要艰难。

（九）SR 公司

SR 公司是乌兹别克斯坦的一家以国际铁路、国际公路、海铁联运及多式联运为核心服务的综合物流服务提供商。该公司表示，目前中乌物流中，铁路的运力存在显著的局限。哈萨克斯坦作为目前中乌之间铁路的中转过境国存在两方面问题：一是在中国货物出口上，通关至哈萨克斯坦一侧之后货场停留时间不可控，企业往往需要支付额外的服务费才能加快物流速度；二是，哈萨克铁路系统存在信息反馈不及时的问题，一般会滞后 2 至 3 天。而货物从哈萨克斯坦完成通关后再到乌兹别克斯坦则较为通畅，塔什干铁路货物运输站点目前有三个：丘库尔赛（Chukursay）、塔什干货运站、谢尔盖利（Sergali）。塔什干是定点班列的目的站，虽然乌兹别克斯坦铁路网较密集，但是货运车辆不够导致运力有限，因此通过铁路发送附加值比较低的产品并不经济。因此，从塔什干到乌各地方，通常汽运比铁路便宜，而且运输更顺畅。

除了过境哈萨克斯坦外，中乌之间的贸易还可以通过伊朗和土库曼斯坦转运，通常可以从中国发货至伊朗阿巴斯港（Bandar-e Abbas），然后通过汽运经马什哈德和边境城市萨拉赫斯（Sarakhs），再经过土库曼斯坦进入乌兹别克斯坦。如果从土耳其转运至乌兹别克斯坦则需要绕道格鲁吉亚。目前，

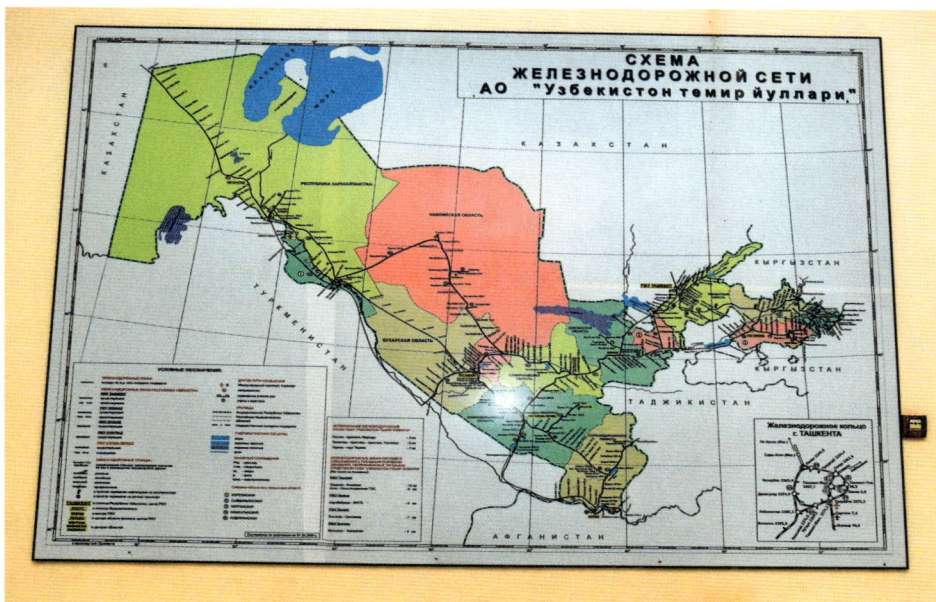

图 2-16　乌兹别克斯坦铁路网（摄影：郑豪）

由于过境伊朗可能会遭遇制裁问题，因此多数企业不选择过境伊朗。如果须过境伊朗，通常物流企业会选择具有欧洲背景的代理公司合作。

近期，为进一步推动中乌贸易，广物控股集团与深圳港集团合作开通了"广州—喀什—伊尔克斯坦—塔什干"的公铁联运线路。[①] 在中吉乌铁路未开通前，如果想选择绕过哈萨克斯坦的物流路线，则只能选择公铁联运。未来中吉乌铁路的开通，将进一步促进中乌经贸发展。

从 SR 公司了解到，乌兹别克斯坦对华出口货物的类别有电解铜（铜板）、粮食（小麦、麦麸、大豆、绿豆、葵花籽、蚕丝、葡萄干等）和各类矿产。乌兹别克斯坦拥有一定的钾肥生产能力，乌兹别克斯坦的纳沃伊和卡尔希两州设有钾肥厂，丝路物流曾经武汉和连云港运输帮助乌兹别克斯坦出口钾肥至东南亚地区。近年来，随着乌兹别克斯坦出口增加，中亚班列回程

---

① 发车！粤港澳大湾区首列"中吉乌"公铁联运国际班列启程．（2023-07-04）[2023-08-08]. https://www.163.com/dy/article/I8QA1PPV0514R9OM.htm.

空箱现象不断减少，运输的价差也在缩小。在乌兹别克斯坦发往中国的货物中，也有来自塔吉克斯坦的矿产品。虽然乌兹别克斯坦盛产樱桃和哈密瓜，但目前铁路的冷链运输技术还有待完善，且时效性难以满足，部分以空运的方式出口至中国。①

◆ 四、吉尔吉斯斯坦的调研企业 ◆

（一）W 公司

W 公司是一家世界 500 强企业的子公司。在中亚地区，W 公司最早从 2010 年开始在吉尔吉斯斯坦开展业务。该公司开展的第一个项目是援建吉尔吉斯斯坦国立医院部分楼宇②。2017 年，W 公司中标"中亚区域经济合作运输走廊（比什凯克—奥什公路）"改造项目第四期比什凯克—卡拉巴尔塔标段。该项目业主为吉尔吉斯斯坦交通部，由亚洲开发银行提供资金，项目标段总长 45.1 千米，标段工程金额为 4.8 亿元人民币，具体包括清表、土石方工程、涵洞工程、桥梁维修及新建工程、沥青路面工程、交通设施及天然气管道和高压电线等项目。③项目于 2017 年 4 月开工，工期计划 1080 天，于 2023 年完工。之后，W 公司于 2018 年中标中国援建吉尔吉斯斯坦的农业灌溉工程项目。该项目位于伊塞克湖州和巴特肯州的三个灌区，包括农业灌溉渠和附属结构的新建、维修和改扩建工程。项目已于 2021 年竣工。④

目前 W 公司在建的项目还有两个。其中一个是 2021 年 9 月中标的

---

① 今年首批乌兹别克斯坦樱桃运抵乌鲁木齐 . （2023-05-23）[2023-08-08]. https://m.163.com/local/article/I5E7SIJU04329ASN.html.

② 中华人民共和国驻吉尔吉斯共和国大使馆：《驻吉尔吉斯斯坦大使齐大愚出席中国援吉国立医院新建医疗楼项目竣工仪式》. （2013-07-02）[2023-08-08]. http://kg.china-embassy.gov.cn/chn/dssghd/201307/t20130703_1311290.htm.

③ （2017-02-21）[2023-08-08]. http://www.acegoec.com/display.php？id=2489.

④ 中国援建灌溉工程造福吉尔吉斯斯坦农民 . （2023-05-10）[2023-08-08]. https://www.yidaiyilu.gov.cn/p/0DTDPRR3.html.

图 2-17　吉尔吉斯斯坦南部改造后的沥青道路（摄影：郑豪）

ED 公路项目（Epkin-Dyikan）。该项目位于吉尔吉斯斯坦东部地区纳伦州，属于公路改扩建项目，项目金额约为 2.5 亿元人民币。该项目连接南部奥什州、巴特肯州和贾拉拉巴德州与北部的纳伦州和伊塞克州，是南北经济合作走廊的重要组成部分，对于加强吉尔吉斯斯坦南北两地区之间的联通而言具有重要的战略意义。①

　　整体而言，供应链管理和用工管理是 W 公司在吉经营面临的主要挑战。在供应链管理方面，W 公司项目所需的工程设备主要从中国运来。通常中国的大型设备从吐尔尕特和伊尔克什坦入境。吉尔吉斯斯坦铁路运输较弱，施工材料主要依靠汽运，少部分通过中欧班列过境哈萨克斯坦到吉尔吉斯斯坦。W 公司表示，中吉乌铁路建成后将显著降低中企的物流成本，同时促进吉尔吉斯斯坦的经济发展。在用工管理方面，吉尔吉斯斯坦对外国用工有比

---

① （2021-09-27）[2023-08-08]. https://www.sohu.com/a/492324403_100113069.

例限制，用工比要达到 1∶3。吉尔吉斯斯坦本地工人在施工技术和效率方面有待提高，而且薪资成本也相对较高。本地普通工人的月薪为 400—500 美元，技术水平较高的熟练工月薪则为 1000—1200 美元。在中国工人成本上升和从业群体老龄化的背景下，W 公司在过去的项目经验上引入第三国劳工，实现效率与成本之间的平衡。

就中吉乌铁路建设的技术风险，W 公司评估，中吉乌铁路整体工程难度相比中老铁路略高，但是低于国内高海拔地区和山区的一些铁路项目。中国企业完全有能力建设好中吉乌铁路。就在吉尔吉斯斯坦开展基建工程项目的安保问题而言，W 公司建议，企业首先自身要有充分的安全意识，严格规范安保工作。吉尔吉斯斯坦政府要求企业配备官方认可的安保人员，但是保安主要的职能是防范盗抢。从 W 公司的项目经验来看，基建和民生工程建设遭遇盗抢事件的风险相对较低。

（二）SC 园区

SC 园区是中吉两国企业家于 2021 年 6 月共同成立的合资公司。SC 园区位于比什凯克北郊的楚河州阿拉梅金区，位于吉哈两国边境，向北的公路通往阿拉木图，向南 6 公里即抵达比什凯克市中心。园区占地 70 公顷，目前一期开发工程已完成了 60%。SC 园区钢结构部分有 30000 立方米，使用的钢材料通过汽运从中国进口。新冠疫情对物流的限制影响到了工期进度。SC 园区规划有商业批发、生产、办公、仓储等多种功能，以及电站、道路、水处理、燃气等基础设施。园区总体建筑面积约为 14 万平方米，包括 4 栋商业批发楼，生产、办公和仓储 8 万平方米，辅料市场 1 万平方米。园区还设有吉尔吉斯斯坦的海关通关区。SC 园区 60% 货物依赖进口，海关建设达到欧盟标准。

从调研了解到，投资方选择在此建立 SC 园区有三个原因。第一，吉尔吉斯斯坦的纺织产品在俄罗斯享有知名度，具有一定的产业基础。在苏联时期，吉尔吉斯斯坦的区域劳动分工就是棉毛纺织和服装加工，轻工业比较发

图 2-18　SC 园区厂房（摄影：郑豪）

达。独立后，大量苏联时期的纺织企业因为缺乏原料来源而停工。即便如此，吉尔吉斯斯坦却保留了纺织的传统和相当规模的劳动力群体。随着中国经济的崛起，吉尔吉斯斯坦的纺织业改从中国进口原材料，加工成成品后销往俄罗斯等国。

第二，比什凯克存在一定规模的纺织品贸易市场，但是基础设施更新滞后。距离 SC 园区两公里有规模庞大的纺织品集装箱市场多尔多伊巴扎。这一市场最早从 1993 年就开始自发形成，目前约有 7000—8000 千商户，数万人在此谋生。多尔多伊巴扎的基础设施较为落后，缺乏基本的消防和卫生条件。SC 园区建成后计划替代多尔多伊巴扎的职能。此外，比什凯克还有一个类似的纺织品批发市场麦迪娜巴扎。这一市场从 2005 年开始形成，最初只有 200 至 300 个集装箱，发展到现在约占地 10 多公顷。2022 年起，该市场也开始向现代化的商业中心转型。

第三，吉尔吉斯斯坦享受欧亚经济同盟免关税政策，背靠中国，具备纺织业发展优势。随着吉尔吉斯斯坦的纺织品贸易行业取得财富积累，越来越多的企业家不满足于仅赚取贸易的价差，而是希望依托中国原材料的优势进入纺织业，并将产品销往欧亚经济同盟其他国家。这样既可以发挥吉尔吉斯斯坦人力成本、销售渠道的优势，也可以提高产品更新迭代的速度，增强其成衣出口的竞争力。从调研中了解到，吉尔吉斯斯坦拥有棉花生产能力，也具备一定的纺织能力，但是缺乏印染能力，因此大量上游成品布和其他材料需要从中国进口。SC园区的负责人表示，近年来新疆纺织印染产业不断发展，这将为吉尔吉斯发展纺织加工业提供更多合作机会。

笔者从调研中了解到，得益于中资企业的长期建设，吉尔吉斯斯坦国内公路网络已基本成型。即便如此，从中国发往比什凯克货物的物流时间超过10天是常见现象。这使得吉尔吉斯斯坦从其他国家进口布匹更有效率。SC园区负责人表示，未来中吉乌铁路的开通将显著缩短目前物流时间。如乌鲁木齐到比什凯克的物流时长压缩至7天左右，中国商品的竞争力将大

图 2-19　排着长队的吉哈边境阿克卓尔口岸（摄影：郑豪）

大增强。

SC 园区在用工方面也存在困难。目前，SC 园区招聘的建筑工人约为300 人，其中中国工人为 40—50 人。本地招聘高技术人员难度较大。此外，本地工人对绩效工资的接受程度较低。

（三）K 公司

K 公司成立于 2008 年，为国企改制而来的民营企业，在比什凯克和奥什设有办事处。K 公司的矿区位于吉尔吉斯斯坦南部奥什州的 C 区，距离奥什市280 公里，接近中吉边境。K 公司最早于 2009 年投资 1200 万美元建设 C 区的选矿厂，当时潜在的经济价值约为 24.6 亿元人民币。[①] K 公司 C 矿区每年矿石采有量 12 万吨，处理量为 10 万吨，直接带动当地 200 多人就业，是当地的支柱产业。

K 公司在吉尔吉斯斯坦经营面临几方面的挑战。第一，政策法律变动。2022 年 10 月 26 日，吉总统扎帕罗夫签署《关于临时禁止从吉尔吉斯共和国出口金矿石和金精矿》的法令，规定自 2023 年 5 月 1 日起，对从吉尔吉斯斯坦境内开采的金矿石和金精矿实行为期六个月的临时禁令。该法令还规定，六个月到期之后，政府有权每六个月延长一次临时禁令。这项法令对企业生产经营和资金回流造成极大压力，企业还在等待进一步变化。[②] K公司表示，吉尔吉斯斯坦政府将库姆托尔金矿国有化后，一度传闻政府要入股矿产采掘类外资企业。这为企业的经营带来较大不确定性。第二，用工管理。本地员工的效率和履约能力都有待提升。因矿区地处深山，K 公司不允许员工私下单独外出，也不鼓励中方员工与吉尔吉斯斯坦员工或本地居民过多接触，以免产生矛盾。此外，中方员工也需要缴纳社保，但却无法享受相关的待遇，去医院的治疗费用远高于本地居民。第三，企业社

---

① （2009-10-02）[2023-08-09]. https://business.sohu.com/20091002/n267140988.shtml.

② 吉尔吉斯斯坦对金矿石和金精矿出口实施临时禁令 .（2022-10-28）[2023-08-08]. https://new.qq.com/rain/a/20221028A058UC00.

会责任的投入较大。K公司几乎负责了矿区所在的C区所有的基础设施建设，当地的学校、清真寺、体育馆、道路、水渠以及居民的房舍和地窖几乎都是K公司修建。K公司高峰时期三分之二的机械在无偿为本地居民服务。此外，K公司还为本地资助各类生活物资，并协助居民赴中心城市就医。K公司在社会责任上的支出约占运营成本的30%。第四，政府部门的过度检查。企业在经营过程中需要花费大量时间应对环保、水利、土地、安全等部门的非例行检查。这类检查往往需要管理层付出较多时间、精力和资金成本来应对。此外，吉尔吉斯斯坦地方政府官员更换较为频繁，这也导致企业难以与监管部门建立相对稳定的工作关系。

　　K公司在属地化管理的实践中也摸索出许多经验。首先，K公司发现属地化管理所需的人才最好来自所在区乡。K公司通常会在当地物色政商界知名人士，邀请其作为企业与当地政府沟通的桥梁，甚至聘请加入管理团队，以避免管理过程中的文化冲突。其次，重视与本地利益攸关群众的沟通。在

图2-20　贾拉拉巴德向调研团挥手致意的司机（摄影：郑豪）

部分情况下，吉尔吉斯斯坦地方政府对辖区内居民意见整合的能力相对有限。例如，即便公司获得了政府的采矿批准，仍有必要与矿区附近居民点的居民做大量沟通工作。K 公司不仅需要挨家挨户拜访沟通，还会参加政府组织的听证会，直面群众质疑。K 公司的负责人表示，矿产采掘类企业不能只走"上层路线"，只与政府沟通，还需要"上下结合"。而长期的基层沟通工作使负责人感叹，"真心换真心是可能的"。从 K 公司的实践来看，通过长期大量的企业社会责任投入和日常基层工作，中资企业能够深度融入所在社区，与本地民众形成利益共同体。

（四）A 公司

A 公司为中吉两国民营合资企业，经营范围包括水泥、商品混凝土、砂石骨料、水泥制品等制造研发以及煤矿、铁矿、石膏矿开采与销售。A 公司坐落于奥什州阿拉旺区肖尔布拉克。A 公司成立于 2005 年，2008 年 8 月北京奥运会期间正式点火生产。A 公司最初规模较小，日产量仅 500—1000 吨。由于产品销路极佳，A 公司于 2011 年至 2014 年期间先后新建两个立窑。随着市场需求持续旺盛和资本的不断积累，A 公司从 2015 年开始计划建设规模更大、技术更先进的生产线。新的生产线最后选择与天津水泥工业设计研究院有限公司合作。后者不仅负责工程建设，还提供融资支持。加上自有资金和银行贷款，A 公司共计投资约 5 亿人民币升级生产线。新的生产线从 2017 年 5 月开始建设，2018 年 7 月回转窑第一次点火，当年 9 月投入生产，新的生产线日产 2500 吨熟料。①

生产水泥除需要石灰石以外，还需要铁矿、煤矿、石膏矿、粉煤灰等原料。A 公司在早期即投资了铁矿、煤矿等，因此其上游原材料供应自主可控。此外，A 公司还拥有一家瓷砖厂。A 公司现聘任各类专业技术人员 60 余人。在日常生产合作中，中方人员主要负责生产线和技术管理，吉方股东负责公共关

---

① （2018-07-05）[2023-08-10]. http://www.sinoma-tcdri.com/news_details.aspx？id=3727.

图 2-21　A 公司新旧生产线对比（摄影：郑豪）

系维护和销售等。这样的搭配组合使得 A 公司在属地化管理上较纯中资企业具有一定优势。吉方股东深厚的政商关系有助于企业更好地处理与各级政府部门的关系。

A 公司在日常生产经营中面临一些风险。首先是环保带来的社会压力。水泥生产中产生的粉尘是比较突出的环保问题。A 公司曾受到本地百姓针对爆破烟尘和生产粉尘的游行抗议。为此，A 公司投资采购了粉尘回收设备，例如袋式除尘器等。同时，A 公司借助公司本地雇员出面与所在社区沟通。其次是吉尔吉斯斯坦合作方的信用风险。A 公司表示，中资企业和自然人在吉尔吉斯斯坦投资经营容易因所在国合伙人违约导致巨额亏损。

（五）G 公司

G 公司是中国某金矿采掘领域企业的第一家海外控股子公司。其母公司从 2010 年开始了解中亚并进行相关尽调。G 公司拥有 K 铜金矿 100% 的采矿权。G 公司 2014 年完成审批并开始生产建设，2018 年建成并完成厂房设备审批。该项目每日处理 6000 吨矿石，年处理量达 180 万吨。目前，该项目生产能力达到饱和，年产值约为 10 亿人民币。凯奇项目本地化用工程度较高，中国工人约为 70 人，吉尔吉斯斯坦工人约为 500 人。

G 公司在当地的经营中面临三方面的挑战。第一，政策法律变动。这一点与前文 K 公司所描述的状况类似。第二，矿区环境保护。吉尔吉斯斯坦政府与矿区民众均关切矿产采掘活动对环境的影响。G 公司多次参加区政府组织的全区企业听证会，就环保问题接受本地民众的质询。除了环保问题，本地民众主要关心的是企业进驻带来的民生福祉，比如基建条件能否改善，教育条件能否提升，企业能否为本地民众提供就业岗位。第三，用工管理。G 公司在属地化管理的实践中发现，受过良好基础教育的吉尔吉斯斯坦员工通常具有较强的学习能力。该公司目前已有基层出身、出任管理层岗位的吉尔吉斯斯坦优秀员工。[①] 相比之下，普通员工的管理和培训难度较大。本地社区招募的员工职业意识相对淡薄，纪律性较弱，学习劳动和管理技能的意愿较低，员工队伍的稳定性较差。年轻员工在工作一段时间后，或出于对工资水平的追求，或希望探索更大的发展空间，往往迁徙到奥什和比什凯克等城市，或是俄罗斯和欧洲国家。但整体上，G 公司面临的问题能通过大量的沟通工作解决。

在安保方面，G 公司雇用了两家当地安保公司。吉尔吉斯斯坦的安保公司往往有官方背景。不选择中国安保公司的主要考虑是，吉尔吉斯斯坦安保公司往往依托本地社会网络，有能力解决一些较为棘手的社会舆情问题和群体性事件。G 公司表示与安保公司的沟通非常重要，需使安保公司充分理解与企业的共同体关系。具体而言，需要明确各公司人员的职责，通过合同和相关制度形成约束。其次，需要安保公司相互制衡。G 公司要求一家公司的人员管理矿区炸药库，另一家公司的人员保卫生产区，彼此形成制衡。总体来看，G 公司采取的安保策略取得了较好的成效。

---

① 具体案例参见本书第八章"乌、吉两国的中国平台"一节。

◆ 五、中企在乌、吉两国经营的启示 ◆

（一）中国－中亚经贸合作的深远意义

2023 年 2 月 16 日，习近平总书记向"中国＋中亚五国"产业与投资合作论坛致贺信时指出，"中国同中亚五国深化产业与投资合作将有力维护区域产业链供应链稳定，提升地区国家产业发展水平和全球经济参与度，促进共同发展繁荣。中国愿同中亚国家共享超大规模市场、完备产业体系和先进技术，深化务实合作，实现互利共赢，携手推进区域经济高质量发展，构建更加紧密的中国—中亚命运共同体"。[①] 从受访企业的经营实践来看，中国在乌、吉两国的经贸合作发挥了双方比较优势，显著提升了乌、吉两国的产业发展水平。

以水泥市场为例，近年来中企在吉乌两国的水泥投资迅速改变了乌、吉两国水泥生产落后的局面。水泥在中国是产能富余行业，但在中亚地区却是经济发展的短板。中企近年在乌、吉两国的投资使两国摆脱了水泥供应短缺的困境，并且使乌兹别克斯坦水泥生产成为地区内的优势行业。这不仅稳定和优化了中亚地区水泥供应链，也为未来中吉乌铁路建设奠定了良好的基础。

中国在中亚国家的电力投资与建设亦是如此。经济腾飞时，电力等上游能源的需求会急速增加，电力供应同样是中亚国家的短板，是中亚国家经济发展和民生水平提升的瓶颈。随着中国能建、特变电工等中资企业在乌兹别克斯坦的投资建设，乌兹别克斯坦电力供应逐渐得到改善，其招商引资政策也更具有吸引力。

P 园区发展历程则是乌兹别克斯坦通过对华经贸合作提升了轻工业水平的典型案例。P 园区不仅使得乌兹别克斯坦的畜产品、石材、矿产品和农产

[①] 习近平向"中国＋中亚五国"产业与投资合作论坛致贺信．（2023-02-16）[2023-09-07]. https://www.gov.cn/xinwen/2023-02/16/content_5741762.htm.

图 2-22　奥什某房地产建设项目中的中国制造变电设备（摄影：郑豪）

品在本国得到深加工，乌兹别克斯坦的皮革、制鞋、陶瓷和建材等产业也取得了显著进步。在垂直一体化的招商理念下，P 园区不断补齐乌兹别克斯坦在轻工业各分支领域的短板。在吉尔吉斯斯坦，SC 园区也正在开拓类似的事业。

　　中国与中亚国家共享超大规模市场、完备产业体系和先进技术也在受访企业的实践中得到充分体现。K 公司、G 公司等企业的经验表明，中国是乌、吉两国矿产、农产品出口的重要方向。H 公司、上海建工、中国能建、特变电工的经验表明，中国在通信、建材、电力以及机电产品供应等多个领域完备的产业体系正强有力地支持着乌、吉两国的经济发展。在国家数据中心、塔什干银行总部、锡尔河联合循环电站等项目中，中国的先进技术正在帮助着中亚国家破除经济发展的一系列瓶颈，使中国经济建设成果不断促进中亚国家的高质量发展。

（二）中国 – 中亚经贸合作的挑战

第一，物流是目前制约中国 – 中亚经贸合作最为重要的瓶颈。中资企业在中亚地区最核心的竞争优势依托中国高质量且完备的产业体系。这使得中企在面临用工成本上涨的压力时依然有质量和供应链优势。而能否发挥中国产业体系优势的关键要素则是物流效率。在新冠疫情期间，物流成为影响中乌、中吉经贸以及中企在中亚投资生产的最为重要的因素。企业不仅面临运输成本急速上升的困难，原有的供应计划受到严重干扰。当下，物流情况已得到极大改善，但依然是企业在中亚生产经营需要面临的主要不确定性因素。影响物流通畅的因素包括各国公铁运力限制、过境通关效率，以及地缘政治因素。因此，拓展交通网络和多元化的物流渠道对于提升中企在中亚地区的竞争力而言至关重要，这也凸显出中吉乌铁路建设的战略意义。

第二，乌、吉两国政策法律变动是影响企业在地经营的难题。当前，乌、吉两国经济政策都存在频繁变动的问题。虽然两者的内在原因不尽相同，但是都给企业带来了额外的经营成本和不确定性。面对这一现状，中企在乌、吉两国的经验表明，一方面企业可以运用法律武器保护自己的合法权益，以行政诉讼的方式挽回损失。这一措施在乌兹别克斯坦已有成功经验。另一方面，企业可以更深层次地进行属地化运营，尝试通过吸纳本国股东、聘任本国政商领域专家、培养本国管理人员等方式深化与所在国社会的利益绑定，扩大与金融、法律、咨询等服务机构的合作以加强对所在国政策的研判，以及加强与当地政府和所在地区民众的沟通。这些措施在吉尔吉斯斯坦也有成功案例。当然，对于多数企业来讲，上述措施并不容易为初次进入乌、吉两国的企业所实践。对于单个企业而言，维权、政策研判以及与高层的沟通成本远大于收益。这意味着相关公共服务存在显著缺位。习近平总书记在西安中国 – 中亚峰会上的讲话指出"中方还倡议成立产业与投资、农业、交通、应急管理、教育、政党等领域会晤和对话机制，为各国开展全方位互利合作搭建广泛平台。"可见，未来宜加强多方面的机制建设，尽可能减少企业的政策风险。

第三，服务业"走出去"严重滞后于实体企业。在中国与中亚的经贸中，基建、能源、建材等实体企业最早"走出去"，目前已在多国扎根。但是相比较而言，金融、保险、法律、咨询、安保等服务"走出去"的步伐严重滞后于实体企业。这些服务类企业是实业类企业管控风险的重要抓手，是促进中国－中亚经贸高质量发展的重要角色。随着中国与中亚经贸合作的深化，相关的需求不断增加，供需矛盾也越来越显著。就未来政策规划而言，一方面需要统筹规划经贸合作中重要的服务类企业"走出去"，深入中亚地区展业；另一方面，也需要引导实体企业在境外投资经营中引入更多更专业的服务，提升风险管理意识，以市场需求吸引供给。

第四，对中国标准的接受有待提高。习近平总书记在第三次"一带一路"建设座谈会上指出基础设施是"硬联通"，规则标准是"软联通"，是促进"一带一路"高质量发展的重要支撑。[①]中企在中亚的经验表明，尽管有些领域，中国的标准可能已经高于欧盟标准或者美国标准，但是仅由企业推动"软联通"非常困难。这里面不仅有大量的直接成本支出，例如相关设计软件的开发和转化，也有大量的沟通管理成本，例如与当地政府管理部门和设计单位沟通。仅靠企业完成从0到1的突破往往很难。因此，在未来中国－中亚的合作机制建设中，可以统筹规划和推动重要行业的代表性标准"走出去"，在"中国标准"的输出过程中注入政府和行业协会的力量。

---

① 习近平出席第三次"一带一路"建设座谈会并发表重要讲话．（2021-11-19）[2023-09-07]. https://www.gov.cn/xinwen/2021-11/19/content_5652067.htm.

第三章

中吉乌铁路建设回顾：历程、方案与意义

清洗火车头的乌兹别克斯坦铁路工人（摄影：郑豪）

中吉乌铁路是联通欧亚的大陆桥，建成后将成为中亚国家基础大动脉，是能够极大改善乌、吉两国地缘环境的战略性工程。正因如此，自提出之初，其就严重受到国际政治的影响，长期是相关国家政府、学界和社会热议的话题。即便是在中吉乌三个国家内部，对相关技术方案和路线也有非常大的争论，从提出至今历经多种方案。2022年俄乌冲突爆发，中亚的地缘政治发生重要变化，中吉乌铁路迎来新的机遇。随着项目的实质性推进，诸如"轨距""线路"和"融资"等在过去热议的话题又不断升温和发酵，也再次获得广泛关注。在二十多年后的今天，虽然这些问题依然是建设中吉乌铁路需要思考的重要问题，但是中国的国情已经发生根本性变化。首先，中国已经成为全球最大的贸易国。1997年中吉乌铁路提出之初，中国全年的进出口总额为3251亿美元，在世界排名第10位[1]。2012年，中国外贸进出口总额是3.87万亿美元，2022年这一数字变为了6.31万亿美元[2]。其次，中国已经成为铁路强国。1997年，我国铁路运行里程为6.6万公里，2022年这一数字达到15.5万公里[3]，其中仅高铁里程都达到4.2万公里[4]。二十多年的时间里，中国铁路系统不断改造升级，随着中欧班列的成功推出，我国铁路系统已经积累了丰富的跨境铁路运输经验。最后，外部环境发生变化。1997年整个世界正处于不断全球化时代，而如今逆全球化成为美国遏制中国经济的核心手段，畅通国内国外双循环迫在眉睫。因此，站在当今的时点再审视中吉乌铁路建设方案和路线时，不应该再机械地延续旧有的观点，而更应该立足当前的国情和中国新的发展。为此，在对乌、吉两国开展实地调研以前，调研团核心成员在2023年5月前往新疆石河子、阿拉山口、霍尔果斯等地对口岸、

① 2022年中国经济回顾与2023年经济展望.（2023-01-28）[2023-09-07]. http://www.qingdao.gov.cn/ywdt/zwyw/202011/t20201104_2136110.shtml.

② 中国1997年国民经济和社会发展统计公报.（1998-12-04）[2023-09-07]. http://ie.cass.cn/academics/economic_trends/202301/t20230128_5584374.html.

③ 数据来源：国家统计局。

④ 图表：我国高铁运营里程达到4.2万公里.（2023-01-14）[2023-09-07]. http://ie.cass.cn/academics/economic_trends/202301/t20230128_5584374.html.

图 3-1　亚欧枢纽——阿拉山口（摄影：郑豪）

保税区、铁路部门、企业和物流公司就中欧班列、跨境铁路运输等相关问题
进行调研。本章将在新疆口岸调研和乌、吉两国调研基础之上，结合文献从
中吉乌铁路的曲折历史、三国铁路交通概况、规划方案等方面进行梳理，并
在此基础上提出笔者的思考。

◆　**一、中吉乌铁路建设的曲折历程**　◆

（一）三轮可行性研究

　　中吉乌铁路从 1997 年提出到现在前后进行过三次可行性研究。中吉乌铁
路最初是由"欧洲—高加索—亚洲运输走廊组织"（Transport Corridor Europe-
Caucasus-Asia，TRACECA）提出，该组织希望借此联通亚欧大陆腹地。1997
年，中国与乌、吉两国共同签署了合作备忘录，初步规划了以中国新疆喀什为起点，穿过吉尔吉斯斯坦，最终抵达乌兹别克斯坦东部安集延市的铁路路线。在中吉乌三国共同签署合作备忘录之后，中国积极推动项目规划落地。原中国铁道部第一勘测设计院从1997年开始对中吉乌铁路中国境内段开展了线路规划、现场踏勘、方案研究，整个项目的可行性研究于1999年完成。[①]最初规划的方案是要经过经吉尔吉斯斯坦的卡拉苏或贾拉拉巴德，全线长577公里，其中国境内部分长约166公里。2007年1月，国务院审议通过了由国家发改委和国务院西部地区开发领导小组办公室制定的《西部大开发"十一五"规划》[②]，其中中吉乌铁路班列为主要交通基础设施建设重点工程[③]，其中首先要建设的是"喀什—吐尔尕特"段[④]。此后由于吉方政局变化，政府态度出现多次反复，再加上俄罗斯的反对，最终项目搁置[⑤]。中吉乌铁路的第二次可研是由中国路桥在2011年完成[⑥]，根据吉交通部2012年4月与中方签订的备忘录，可研报告将于2013年4月提交给吉方[⑦]。2013年12月，吉尔吉斯斯坦时任总统阿坦巴耶夫以中吉乌铁路只经过吉南部为由认为"中吉乌铁路将无法解决我国任何问题"，遂拒绝了中国路桥的可研计划而转向俄罗斯提出的"俄—哈—吉—塔铁路"计划[⑧]。到2022年以前，中吉乌铁路也曾出

① 中国完成中吉乌铁路可行性研究将开辟对外新通路. （1999-12-06）[2023-09-07]. https://www.chinanews.com/1999-12-6/26/10768.html.
② 国务院关于西部大开发"十一五"规划的批复. （2007-01-23）[2023-09-07]. https://www.gov.cn/gongbao/content/2007/content_549035.htm
③ 西部大开发"十一五"规划. （2007-08-10）[2023-09-07]. http://fgw.qinghai.gov.cn/zfxxgk/jjzn/wjgcs/stwmjsc/gzxx/200708/t20070810_53526.html.
④ 中国将开建中吉乌铁路国内段 构筑向西开放通道. （2007-05-09）[2023-09-07]. https://www.chinanews.com.cn/cj/hgjj/news/2007/05-09/930643.shtml.
⑤ 中吉乌国际铁路建设现存问题分析与建议. （2021-06-20）[2023-09-07]. https://www.sohu.com/a/473134706_100243171.
⑥ 中国路桥为吉尔吉斯做国家道路与铁路发展规划. （2015-05-12）[2023-09-07]. http://www.qljixiao.com/content-21-1488-1.html.
⑦ 中吉乌铁路"可研"将于4月提交吉方. （2013-03-14）[2023-09-07]. http://kg.mofcom.gov.cn/article/jmxw/201303/20130300054045.shtml.
⑧ 吉尔吉斯斯坦拒绝中国修建铁路 中俄美在中亚加强对抗. （2013-12-20）[2023-09-07]. https://www.guancha.cn/Macroeconomy/2013_12_20_194048.shtml.

现在《中华人民共和国和吉尔吉斯共和国关于进一步深化全面战略伙伴关系的联合声明》中[①]并曾讨论推进方案[②]，但未获实质性进展。直到2022年5月集安组织峰会期间，吉尔吉斯斯坦总统扎帕罗夫与俄罗斯总统普京会谈时解释了该项目对吉尔吉斯斯坦的重要性，俄方表示不再反对该项目[③]，中吉乌铁路又开始了新一轮可研[④]。2023年5月，中吉乌三方签署《中华人民共和国国家发展和改革委员会、吉尔吉斯共和国交通和通信部、乌兹别克斯坦共和国交通部关于就中吉乌铁路建设项目（吉境内段）可行性研究三方联合评审达成共识的谅解备忘录》，标志着可行性报告进入尾声[⑤]，中吉乌铁路迎来新的机遇。

（二）争论的焦点问题

过去关于中吉乌铁路建设的讨论主要集中在轨距、南北路线、融资方案和地缘政治等四方面。

首先是标准轨距和宽轨距之争。由于历史原因，中亚国家的铁路仍然沿用苏联1520毫米轨距标准（"宽轨距"），而中国的铁路使用的铁路轨距为国际通用的1435毫米轨距标准（"标准轨距"）。轨距差异导致目前中欧班列在驶出中国境内时要进行货运换装。在技术层面之上，铁路轨距承载的是各区域的地缘政治秩序。就乌、吉两国而言，沿用宽轨距能够保证原苏联轨道交通空间内的互联互通。对于中国而言，虽然采用标准轨距能够节省货物进

---

① 中华人民共和国和吉尔吉斯共和国关于进一步深化全面战略伙伴关系的联合声明（全文）.（2019-06-13）[2023-09-07]. https://www.gov.cn/xinwen/2019/06/13/content_5399972.htm.

② 中吉乌铁路建设提上日程 三方视频讨论三套方案.（2020-07-17）[2023-09-07]. https://new.qq.com/rain/a/20200717A0CDMS00.

③ 吉尔吉斯斯坦总统：俄方不再反对，商讨20多年的中吉乌铁路计划明年开工.（2020-07-17）[2023-09-07]. https://baijiahao.baidu.com/s? id=1734443555705099354&wfr=spider&for=pc.

④ 中吉乌铁路项目可研工作8月2日全面启动.（2022-08-02）[2023-09-07]. https://www.yidaiyilu.gov.cn/p/265821.html.

⑤ 国家发展改革委与吉尔吉斯斯坦交通和通信部、乌兹别克斯坦交通部签署中吉乌铁路相关合作文件.（2023-05-13）[2023-09-07]. https://www.ndrc.gov.cn/fzggw/wld/zsj/zyhd/202305/t20230519_1355981_ext.html.

图 3-2　中国新疆阿拉山口保税区并行的宽轨（左）与标准轨（右）铁路（摄影：郑豪）

出中国边境时换装的成本，有利于逐步提升中国与中亚国家铁路运输的协同性。但是中亚国家会由于轨距差异对中吉乌铁路项目的运营和国家安全产生顾虑，也容易引起部分民众的反对。在笔者看来，由于乌、吉两国既有的铁路网均是采用宽轨距，因此即使新建的中吉乌铁路采用标准轨也仅是将换装点改在吉尔吉斯斯坦境内或者乌兹别克斯坦境内。

其次是南北线路之争。由于吉尔吉斯斯坦地理构造、人口分布以及南北方在政治上的博弈，自中吉乌铁路的构想提出以来，一度存在南北两个方向共三条路线的设计方案。其中两条北向路线均由吐尔尕特口岸进入吉尔吉斯斯坦，南向路线则由伊尔克什坦口岸出境。[1] 第一条北向路线由喀什出发，从新疆克孜勒苏柯尔克孜自治州乌恰县吐尔尕特口岸出境，依次经过吉尔吉

---

[1]　马海超：《基于中吉乌铁路线路走向方案的客货运量预测探析》，《铁道运输与经济》，2020 年第 12 期，第 24-31 页。

斯斯坦境内的杜斯特克、乌根特、舒拉、卡扎尔曼等居民点，与吉尔吉斯斯坦境内铁路科克扬加克—奥什段相连，最后经过卡拉苏抵达乌兹别克斯坦安集延市。此线路总长度在 650 公里左右。第二条北向路线同样由吐尔尕特口岸出境，向西穿越阿尔帕河谷，经过吉尔吉斯斯坦境内的阿尔帕、拜比切、乌兹根等城市，抵达卡拉苏，该线路总长度为 500 公里左右。第三条（南线）从喀什出发经过乌恰和库尔干，从伊尔克什坦口岸出境，经过吉尔吉斯斯坦的萨雷塔什，再由萨雷塔什抵达卡拉苏。此线路总长度约为 550 公里。

从里程长度看，经过阿尔帕的设计方案路程最短，经过杜斯特克的设计方案路程最长，二者长度相差近 150 公里，原因在于经杜斯特克的路线需要连接卡扎尔曼、科克扬加克等更多的居民点。但从另一个角度看，通过中吉乌铁路打通更多的居民点，将加强吉尔吉斯斯坦境内各地区间的联通，对于吉尔吉斯斯坦而言长期的经济效益更大。而南向线路既没有里程长度优势，同时也缺少吉尔吉斯斯坦境内各居民点的连接，因此并没有像两条北向路线一样受到重视。从地质结构看，中吉乌铁路吉尔吉斯斯坦境内段整体位于天山构造带，两条北向路线均需要翻越费尔干纳山脉，因此都会受到沿线地质活动的影响，即中吉乌铁路在穿越费尔干纳山时，铁路路基的稳定性会受到一定影响。基于已有文献研究，经杜斯特克的线路受地质断裂层的影响相对较小，而经阿尔帕的线路受到地质构造活动的影响更为强烈。[1]

再次是融资方案之争。中吉乌铁路的主要线路分布在吉尔吉斯斯坦和中国境内。项目途经地区以山区为主，施工难度较高，因此估算造价从最初的 9 亿美元升至 65 亿美元[2]。中吉乌铁路在吉尔吉斯斯坦境内的线路长度在 260 公里左右，占线路总长度的 50% 以上。吉尔吉斯斯坦自身的财政状况很难支

---

① 余绍淮，陈楚江，张霄：《基于遥感技术的中吉乌铁路地质构造分析》，《铁道工程学报》2015 年第 5 期，第 12-17 页。

② 马海超：《基于中吉乌铁路线路走向方案的客货运量预测探析》，《铁道运输与经济》2015 年第 12 期，第 24-31 页。

撑中吉乌铁路项目吉尔吉斯斯坦路段的建设。2009 年，吉尔吉斯斯坦政府曾经考虑过"资源换铁路"模式，吉尔吉斯斯坦时任总统巴基耶夫曾提出，用该国纳伦州境内的一系列金矿来换取资金，但是遭到吉尔吉斯斯坦民意反对。2010 年吉尔吉斯斯坦发生政变，巴基耶夫被推翻，2011 年新总统阿坦巴耶夫为应对民意压力，公开表示吉将放弃"资源换项目"融资方式。笔者所调研的某工程承包企业也反映其曾经想以资源换项目的方式推动吉某个基建项目，但是由于本地民众反对强烈最后放弃。除此之外，贷款也是中吉乌铁路过去讨论较多的资金筹集方式[1]。然而，当下吉政府的举债能力有限，2021 年吉尔吉斯斯坦的政府财政收入约为 25.3 亿美元，而公共部门债务存量总计为 39.6 亿美元。举债不仅会大幅增加吉方存量债务，引发债务危机，而且还易被欧美部分媒体作为炒作"一带一路"倡议导致"债务陷阱"的论据。

最后是地缘政治博弈。俄罗斯至今对欧亚地区的秩序发挥着较为重要的影响力。同时，21 世纪以来，乌、吉两国也是欧美与俄罗斯争夺地缘政治空间的前沿。因此，作为国家重要交通基础设施，中吉乌铁路的建设很难避免被各方赋予地缘政治博弈的色彩。而在经济层面，中国—中亚—西亚经济走廊一定程度上将分流部分从中国经俄罗斯和哈萨克斯坦发往欧洲的货物。为了保持对中亚地区的影响力，俄罗斯曾多次组织中亚各国共同签署铁路标准文件，如《1520mm 铁路合作统一原则声明》《关于在 1520 空间发展物流潜力和多功能运输工艺的宣言》等条约，实现从法律上排斥其他标准规范[2]。不仅如此，如前文提到，俄罗斯也曾经以"俄—哈—吉—塔铁路"计划作为中吉乌铁路的竞争性方案。总体而言，俄罗斯对中吉乌铁路项目持反对态度，是过去二十多年影响中吉乌铁路项目推进的重要因素。2022 年以来，新的国际政治形势为中吉乌铁路带来新的契机，俄方表示不再反对该项目。

---

[1] 杨进：《"中吉乌铁路"计划可望落地》，《世界知识》2022 年第 14 期，第 58-59 页。

[2] 中欧班列单证法律问题研究 .（2020-12-07）[2023-09-07]. http://www.pcwoo-zlwd.com/news-detail_cn.aspx？detail=7472.

◆ 二、中吉乌三国铁路交通现状 ◆

（一）中国铁路网概况

目前，中国已经基本建成广泛覆盖的全国铁路网，境内铁路能够连接 20 万人口以上城市、资源富集区、货物主要集散地、主要港口及口岸，同时基本覆盖县级以上行政区。我国铁路线路绝大部分为国有铁路，由中国铁路总公司负责投资建设和运营维护。[1]

从铁路里程角度看，截至 2022 年底，全国铁路营业里程达到 15.5 万公里。其中，高速铁路营业里程达到 4.2 万公里，西部地区铁路营业里程 6.3 万公里。全国铁路路网密度为 161.1 公里 / 万平方公里，全国铁路的电气化率升至 75.6%。2022 年全国铁路固定资产投资完成 7109 亿元，投产新线 4100 公里，其中高速铁路 2082 公里。从货物运输角度看，2022 年全国铁路货运量完成49.84 亿吨，比上年增加 2.11 亿吨，增长 4.4%（见图 3-3）。全国铁路货运总周转量完成 35945.69 亿吨公里，比上年增加 2707.69 亿吨公里，增长 8.1%。

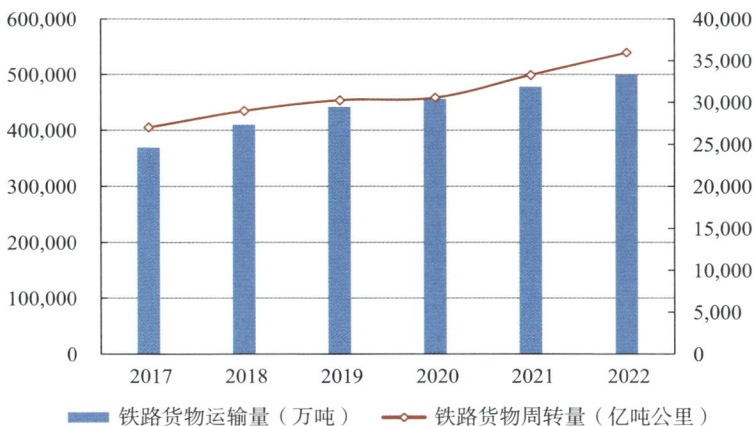

图 3-3　2017—2022 年中国铁路货物运输数据统计 [2]

---

[1]　根据国家铁路局公布的数据，截至 2022 年底我国国有铁路里程占铁路总里程的 86.5%。

[2]　数据来源：国家铁路局，由北京大学调研团整理。

2016 年，中国国家发改委发布《中长期铁路网规划》，明确了 2017—2030 年我国铁路网发展的长期目标和战略。在高速铁路方面，我国将规划构建以"八纵八横"主通道为骨架、区域连接线衔接、城际铁路补充的高速铁路网。到 2025 年，我国高速铁路预计达 3.8 万公里。在普速铁路方面，我国将扩大中西部路网覆盖，完善东部网络布局，提升既有路网质量，推进周边互联互通，形成覆盖广泛、内联外通、通边达海的普速铁路网。到 2025 年，我国普速铁路预计将突破 12.1 万公里。

从中国的视角来看，中吉乌铁路主要的意义在于为南疆地区开辟西向陆上交通通道。因此，对中吉乌铁路的探讨必须与新疆的社会经济发展，尤其是铁路交通规划相结合。近年来，新疆铁路基础设施持续完善，新疆铁路运营里程已逾 9000 公里，其中高铁线路里程达 718 公里[①]，初步形成以兰新铁

图 3-4　中国新疆石河子市乌兰乌苏站停靠的中欧班列（摄影：郑豪）

---

① 高铁建设：超前规划分阶段建设 .（2023-01-13）[2023-09-07]. https://www.ts.cn/xwzx/szxw/ 202301/ t20230113_11104384.shtml.

路和南疆铁路为"Y"型主轴，以北疆环线、天山环线、东疆环线和南疆环线为基础的"四环"路网骨架。

北疆铁路环线由阿富准铁路、乌将铁路、兰新铁路、奎北铁路四段构成[①]，北疆环线连接了乌鲁木齐、石河子、奎屯、阿勒泰、富蕴、准东等地。其中，阿勒泰—富蕴—准东铁路是北疆铁路环线最后一段，已于2019年全线通车，标志着北疆铁路环线已经完成了全线闭环。南疆铁路环线由喀什—和田铁路、和田—若羌铁路、格尔木—库尔勒铁路、库尔勒—喀什铁路组成闭环。2022年，和田—若羌铁路建成通车，标志着南疆环线最后一段实现通车。南疆环线是世界首个沙漠铁路环线——长达2712公里的环塔克拉玛干沙漠铁路环线[②]，是目前新疆最大的环形铁路网。天山铁路环线主要由南疆铁路吐鲁番—阿克苏段和兰新铁路吐鲁番—伊宁段，以及规划中的伊宁—阿克苏段组成。目前，该环线只差伊宁—阿克苏段未建成，现已进入前期勘测阶段。一旦完成建设，南疆地区前往北疆伊犁将不用绕行乌鲁木齐。东疆铁路环线主要由乌鲁木齐—若羌铁路、兰新铁路、罗布泊—若羌铁路、哈密—将军庙铁路构成环线。目前罗布泊—若羌铁路、哈密—将军庙铁路还未贯通。这两条铁路主要服务于矿产开发和运输，可进一步提升物流效率。未来，随着四条铁路环线全部实现通车，新疆铁路网将最终形成南北疆铁路大环线，人流和物流运输将更为高效。

（二）吉尔吉斯斯坦铁路网概况

吉尔吉斯斯坦的铁路网延续了苏联时期的格局，由南北两段互不相连的线路组成。北部（323.4公里）为哈萨克斯坦东南部铁路网的延伸，连接伊塞克湖至哈萨克斯坦和吉尔吉斯斯坦两国边境。南部（101.2公里）为乌兹别克

---

① 疆内环起来，新疆铁路铺画"四个环".（2020-12-07）[2023-09-07]. http://news.ts.cn/system/2020/12/07/036529932.shtml.

② 世界首个沙漠铁路环线形成，和若铁路明日开通运营.（2022-06-15）[2023-09-07]. http://finance.people.com.cn/n1/2022/0615/c1004-32447095.html.

图 3-5　吉尔吉斯斯坦贾拉拉巴德市附近的铁路（摄影：郑豪）

斯坦东部费尔干纳盆地铁路网的延伸，连接吉尔吉斯斯坦境内奥什和贾拉拉巴德等城市。根据吉尔吉斯斯坦铁路公司公布的数据，截至 2014 年，吉尔吉斯斯坦境内的铁路里程长 424.6 公里，其中车站轨道长 220 公里，铁路支线长 66.4 公里。① 吉尔吉斯斯坦境内铁路统一由吉尔吉斯共和国交通运输部下属的国营企业吉尔吉斯斯坦铁路公司管理运营。同时，吉尔吉斯斯坦境内的所有铁路均采用 1520 毫米宽轨距。2022 年 3 月 31 日，吉尔吉斯斯坦总统扎帕罗夫下令启动从伊塞克湖西侧的巴雷克奇（Balykchy）至吉尔吉斯斯坦中部山区的喀拉克切（Karakeche）186 公里的铁路建设工程。扎帕罗夫总统称，吉尔吉斯斯坦独立以来尚未新修任何铁路；因维护不力，吉尔吉斯斯坦的铁路里程反而缩短了 42 公里。② 受限于资金、技术和劳动力等问题，该项目目前进展较为缓慢。

从货物运输量角度看，新冠疫情对吉尔吉斯斯坦铁路运输造成了显著的负面影响。吉尔吉斯斯坦铁路货运量在 2019 年达到高峰，为 1165.5 万吨（见图 3-6）。受新吉尔吉斯斯坦铁路货运量稳步回升。截至 2022 年底，吉尔吉斯斯坦的铁路货运冠疫情影响，吉尔吉斯斯坦铁路货运量同比下降了

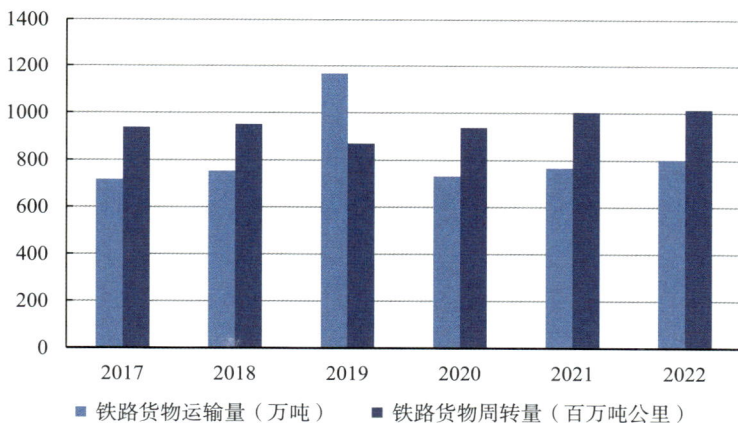

图 3-6　2017—2022 年吉尔吉斯斯坦铁路货运数据统计 ③

---

① 《吉尔吉斯共和国 2014-2020 年铁路运输发展主要方向》.（2014-09-30）[2023-09-07]. http://kjd.kg/ru/about/strategiya-razvitiya-zeleznyh-dorog/.

② Railway Gazette, "Kyrgyz president launches construction of railway to Kara-Keche", April 25,2022, https://www.railwaygazette.com/infrastructure/kyrgyz-president-launches-construction-of-railway-to-kara-keche/61435.article, [2023-08-31].

③ 数据来源：吉尔吉斯斯坦国家统计委员会，由北京大学调研团整理。

3.7%。2020 年至 2022 年，量达到 802.2 万吨，同比增长 4.7%。铁路货运总周转量为 1013.8 百万吨公里，同比增长 1.1%。

除了铁路里程较短外，限制吉尔吉斯斯坦铁路货运量增长的一个重要因素是吉尔吉斯斯坦铁路设施的损耗程度较高。根据吉尔吉斯斯坦家铁路公司公布的数据，吉尔吉斯斯坦铁路系统（包括建筑物和构筑物、机械设备、轨道设施在内）的固定资产的损耗率为 71%[①]，供电系统的损耗率为 71%，信号和通信系统的损耗率为 50%—63%。由于损耗和使用寿命到期，截至 2014 年 1 月 1 日，目前超过 46% 的货车车队处于闲置状态。吉尔吉斯铁路约 30% 的客车车队实际使用寿命超过 30 年（标准年限为 28 年），营运客车车队为 40.3%。综上所述，无论是铁路轨道还是铁路机车，其损耗程度都较高。

（三）乌兹别克斯坦铁路网概况

乌兹别克斯坦铁路由乌兹别克斯坦铁路公司（O'zbekiston temir yo'llar）运营。根据 1994 年 11 月 7 日第 982 号总统令，乌兹别克斯坦铁路公司在乌兹别克斯坦境内原有的铁路运输企业、组织和机构的基础上成立，负责铁路客运、货物运输、铁路车辆的维修和保养。目前公司主干道已开发总里程约 3645 公里，公司员工达 54.7 万人。[②] 乌兹别克斯坦铁路公司自 1993 年以来一直是铁路联邦组织（Organization of the Commonwealth of the Railroads，OCR）的成员。该公司与国际铁路联盟（International Union of Railways，IUR）和联合国环太平洋经济委员会（Economic and Social Commission for Asia and the Pacific，ESCAP）有着密切的联系，同时与欧盟委员会独联体和格鲁吉亚技术援助（Technical Assistance to the Commonwealth of Independent States and Georgia，TASIS）计划和欧洲—

---

① 一般而言，正常运营的铁路其固定资产磨损率阈值在 50—55% 之间。
② 乌兹别克斯坦铁路．（2023-01-30）[2023-09-07]. https://railway.uz/en/gazhk/o_kompanii/.

图 3-7　乌兹别克斯坦铁路（摄影：刘弋鲲）

高加索—亚洲运输走廊组织（TRACECA）开展合作。

从铁路里程角度看，根据乌兹别克斯坦国家统计委员会公布的数据，截至 2022 年，乌兹别克斯坦境内铁路总里程为 6100 公里，其中一般用途的铁路里程为 4700 公里。在过去 6 年中，乌兹别克斯坦的铁路里程一直保持在 6100 公里左右（见图 3-8）。这表明乌兹别克斯坦近期并无新修铁路工程。从调研中，笔者了解到，乌铁路系统整体维护状况尚可，目前正在进行电气化改造。目前，乌兹别克斯坦还拥有从西班牙引进的高铁。该项目起源于乌政府 2010 年 1 月 5 日颁布的《关于实施"购买 Talgo-25 型高速电气化旅客列车"项目的措施》总统决议，由乌兹别克斯坦国家铁路公司和乌兹别克斯坦共和国发展基金共同出资 3800 万欧元从西班牙引进客运高铁。[①] 2011 年 7 月，新引进的高铁正式用于"塔什干—撒马尔罕间高速旅客列车项目"的载客，该

---

① 乌兹别克斯坦首列高铁从西班牙运抵．（2011-07-25）[2023-09-08]. http://finance.sina.com.cn/roll/20110725/184610203776.shtml.

列车载客量 257 人，最高设计时速 250 公里。① 2015 年，乌政府投资 4 亿美元对撒马尔罕—布哈拉段铁路进行电气化改造并从西班牙 Talgo 公司购买两辆机车头和 20 节车厢开通撒马尔罕至布哈拉的高铁客运，该段线路在 2016 年正式开通。2022 年乌政府计划继续投入 4.45 亿美元引进高铁用于开通至努库斯的高铁客运，该项目包括布哈拉至希瓦的 465 公里铁路线电气化改造以及车站、变电站等设施建设，项目资金中的 2.7 亿美元计划从亚洲开发银行和亚洲基础设施投资银行贷款。②

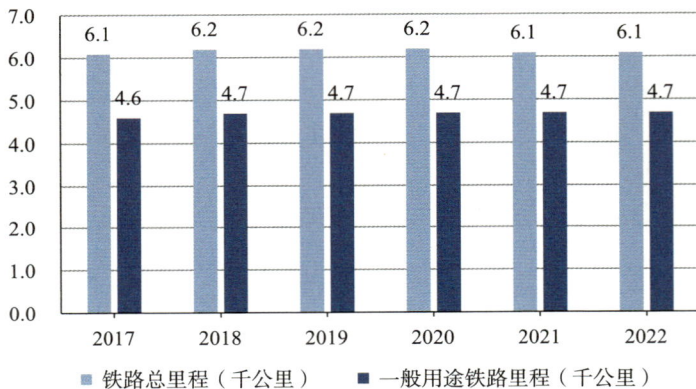

图 3-8　2017—2022 年乌兹别克斯坦铁路里程③

在铁路货运量上，乌兹别克斯坦铁路货运量在过去六年一直稳步增长。截至 2022 年底，乌兹别克斯坦境内铁路货运量完成 7340 万吨，同比增加 1.89%（见图 3-10）。同时，铁路货物周转量在 2022 年为 249.9 亿吨公里，同比增加 1.58%。根据乌兹别克斯坦铁路公司公布的数据，乌兹别克斯坦铁路年货物周转量约占所有运输工具货物周转总量的 90% 左右。④ 可见，

---

① 乌兹别克斯坦将在 8 月底开通塔什干至布哈拉高铁．（2016-04-22）[2023-09-08]．http://uz.mofcom.gov.cn/article/jmxw/201604/20160401303345.shtml.

② 价值 4.45 亿美元！乌兹别克斯坦计划 2024 年开通前往努库斯的高速列车．（2022-12-02）[2023-09-08]．https://www.sohu.com/a/612796058_121080087.

③ 数据来源：乌兹别克斯坦国家统计委员会，由北京大学调研团整理。

④ O'zbekiston Temir Yo'llari．[2023-09-08]．https://www.railway.uz/en/gazhk/o_kompanii/.

图 3-9 乌兹别克斯坦"阿夫拉西亚卜"号高铁（摄影：郑豪）

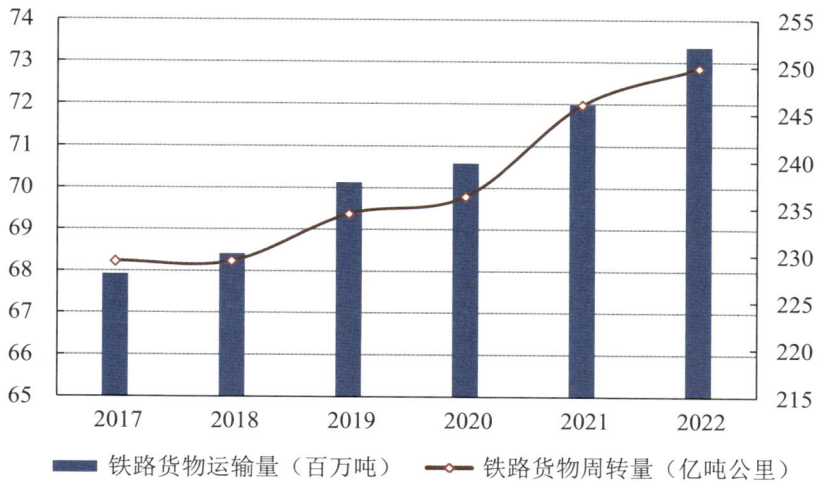

铁路货物运输量（百万吨）　　铁路货物周转量（亿吨公里）

图 3-10 乌兹别克斯坦铁路货运数据统计 ①

① 数据来源：乌兹别克斯坦国家统计委员会，由北京大学调研团整理。

铁路货运对于乌兹别克斯坦的社会经济运转而言至关重要。在调研过程中，笔者了解到，乌铁路运输还存在运力不足的问题，经常需要从哈萨克斯坦调货运平板车。

最后，表 3-1 汇总了 2021 年中亚五国公路与铁路货运量统计。可以看出，中亚五国的公路货运量都远高于铁路货运量。同时，横向比较来看，吉尔吉斯斯坦和塔吉克斯坦的铁路货运量最小，分别为 2.1 和 5.3 百万吨，哈萨克斯坦的铁路货运量最高，为 4.16 亿吨，乌兹别克斯坦的铁路货运量排名第二，达到 7200 万吨。

表 3-1　2021 年中亚五国公路与铁路货运量统计（单位：百万吨）[①]

	哈萨克斯坦	吉尔吉斯斯坦	乌兹别克斯坦	塔吉克斯坦	土库曼斯坦
公路货运量	3310	26.2	1373.5	20.1	402.1
铁路货运量	416	2.1	72	5.3	20.8

三、中吉乌铁路规划方案与相关讨论

（一）路线方案设计

2022 年 8 月，中吉乌铁路项目开始进行可行性研究的外业勘察工作，由中铁第一勘察设计院 180 余名技术专家实施。结合新闻报道以及笔者调研得到的信息，截至 2023 年 6 月，中吉乌铁路重点方案线路调查、沿线测绘、地质勘探等各项工作已经接近完成。[②] 最新的铁路线路设计方案仍从喀什出发，

---

① 数据来源：吉尔吉斯斯坦国家统计委员会，乌兹别克斯坦国家统计委员会，CAREC，由北京大学调研团整理。其中，由于 2021 年数据缺失，塔吉克斯坦的数据年份为 2018 年，土库曼斯坦的数据年份为 2016 年。

② 丝路新观察：《中吉乌铁路（吉尔吉斯斯坦段）项目合作协议在撒马尔罕签署》.（2022-09-15）[2023-09-08]. http://www.siluxgc.com/static/content/rcmnd/2022-09-15/1020091171000684544.html.

经吐尔尕特出境，依次经过吉尔吉斯斯坦境内的阿尔帕、马克马尔和贾拉拉巴德等居民点①，并在贾拉拉巴德与吉尔吉斯斯坦现有的铁路相连接，最终抵达乌兹别克斯坦的安集延市。从下图可以看出，最新的路线方案比较贴近最初"南北线路方案"的北线阿尔帕方案。此外，笔者在此次调研中还前往了奥什、贾拉拉巴德以及卡扎尔曼，调研了周边地区公路与铁路运输状况，贾拉拉巴德市当地的铁路设施较为老旧，火车运行效率较低。在公路方面，奥什连接贾拉拉巴德的公路为水泥路面，双向单车道，行车较为通畅；而连接贾拉拉巴德和卡扎尔曼的公路路况较差，为苏联时期修建，没有水泥路面，在自然风化下路面坑洼较多，在调研行驶途中公路上只有少数几辆载人小轿车通行，并未见到任何货运卡车在该公路行驶。通过与本地人交谈也得知，该公路目前本地人也较少使用。可以想见，若中吉乌铁路修建完成，其将极大地提升周边地区铁路运输和公路运输的效率。

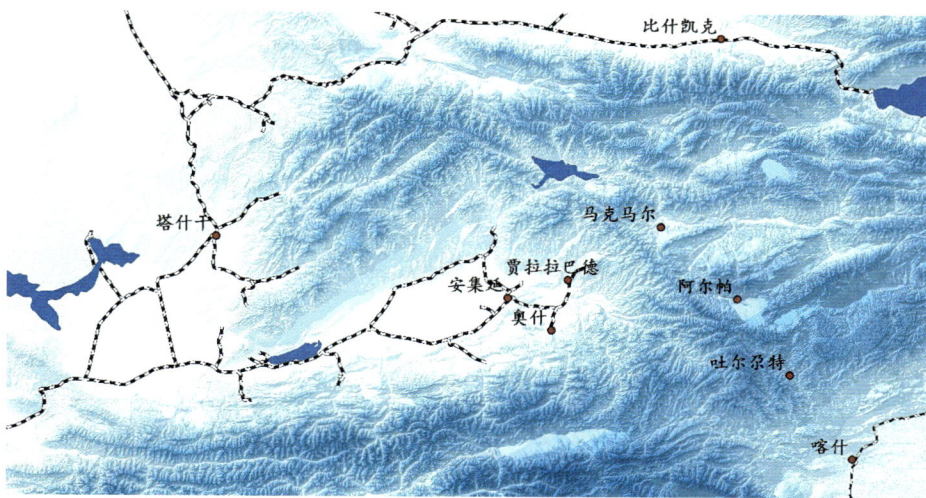

图 3-11　中吉乌铁路规划路线途经城市与中亚铁路网②

---

① 丝路新观察：《吉前交通部长：中吉乌铁路给吉国带来的不仅仅是过境运输》.（2022-10-19）[2023-09-08]. http://www.siluxgc.com/static/content/public/BeltRoad/2022-10-19/1032389303138914304. html.

② 数据来源：OpenStreetMap、地理空间数据云，作者整理绘制。

（二）融资与管理方案探讨

中吉乌铁路造价较高，项目运营周期较长，在融资阶段和后期管理阶段都需要考虑许多复杂的因素。由于目前中吉乌铁路项目仍未开始建设，本小节仅对中吉乌铁路的融资与管理方案做一些初步讨论。

在项目融资方面，可以考虑政府和社会资本合作融资模式（Public-Private Partnership），撬动更多社会资本的力量推动中吉乌铁路发展。在充分发挥政府引导作用的基础上，鼓励社会资本参与，创新融资方式。通过大力引进民间投资，允许社会资本间接参与中吉乌铁路建设运营，进一步拓宽中吉乌铁路项目的融资渠道，同时将项目收益与社会共享。

此外，项目融资可以借鉴自然资源入股的方式，缓解吉尔吉斯斯坦面临的资金压力。考虑到吉尔吉斯斯坦和乌兹别克斯坦财政资金规模有限，若允许吉尔吉斯斯坦将铁路沿线

图 3-12　乌兹别克斯坦锡尔河州的铁路线（摄影：郑豪）

的土地和境内的自然资源计价入股，则可以大幅缓解吉尔吉斯斯坦的财政压力。上述模式的优势在于，其一，直接降低了中吉乌铁路项目的征地成本，相较于合资铁路公司征地，由本国政府完成征地工作更为方便，成本也更低。其二，解决了吉尔吉斯斯坦财政收支紧张、资金不足的问题，降低了中吉乌铁路项目的融资风险，也减轻了吉尔吉斯斯坦因中吉乌铁路建设而面临的高额债务负担。其三，中吉乌铁路建设完成后也将有利于自然资源开发与运输，促进吉尔吉斯斯坦与周边国家的货物贸易。但这种模式也面临一定的风险，吉尔吉斯斯坦内部存在不少亲西方的非政府组织，以自然资源计价入股会引发吉尔吉斯斯坦部分人群的反感甚至反对。在部分不怀好意的非政府组织煽动下，这一模式可能带来域外国家的政治压力。

在铁路管理方面，可以借鉴中老铁路联营体的管理思路，成立中吉乌铁路的合资铁路公司，专门负责中吉乌国际铁路的建设运营。无论是在项目的建设阶段还是运营阶段，中吉乌铁路作为跨境铁路都需要沿线各国之间的沟通合作。中国与吉尔吉斯斯坦、乌兹别克斯坦可以联合或两两共同发起成立合资铁路公司，在项目建设期间，合资铁路公司负责签署与项目生产建设相关的合同，管理项目资产，发行项目相关债务，管理项目施工风险，监督工程进度。在运营期间，合资公司负责铁路线路运营，相关设施维护，偿还项目债务，并按照利润向股东分红。合资铁路公司的优势在于增加了项目的"总负责人"，减少了中吉乌三方之间的物流沟通成本。

需要注意的是，随着我国口岸基础设施建设的不断完善，目前从阿拉山口和霍尔果斯出境货物已经能够实现通过龙门吊换装，一趟中欧班列的货物换装所需时间已经缩短至 4 到 5 个小时。因此，目前轨距差异并非中国—中亚国家跨境铁路运输的主要瓶颈。综合来看，强制推行中吉乌铁路全程采用标准轨距对中国受益有限，反而为项目带来一定的政治风险。因此，搁置各国的轨距差异，加快推进中吉乌铁路的建设，是符合各国实际的解决方案。

图 3-13 乌兹别克斯坦浩罕至塔什干列车沿途风景（摄影：郑豪）

◆ 四、中吉乌铁路的意义 ◆

（一）对中国的意义

第一，中吉乌铁路将极大地提高中国与吉、乌两国货物运输的运力，促进中国与吉、乌两国的货物贸易。目前中国与乌兹别克斯坦的货物贸易主要通过铁路运输，从阿拉山口或者霍尔果斯口岸出境，经哈萨克斯坦运抵乌兹别克斯坦。中国与吉尔吉斯斯坦的货物贸易运输方式包括铁路运输和汽车运输，铁路运输仍然需要经哈萨克斯坦抵达比什凯克，汽车运输则从伊尔克什坦出境，通过吉尔吉斯斯坦境内的公路网和奥什市的铁路运向吉尔吉斯斯坦其他城市。根据笔者调研获取的信息，目前中吉货物贸易主要通过汽车运输。由于目前开设的中亚班列较少，以乌兹别克斯坦和吉尔吉斯斯坦为目的地的火车运力有限，而汽车运输则存在运输成本高、运输时间长等不足。中吉乌铁路建成后，中国将实现通过铁路与吉尔吉斯斯坦和乌兹别克斯坦相连

图 3-14　到站下车的乌兹别克斯坦乘客（摄影：郑豪）

接，中国与吉、乌两国之间的铁路运力将大幅提高。根据已有文献的模型评估，中吉乌铁路建成后，短期内能完成每年货运量 935 万吨，在长期其铁路运力将进一步提升至 1262 万吨。相比之下，2022 年吉尔吉斯斯坦和乌兹别克斯坦境内铁路货运量分别为 802 万吨和 7340 万吨，中吉乌铁路将极大地提升吉、乌两国的铁路运力。除了货物运力的提升，中吉乌铁路还将缩短从中国发往吉、乌两国货物的运输时间。综上，铁路运力的提升和运输时间的缩短都会使得中国与吉、乌两国的货物贸易更为方便，推动中国与吉、乌两国之间的贸易额进一步增长。

　　第二，中吉乌铁路将同过境哈萨克斯坦的铁路形成良性互动，能够优化中国贸易线路布局并推动中哈铁路运输和转运的效率提升。目前，中国西部的铁路出境口岸主要有阿拉山口和霍尔果斯，两个贸易口岸均与哈萨克斯坦毗邻，这使得当下许多中亚班列和中欧班列都需要经过哈萨克斯坦通向其他中亚国家和欧洲国家。从对实体企业、物流企业和中国边境口岸的调研来

图 3-15　在乌兹别克斯坦境内运行的哈萨克斯坦列车（摄影：郑豪）

看，哈萨克斯坦的铁路口岸在铁路运输和转运中处于节点位置，其货物换装、编组和转运的效率直接影响和限制了过境和中转的物流效率，哈国口岸部门的部分人员为了个人利益故意拖慢流程的现象长期难以解决。此外，从贸易路线的战略布局看，将所有向西的贸易口岸都集中在中哈边境显然存在不足，中国需要增加更多的贸易口岸以保证自身对外贸易活动的安全稳定。中吉乌铁路建成后，吐尔尕特将成为除阿拉山口和霍尔果斯以外中国第三个向西的铁路贸易口岸。除了本身缩短同中亚和欧洲的运输距离和时间外，更重要的意义在于增加了中国向西的铁路运输路线选择，降低哈萨克斯坦对于中欧班列的垄断性，使得吉、乌、哈三国铁路部门和相关单位之间处于竞争关系，增加其提高铁路运输效率的内生动力。

第三，中吉乌铁路将为南疆地区的发展带来强劲的动力。南疆地区贫困人口众多，地区的经济虽然在脱贫攻坚中得到了巨大改善，但依然是中央和地方的关注焦点。习近平总书记在第三次新疆座谈会上指出"发展是新疆长治久安的重要基础"以及"要大力推动南疆经济社会发展和民生改善"。[①] 在制约南疆经济和产业发展的因素中，由于位置偏远和交通不便导致其远离主要的消费市场是最为重要的原因之一。因此尽管地区内拥有相对充足劳动力人口，但是纺织等轻工业依然难以得到发展。中吉乌铁路的建设将使得喀什变成铁路口岸，使其从内陆城市转变成向西开放的"前沿"，其距离中亚和境外的消费市场更近。这不仅能促进地区的电商、贸易和物流产业的发展，还能推动加工产业的发展，带动本地就业，从而为新疆的长治久安打下坚实基础。

第四，中吉乌铁路将加快中国—中亚—西亚经济走廊建设。中吉乌铁路修建之后，可以通过中吉乌铁路连接吉尔吉斯斯坦和乌兹别克斯坦，并进一步通向土库曼斯坦、伊朗、土耳其等国，通达欧洲各国。其沿线分支还可以

图 3-16　乌兹别克斯坦浩罕站内行驶的火车头（摄影：郑豪）

---

① 习近平在第三次中央新疆工作座谈会上发表重要讲话．（2020-09-26）[2023-11-18]. https://www.gov.cn/xinwen/2020-09/26/content_5547383.htm.

延伸到西亚、南高加索地区国家。中吉乌铁路修建之后，西部南通道将是中国到高加索地区以及欧洲的最短铁路货运路线，货运路程有望缩短 900 公里，时间节省 7—8 天。铁路运输路线的成熟以及贸易时间的缩短将进一步促进中国与中亚、西亚等国的贸易交流和产业合作，促进建设以国内大循环为主体、国内国际双循环相互促进的新发展格局。

（二）对乌、吉两国的意义

首先，中吉乌铁路将提高中国与乌、吉两国以及整个中亚地区物流运输的效率，推动构建"中国 - 中亚命运共同体"。2023 年 5 月，习近平主席在于西安召开的中国 - 中亚元首峰会上提出了建设"中国 - 中亚命运共同体"的"四个坚持"，即坚持守望相助，坚持共同发展，坚持普遍安全，坚持世代友好。目前，中国与哈萨克斯坦之间的联通状况较为便利，而与中亚其他四国（乌兹别克斯坦、吉尔吉斯斯坦、塔吉克斯坦、土库曼斯坦）的陆上联通主要依赖过境哈萨克斯坦的铁路线。中吉乌公路和中塔乌公路的运输时间受气候条件限制，通行能力相对较弱。因此，中吉乌铁路对于促进中国与中亚南部四国的货物、资金、人员交流而言至关重要，能够实现中国 - 中亚国家关系的全方位均衡提升。

其次，中吉乌铁路将进一步推动吉、乌两国经济发展与产业升级。一方面，吉尔吉斯斯坦目前铁路运行效率较低，中吉乌铁路为吉、乌两国引入了新的铁路建设技术和先进的运行管理机制，直接促进了吉、乌两国的铁路运输行业发展。另一方面，物流运输效率的提升有利于进一步提升两国营商和投资环境，为两国吸引国际投资创造更好的条件。随着外资企业加快在吉、乌两国投资经营的步伐，吉、乌两国产业体系的现代化程度可得到进一步提升，吉、乌两国的全要素生产率将进一步提高。从长期来看，中吉乌铁路的修建将为吉、乌两国经济发展注入更多活力。

最后，中吉乌铁路将促进中亚与中国、中东、西亚、欧洲等国际市场的深度融合，进一步推动吉尔吉斯斯坦和乌兹别克斯坦与周边国家的互联互通

图 3-17　乌兹别克斯坦铁路线上的运煤车（摄影：郑豪）

和互惠互利。中吉乌铁路不仅仅是单一的铁路交通线路，该项目在互联互通方面具有极大的地缘经济与政治价值。吉尔吉斯斯坦和乌兹别克斯坦不仅可以通过中吉乌铁路扩大产品出口，也能够推动中亚地区的人口流动与劳务贸易。此外，随着亚欧陆路贸易的不断增长，吉、乌两国可通过中吉乌铁路运营与维护获取过境收益，并增加更多就业岗位。从长期看，中吉乌铁路将构建起新亚欧大陆桥的南部通路，连通乌、吉两国与南高加索、西亚乃至南亚国家。因此，中吉乌铁路建设不仅惠及中国、吉尔吉斯斯坦、乌兹别克斯坦三国，对周边国家也具有极其重要的意义。

第四章

中国—中亚—西亚经济走廊建设

中国新疆霍尔果斯站等待换轨的集装箱（摄影：郑豪）

中国—中亚—西亚经济走廊是指从中国出发，向西连接亚欧大陆的中亚和西亚国家的经济合作走廊，沿途经过哈萨克斯坦、吉尔吉斯斯坦、乌兹别克斯坦、塔吉克斯坦、土库曼斯坦、伊朗、沙特阿拉伯以及土耳其等国家。[①]中国—中亚—西亚经济走廊是陆上丝绸之路的重要组成部分，而吉尔吉斯斯坦和乌兹别克斯坦是我国南疆地区西向交通的第一站。因此，中吉乌铁路的建设无疑是中国—中亚—西亚经济走廊建设的基石。本章旨在探讨中国—中亚—西亚经济走廊在物流层面的若干关键问题，进而分析其在未来的发展机遇和挑战。本章主要从五个方面展开：环里海国家港口建设现状、里海法律地位、跨里海运输线路、国际铁路联运机制以及中国—中亚—西亚经济走廊下各国的产能合作。

◆ 一、环里海国家的港口建设现状 ◆

在中国—中亚—西亚经济走廊建设的过程中，里海是无法忽略的地缘节点。其因处于南高加索和中亚之间，而成为油气管道和多式联运的潜在选项。但也由于其在国际法上的特殊地位，里海地区的互联互通方案必须将地缘政治的潜在风险纳入考虑范畴。因此，了解里海的现状、识别里海的特性是筹划中国—中亚—西亚经济走廊的必要环节。

里海面积约 37.1 万平方公里，平均深度 211 米，东西最宽处为 435 公里，南北最长处为 1030 公里，是世界上面积最大的内陆水域。里海被俄罗斯、伊朗、阿塞拜疆、哈萨克斯坦和土库曼斯坦五个国家围绕。近代以来，俄罗斯和苏联是里海水域开发的主要推动者。1991 年以来，尤其是 2022 年俄乌冲突发生以来，阿塞拜疆、哈萨克斯坦和土库曼斯坦三国成为开发跨里海运输更为积极的利益相关方。里海与海洋没有自然连接，但通过俄罗斯的伏尔加河水道和伏尔加河—波罗的海运河将里海的海运交通连接到波罗的海。该水

---

① 《中国—中亚—西亚经济走廊》.（2019-04-17）[2023-09-07]. http://keywords.china.org.cn/2019-04/17/content_74691521.html.

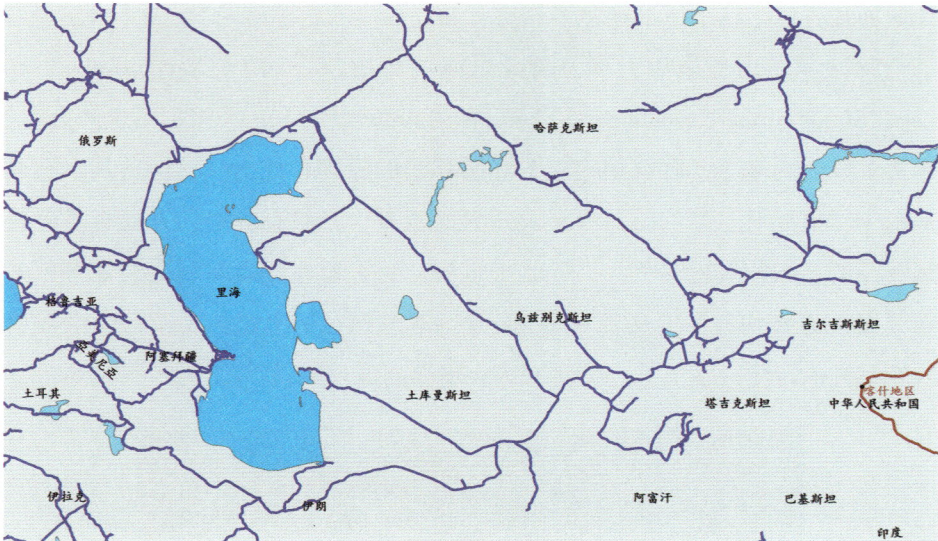

图 4-1　中亚与西亚地区铁路网示意（制作：郑豪）[3]

道在苏联时期经过多次修缮，可通行最大尺寸为长 210 米、宽 7.6 米、吃水深度 4.2 米、排水量 5000 吨以下的船舶。1917—1991 年间，通过伏尔加河进入里海的航线不对国际船只开放。根据苏联和伊朗之间达成的协议，只有悬挂苏联或伊朗国旗的船舶才被允许在里海航行。[1]

1991 年以来，里海作为国际水域的经济价值得到欧美国家关注。自 21 世纪初开始，环里海国家在这片水域开发港口。受制于里海海床的地质特点，在海床铺设跨里海的油气管道存在技术困难。因此里海存在一支油轮船队。原油和石油产品占里海所有海上运输货物的比例最高，2020 年达到 41%。其余运输货物中，谷物占到 33%，矿物和煤占到 25%。[2] 环里海国家

---

① Barbara Janusz-Pawletta, "Legal framework for the interstate cooperationon development and transport of fossil natural resources of the Caspian Sea," Journal of World Energy Law and Business, 2020, vol. 13, p. 179.

② Nurkhodzha Akbulaev, Gadir Bayramli, "Maritime transport and economic growth: Interconnection and influence," Marine Policy, 2020, vol. 118, pp. 2-3.

③ 数据来源：地理空间数据云、Open Street Map，作者整理绘制。

计划加强客运，在水域上建立停靠所有这些港口的旅游游轮。

2018 年，由环里海五国签署《里海法律地位公约》（Convention on the Legal Status of the Caspian Sea，下简称"《里海公约》"）。[1] 根据《里海公约》序言，该公约基于《联合国宪章》和国际法的原则和规范订立，且其出发点是基于"里海对各缔约方具有至关重要的意义，且只有各缔约方拥有里海及其资源的主权权利的事实"。据此，《里海公约》旨在"强调解决与里海相关问题属于各缔约方的专属资格"。因此，考虑到对里海的控制权已经由环里海五国排他行使，本节重点关注五国在里海的港口建设情况。

图 4-2　里海港口使用概况[2]

---

① Official Internet Resources of the President of Russia: Convention on the Legal Status of the Caspian Sea, 12 August 2018, http://en.kremlin.ru/supplement/5328, [2023-08-31].

② 来源：船调网，2023 年 5 月 13 日，一个黄点代表一艘船。

（一）阿塞拜疆巴库港

目前里海沿岸规模最大的港口是阿塞拜疆的巴库港（Port of Baku）。巴库港与土库曼斯坦、哈萨克斯坦、伊朗、格鲁吉亚等国业务合作较为密切。港口超过 80% 货运为哈萨克斯坦和土库曼斯坦两国过境货物，与阿克套港（哈）、土库曼巴希港（土）有集装箱运输航线，装卸时效 17—19 标箱 / 小时。2021 年，巴库港共运转 4.5 万个 20 英尺标准集装箱、散货 177 万吨、铁路货运车厢 3 万节、国际公路运输协定（TIR）货车 1.1 万辆、挂车 2.3 万辆、私家车近 5000 辆。散货码头累计停靠各类船只 470 艘，轮渡码头停靠船只 1053 艘，滚轮码头停靠 93 艘。港口铁路与四大国际铁路相连：从巴库到俄罗斯南部的西北铁路、从黑海到土耳其的巴库—第比利斯—卡尔斯铁路以及两条通往伊朗的铁路。同时，自港口可直接进入 M1（俄罗斯）、M2（格鲁吉亚）、M3（伊朗）等主要高速公路。[①]

阿塞拜疆正在建设巴库国际海上贸易港和自由贸易区。该项目一期工程于 2018 年上半年完成，巴库港的货运能力由此达到每年 1500 万吨，相当于 10 万 20 英尺标准集装箱（TEU）吞吐能力。港口仓储面积 5.6 万平方米，并设有保税仓（最长保税期 3 年），提供海关、仓储、综合物流等服务，过境货物 15 天内免收仓储费。该港口是跨里海国际运输走廊的重要组成部分，是阿塞拜疆以及土耳其、哈萨克斯坦、土库曼斯坦甚至乌兹别克斯坦重点关注的交通节点。

（二）俄罗斯的里海港口

俄罗斯控制里海的西北海岸，但其在里海盆地拥有的资源相对较少。因此，俄罗斯的战略是联合其他国家开发里海资源，同时提供接入俄罗斯石油和天然气运输网络以进入欧洲市场的机会。自 2000 年以来，俄罗斯联邦与里

---

① 商务部：《对外投资合作国别（地区）指南：阿塞拜疆（2022 年版）》，第 18 页。

海国家签订了双边和多边协议，以确保其在该盆地的经济利益。①

对于俄罗斯而言，里海航运在其进出口贸易版图中无足轻重。通过俄罗斯里海诸港口进出口的贸易额仅为其总进出口贸易额的 0.8%。阿斯特拉罕港（Port of Astrakhan）年货运能力 993.5 万吨，散货转运能力为 245 万吨。该港可储存 10.5 万吨石油产品。位于阿斯特拉罕州的奥利亚港（Port of Olya）的货物吞吐量为 158 万吨，专为干货设计。达吉斯坦港（Port of Dagestan）的年货运能力为 726 万吨，散货转运能力为 550 万吨。②值得注意的是，

① Barbara Janusz-Pawletta, *The Legal Status of the Caspian Sea, Springer,* 2021, pp. 172, 174.

② Nurkhodzha Akbulaev, Gadir Bayramli, "Maritime transport and economic growth: Interconnection and influence," *Marine Policy*, Vol.118, 2020, pp. 2, 6.

图 4-3　俯瞰费尔干纳盆地（摄影：郑豪）

俄罗斯有着环里海五国中在里海部署的最大规模海军。2017 年的《俄罗斯里海沿岸港口发展战略》提出将俄罗斯的里海舰队迁至卡斯皮斯克（Kaspiysk）。此前有报道称，俄罗斯曾为在 2020 年之前将海军基地从阿斯特拉罕迁至卡斯皮斯克，在达吉斯坦进行大规模的建设工作，包括修建码头、后勤设施和住房。①

（三）土库曼斯坦的土库曼巴希港

土库曼斯坦的土库曼巴希港（Port of Turkmenbashi）位于巴尔坎州，是里海东岸最大港口。该港附近盛产石油，建有大型炼油厂、船舶修理厂、热电厂及鱼类、肉类加工厂等。该港口是土库曼斯坦原油、成品油、聚丙烯等商品的主要出口通道。货运船只在暖季可经土—俄之间的里海航线、从阿斯特拉罕港口进入伏尔加河内河航道、再经伏尔加—顿河航道出亚速海进而抵达黑海港口；也可在土库曼巴希港轮渡至里海对岸的巴库港后，直接进入南高加索铁路网，进而从陆路抵达位于黑海东岸的波季港（格鲁吉亚）。2018 年 5 月 2 日，土库曼巴希新国际港口正式投运，港区内建有巴尔坎船舶修造厂。该项目造价约 15 亿美元，港区面积近 152 公顷，可以同时停靠 17 艘船舶；设计年货物吞吐量 1700 万吨（不包括石油制品），客运能力为 30 万人次／年，接驳货运汽车 7.5 万辆／年、集装箱 40 万个。② 据官方统计，2020 年土库曼斯坦里海货运量仅为 240.9 万吨，占全国货运总量的 0.46%；海上客运量仅 6.5 万人次。③

（四）伊朗的安扎里港

伊朗在里海的港口为安扎里港（Bandar-e Anzali），现被称为安扎里自由

① Lidiya Parkhomchik, "The Russian Navy in the Caspian Sea: a New Chapter," at https://www.eurasian-research.org/publication/the-russian-navy-in-the-caspian-sea-a-new-chapter/, [2023-08-31].

② 商务部：《对外投资合作国别（地区）指南：土库曼斯坦（2022 年版）》，第 30 页。

③ 商务部：《对外投资合作国别（地区）指南：土库曼斯坦（2022 年版）》，第 29 页。

图 4-4　乌兹别克斯坦锡尔河州公路景观（摄影：郑豪）

经济区。2017 年 3 月 30 日，时任伊朗总统哈桑·鲁哈尼为新综合港口的落成仪式剪彩。港口配有 22 个码头，年货物吞吐量为 1500 万吨。[①]截至 2020 年，伊朗全国港口吞吐能力达 2.5 亿吨。阿巴斯港和霍梅尼港吞吐能力分列第一位（7624 万吨）和第二位（4293 万吨）。两港的吞吐量约占伊朗港口吞吐总量的 85%。该国北部里海沿岸各港口总吞吐量约为 2700 万吨。[②]

（五）哈萨克斯坦的阿克套港

哈萨克斯坦在里海的最大港口为阿克套港（Port of Aktau）。阿克套港是航空、铁路、公路、海运和管道多种运输途径的交通枢纽，也是目前哈萨克斯坦唯一的国际海港。阿克套港最初兴建于 1963 年，其定位为原油运输。20世纪 80 年代初，阿克套港每年运输的原油达 700 万吨，而每年的干货运输不

---

① Nurkhodzha Akbulaev, Gadir Bayramli, "Maritime transport and economic growth: Interconnection and influence," *Marine Policy*, Vol.118, 2020, p. 2.

② 商务部：《对外投资合作国别（地区）指南：伊朗（2022 年版）》，第 24 页。

超过 30 万吨。2020 年，阿克套港的石油类商品运输能力提升至 1200 万吨 / 年，干货运输能力提升至 250 万吨 / 年。[①] 哈萨克斯坦为阿克套港配套了占地面积 2000 公顷阿克套港经济区。[②]

为扩大里海航运能力，哈萨克斯坦已将库雷克港（Port of Kuryk，位于阿克套港以南约 100 公里）列入里海地区发展规划。库雷克港设计运输能力为原油 2000 万吨 / 年。经升级改造后，目前该港开始运输干散货等物资。此外，包季诺港（Port of Bautino）是哈萨克斯坦里海大陆架石油开采公司的海运辅助港口，主要用于运输哈境内石油开采公司所需的设备、建筑材料、燃料物资等。[③]

值得注意的是，哈萨克斯坦所属里海沿岸地区石油资源开发潜力较大。该地区石油探明储量高达 80 亿吨，其中规模最大的卡沙干油田可采储量达 10 亿吨，约占整个里海地区储量的一半。天然气总储量为 153.3 万亿立方米，约占整个里海地区总储量的 1/3；可采储量超过 1 万亿立方米。[④] 因此，开发跨里海交通走廊对于哈萨克斯坦而言是国家战略层面的优先方向。

◆ 二、里海的法律地位与相关国家的法定权利 ◆

如前所述，里海一方面在地缘上介于欧亚和中东两个区域之间，具有联通东西南北的潜力。另一方面，里海也是当今世界化石能源储量最丰富的地区之一。据估算，该地区石油探明储量可达 2000 亿桶，天然气储量约为 458.8 万亿立方米，分别占世界石油和天然气的 17.2% 和 7.5%。[⑤] 因此，规制里海空间的使用权和经济资源的开发权对于充分发挥里海上述两方面

[①] Nurkhodzha Akbulaev, Gadir Bayramli, "Maritime transport and economic growth: Interconnection and influence" Marine Policy, Vol.118, 2020, p. 3.

[②] 商务部：《对外投资合作国别（地区）指南：伊朗（2022 年版）》，第 50 页。

[③] 商务部：《对外投资合作国别（地区）指南：哈萨克斯坦（2022 年版）》，第 22 页。

[④] 商务部：《对外投资合作国别（地区）指南：哈萨克斯坦（2022 年版）》，第 5 页。

[⑤] 商务部：《对外投资合作国别（地区）指南：哈萨克斯坦（2022 年版）》，第 5 页。

潜力而言至关重要。2018年《里海公约》正是环里海五国在这一方面的关键进展。

（一）《里海公约》对里海空间的法律划分

《里海公约》首先回答了里海在法律意义上是"海"还是"湖"的问题。这一公约的重要性在于，如果里海是海，那么将受到海洋法规制；而"国际湖泊"受国际水法规制。两者的区别在于沿岸国对这些水域行使主权的范围。国际水法所规范的水域通常完全处于沿岸国的主权管辖之下；而海洋法所规范的水域则被划分为不同区域；在各区域内，沿岸国享有不同程度的主权，主权区域之外即为公海。

根据《里海公约》第一条，"里海"系指由环里海国家陆地所围绕的水域（body of water）。"水域"一词表明，环里海国家旨在制定一套独立的规则，以调节对里海的主权范围，包括开发自然资源、海上运输、铺设管道以及任何其他在里海水域、海床和底土的活动。尽管《里海公约》的文本显示其遵循《联合国海洋法公约》（UNCLOS）规定的法律框架，但其具体规定与《联合国海洋法公约》存在相当大的差异。因此，里海不是"海"。

值得一提的是，环里海国家中只有俄罗斯和阿塞拜疆签署并批准《联合国海洋法公约》。伊朗只是签署但没有批准，哈萨克斯坦和土库曼斯坦甚至不是成员。据此，《里海公约》吸收了《联合国海洋法公约》中的众多概念，如"基线""正常基线"和"直线基线"，但也存在标准上的重大差异。

《里海公约》第5条规定了里海的四类区域：（1）内水（2）领海（3）捕鱼区（Fishery Zone）和（4）共同水域（Common Maritime Space）。所有这些区域都设定了沿海国家不同程度的主权。沿海国对里海的水域、海床、底土和自然资源的主权权利和义务范围在每个区域有所不同。此外，《里海公约》也规制对各国领空的权利。

图 4-5 乌兹别克斯坦等待错车的客运列车（摄影：郑豪）

图 4-6 吉尔吉斯斯坦楚河畔捕鱼的青年（摄影：郑豪）

1. 内水。四类区域首先根据《里海公约》规定的基线予以确定。基线依据内陆边界线划定，位于基线内陆侧的水域被称为内水，并完全受沿岸国主权管辖。在内水区域内，国家行使绝对主权，其主权权利包含内水之下的海床和底土。这与《海洋法公约》对内水的规定相同。

2. 领海。在基线之外存在着领海。该区域被定义为沿岸国主权延伸的一带水域，其范围包括水体及其海床和底土。领海的宽度不得超过 15 海里，领海的外部界限被认为是与沿岸国的边界（第 7 条第 2 款）。邻接沿岸国之间的内水和领海的划界应由这些国家协商达成协议（第 7 条第 3 款）。这样的规定类似于《海洋法公约》对领海的规定，但不同的是，《海洋法公约》将其定义为 12 海里，而《里海公约》将其定义为 15 海里。

3. 捕鱼区。在《里海公约》中，捕鱼区（宽度为 10 海里）被定义为沿岸国拥有独占权利捕捞水生资源的一带水域。该区域内的水域对于所有里海沿岸国的货物航运是自由的，因此对于从里海开发化石燃料和其他自然资源的商业运输具有重要意义。沿岸国为行使对水生生物资源的排他权利，并为保护和管理这些资源，在捕鱼区保留包括登临、检查、紧追、拘留、逮捕和进行司法程序的权利，以确保外国船舶遵守其法律法规。这一规定与海洋法标准没有区别。然而，《联合国海洋法公约》并未规定"捕鱼区"，对上述权利的规定体现在专属经济区一章中。

在《联合国海洋法公约》中，专属经济区是领海以外并邻接领海的一个区域，沿海国的主要权利为：以在此区域内勘探和开发、养护和管理海床上覆水域和海床及其底土的自然资源（不论为生物或非生物资源）为目的的主权权利，以及关于在该区内从事经济性开发和勘探，如利用海水、海流和风力生产能等其他活动的主权权利。据此，专属经济区与捕鱼区法律地位的主要区别在于，在捕鱼区内，里海沿岸国将其主权权利限制在对生物资源的专属权利之上。

4. 共同水域。根据《里海公约》，位于捕鱼区外部界限的水域被称为共同水域。共同水域对公约各方开放以进行任何类型的使用。这一区域确立了所有沿岸国对表面水域的共同主权（《里海公约》第 5 条）。这一制度类似于国际湖泊表面水域的制度，且与海洋不同的是，这一区域可以被周边国家使用。

在对水体法律地位的规定方面，该区域的地位在某种程度上类似于《联合国海洋公约》对公海区域的规定。公海包括所有位于国家管辖范围之外且不属于专属经济区、领海或内水范围的海域部分，其中"公海自由"，包括航行、飞越自由等是公海的主要法律原则，此外，还包括铺设海底电缆和管道的自由（受到一定限制），以及捕鱼的自由（受到一定限制）。

《里海公约》则规定，共同水域向所有沿岸国开放，包括运输自然资源（航行自由）。然而，不同于公海，对这一区域的进入仅限于里海沿岸国。这意味着其他国家的船只不得进入该水域。公海与共同水域的另一个区别是，在共同水域中，"每一方在行使其对海床和底土资源开发的主权权利时，可以对其他各方的船只采取措施"（《里海公约》第 12 条第 3 款）。

5. 海床和底土。捕鱼区和共同水域的海床和底土受到关于自然资源开发

图 4-7　乌兹别克斯坦阿汉加兰水库边的铁路线（摄影：刘弋鲲）

和使用以及海底管道的法律制度的规范。根据《里海公约》第 8 条第 1 款，海床和底土应划分为各个区域（sector），且"将里海海床和底土划分为区域的划界行为，将由相邻和对岸的国家通过协议进行，应考虑到国际法普遍公认的原则和规范，以使这些国家能够行使其对海床和底土资源开发相关的地下开采和其他合法经济活动的主权权利。"

相比之下，根据《联合国海洋法公约》，大陆架包括其领海以外依其陆地领土的全部自然延伸，扩展到大陆边外缘的海底区域的海床和底土，如果从测算领海宽度的基线量起到大陆的外缘的距离不到二百海里，则扩展到二百海里的距离。沿海国为勘探大陆架和开发其自然资源的目的，对大陆架行使主权权利，且这一权利是专属性的，即如果沿海国不勘探大陆架或开发其自然资源，任何人未经沿海国明示同意，均不得从事这种活动。

据此，《里海公约》引入的法律概念与《海洋法公约》存在巨大差异。后者所规定的"区域"位于沿岸国的"国家管辖范围"之外，被公海覆盖，属于人类的共同遗产，不受沿岸国主权权利的限制。《里海公约》将共同水域的海床和底土划分为区域，沿岸国在这些区块内行使开发自然资源的主权权利（第6条）。

《里海公约》将捕鱼区和共同水域之下的海底及其地下划分为各国的区域，这遵循了哈萨克斯坦、阿塞拜疆和俄罗斯之间的北里海协议的模式。《里海公约》采用的区域划分方法表明，以前在北里海划定的里海海底划分现在将得到所有沿岸国的正式承认和接受。《里海公约》第4条规定，各方应根据彼此之间的"其他协议"，包括在里海开展包括海床和底土资源勘探和开发在内的活动。此外，第8条第2、3、4款还规定：

- 在其区域内，沿岸国将拥有建造人工岛屿、设施和构筑物的专有权，并有权批准和监管其建造、运营和使用。沿岸国可以根据需要，在人工岛屿、设施和构筑物周围设立安全区，以确保航行和人工岛屿、设施和构筑物的安全。安全区的范围不得超过以每个人工岛屿、设施和构筑物外缘各点为起点测量的500米的距离。这些结构的地理坐标和安全区的轮廓应通知所有各方。

- 所有船舶必须尊重这些安全区。

- 沿岸国在本条第1款规定的情况下行使主权权利时，不得侵犯本公约中其他各方规定的权利和自由，也不得对其享有这些权利和自由的正当行使造成不当干预。

第20条还规定，"本公约不影响各方根据其作为缔约方而产生的其他国际条约所产生的权利和义务"。因此，土库曼斯坦和伊朗未来的区块划界将遵循中线的模式，并且分配给阿塞拜疆、哈萨克斯坦和俄罗斯的北里海协议中的区域将保持不变。

（二）里海的管道铺设

《联合国海洋法公约》中，海底管道（及电缆）的法律制度取决于管道是否穿越处于沿海国完全或有限主权之下的海底区域。当外国管道进入沿海

图 4-8　吉尔吉斯斯坦乌鲁姆巴什河（Urumbash）河谷（摄影：郑豪）

国的领土或领海时，该国有权对管道订立条件。在领海范围之外，所有国家都享有铺设海底管道的权利。他们需要注意已经存在的管道，并且在现有管道损坏或中断的情况下，修复费用应由该国承担。然而，如果管道建设在大陆架上，外国国家的权利将受到沿岸国权利的进一步限制，沿岸国在这些区域行使其专属主权权利。根据第 79 条，首先，沿岸国有权采取合理措施勘探大陆架和开发其自然资源，外国管道不得侵犯这些权利。其次，在大陆架上铺设这种管道，其路线的划定须经沿海国同意。第三，沿海国有责任采取合理措施预防、减少和控制管道污染，这赋予了沿海国对管道业主进行检查和制定安全标准的权利（第 113—115 条）。这些规定中的一些已被《里海公约》采纳并应用于管道制度。

尽管里海地区的石油和天然气产量逐年增加，但出口能力的扩大却受到限制。其中一个原因是现有管道的运力不足，以及缺乏建设跨里海管道的法律基础。例如，哈萨克斯坦通过阿特劳将石油运输到俄罗斯的萨马拉，以及通过里海石油财团（Caspian Pipeline Consortium，CPC）从田吉兹油田运输石油到俄罗斯黑海港口新罗西斯克。而巴库—第比利斯—杰伊汉石油管道（BTC）用于将阿塞拜疆的石油运输到欧洲。铺设跨里海管道的想法曾多次尝试，但从未成功。反对理由主要是潜在的环境污染问题。[①]

《里海公约》规定了里海区域的划界，并明确了海底管道的铺设制度，同时承认了沿岸国建设跨里海管道的权利。根据《里海公约》第 14 条，各方可以在里海海床上铺设海底管道，但前提是其项目符合各方国际协议中体现的环境标准和要求（第 14 条第 2 款）。其中一项相关协议是《保护里海海洋环境框架公约》（Framework Convention for the Protection of the Marine Environment of the Caspian Sea）。该公约又称"德黑兰公约"。其相关议定书为《关于区域防范、应对和合作打击油污事故的议定书》（Protocol Concerning Regional Preparedness，Response and Cooperation in Combating Oil

---

[①]　Barbara Janusz-Pawletta, The Legal Status of the Caspian Sea, Springer, 2021, pp. 177-178.

Pollution Incidents，又称"阿克套议定书"），旨在就因海底活动引起的油污染问题以及防范、应对和合作保护里海生态环境的措施进行规定。在里海海床铺设海底管道时的另一个重要要求是，规定管道的路线应与要穿越其区域的当事方达成协议（第 14 条第 3 款）。这与《联合国海洋法公约》规定的条件相似（第 79 条第 3 款）。

（三）里海的航行

根据《海洋法公约》，内水区域没有无害通过的权利。而对于领海，不论为沿海国或内陆国，其船舶均享有无害通过领海的权利。在专属经济区内，各国拥有"有限制"的航行自由。根据第 58 条，在专属经济区内所有国家，不论为沿海国或内陆国，在本公约有关规定的限制下，享有第 87 条（即公海自由）所指的航行和飞越的自由、铺设海底电缆和管道的自由，以及与这些自由有关的海洋其他国际合法用途，诸如同船舶和飞机的操作及海底电缆和管道的使用有关的并符合本公约其他规定的那些用途。在超出专属经济区的海域，则适用"公海自由"："每个国家，不论是沿海国或内陆国，均有权在公海上行驶悬挂其旗帜的船舶"。

1921 年苏联和伊朗的友好条约确认了对于悬挂这两个沿岸国旗帜的船舶在整个里海享有无限制的航行自由。这一规定得到了随后苏联和伊朗在 1931 年、1935 年以及 1940 年的贸易和航行条约中的确认。协议双方同意不得对任何另一缔约方的船舶收取额外费用。这两项双边协议在苏联解体后仍然有效，并继续用于调整包括哈萨克斯坦、土库曼斯坦和阿塞拜疆在内的所有新独立里海国家的船舶航行。①

因此，《里海公约》中的航行制度不同于《联合国海洋法公约》。其中，第 10 条第 1 款规定了根据上述协议的航行自由。第 2 款则规定了有关货物、乘客和行李的港口进出、港口费用等方面的非歧视待遇。其禁止了针对船舶

---

① Barbara Janusz-Pawletta, *The Legal Status of the Caspian Sea*, Springer, 2021, p. 180.

国旗的歧视性做法，且这在沿岸国家主权管辖区域内（港口、内水和领海）有效。第 11 条第 1 款规定，悬挂缔约国旗帜的船舶可以根据以下目的在领海内航行：（1）穿越领海而无须进入内水或在内水之外的锚地或港口设施停靠；或者（2）前往或离开内水，或在此类锚地或港口设施停靠。第 12 条第 3 款，对里海沿岸国领海以外的航行权进行限制："各缔约国在行使对海床和底土资源开发和与海床和底土资源开发相关的其他合法经济活动的主权和主权权利，对水生生物资源的专属权利，以及为保护和管理这些资源而设立的渔区，可采取措施对其他缔约国的船舶进行登临、检查、紧追、拘留、逮捕和进行司法程序等，以确保其法律和法规的遵守。"

因此，即便在捕鱼区或共同水域，航行权也可能受到沿岸国明确的限制。这一干预理由来源于一个国家对扩展到里海区域内资源开发的主权权利。但如果对船舶采取的这些限制措施没有合理的理由，应该对发生的任何损失进行赔偿。这实际上仍在准用《海洋法公约》关于专属经济区的规定。其中第 73 条第 1 款规定，沿海国行使其勘探、开发、养护和管理在专属经济区内的生物资源的主权权利时，可采取为确保其依照本公约制定的法律和规章得到遵守所必要的措施，包括登临、检查、逮捕和进行司法程序。

涉及里海航行和贸易的一个重要问题是里海沿岸国进出大洋的内陆国家的过境可能性。根据《海洋法公约》，俄罗斯应被视为环里海内陆国家至海洋的"过境国"。《里海公约》确认各方应有权从里海自由进入其他大洋，反之亦然。为此，各方将享有通过过境国领土的所有交通方式的过境自由（第 10 条第 4 款）。这种进出的条款和程序应由"有关缔约方和过境国之间的双边协议确定，或者在缺乏此类协议的情况下，根据过境国的国家立法进行确定"，且"作为对其领土的完全主权行使，过境国有权采取一切必要措施，以确保本段规定的各缔约方的权利和便利不会侵犯过境国的合法利益"。换言之，在缺乏双边协议的情况下，俄罗斯享有绝对的主导权。

◆ 三、跨里海运输线路分析 ◆

对于中国—中亚—西亚经济走廊建设而言，跨里海运输是可供选择的途径之一。但是，里海事实上是被环里海五国精细分割的区域。基于各国对各自区域内海床和底土等主权权利，各国可以对其上水体的航行自由进行限制。对于里海不同区域的权利内容（或限制）可见下表。

表4-1　环里海国家对里海不同区域的权利内容（或限制）

	内水 （基线以内）	领海 （15海里）	捕鱼区 （10海里）	共同水域 （划界后的区域）
海床、底土开发	主权权利			
管道（电缆）铺设	可铺设，受到环保要求限制；且管道的路线应与要穿越其区域的当事方达成协议			
对生物资源的权利	主权权利		专属权利	共同共有
航行自由	根据缔约国协议的航行自由，受到非歧视待遇的限制		原则上航行自由，但依据资源开发、捕鱼等理由，沿岸国可采取法律措施	

近年来，阿塞拜疆、哈萨克斯坦和土库曼斯坦积极推动跨里海国际运输走廊建设。上述国家提出的倡议包括跨里海国际运输走廊（TITR）和青金石走廊（Lapis Lazuli Corridor）。跨里海国际运输走廊设计全长约6500公里，铁路运输全程用时12至14天。2014年2月20日，各国成立了跨里海国际运输走廊发展协调委员会。阿塞拜疆、哈萨克斯坦、格鲁吉亚、土耳其的铁路、港口管理机构及航运公司参与了该协调委员会的组建。2017年1月11日，跨里海国际运输走廊国际协会（International Association "Trans-Caspian International Transport Route"）在哈萨克斯坦首都阿斯塔纳正式注册成立，发起机构包括阿塞拜疆铁路公司、哈萨克斯坦铁路公司、格鲁吉亚铁路公司、

图 4-9　乌兹别克斯坦塔什干搭乘夜班车的人们（摄影：郑豪）

哈萨克斯坦阿克套港管理中心、格鲁吉亚巴统港管理中心等。[①]

青金石走廊发轫于 2018 年 10 月的多边国际会议：土库曼斯坦与阿富汗、阿塞拜疆、格鲁吉亚、土耳其在第七届阿富汗区域经济合作会议上签署青金石走廊运输合作协议。青金石走廊始于阿富汗，经土库曼斯坦里海港口土库曼巴希跨越里海，通过巴库和第比利斯抵达黑海港口巴统（Batum）和波季（Poti），随后经土耳其城市卡尔斯（Kars）、伊斯坦布尔抵达欧洲。[②]

从目前来看，中国货物经里海附近至中亚和西亚地区的路线可分为东线和西线两类。在西线方面，根据部分企业的物流信息，某特殊超规格货物从日本神户运输至乌兹别克斯坦，原定经罗马尼亚康斯坦察中转，途经黑海、亚速海、顿河、伏尔加河最终进入里海东岸的哈萨克斯坦港口，再进入乌兹别克斯坦西部，途经努库斯、布哈拉、纳沃伊、吉扎克等乌兹别克斯坦主要

---

① 商务部：《对外投资合作国别（地区）指南：阿塞拜疆（2022 年版）》，第 15 页。

② 商务部：《对外投资合作国别（地区）指南：阿塞拜疆（2022 年版）》，第 27 页。

城市后运抵锡尔河州项目现场。但 2022 年 2 月发生俄乌冲突，导致原黑海线路不可再行，物流公司遂变更路线，途径圣彼得堡后再进入里海。[①]

在东线方面，货物从中国运输至南高加索一般可以采取以下三种方案。（1）新欧亚大陆桥铁路运输：从中哈边境的铁路口岸阿拉山口出关，途经哈萨克斯坦和俄罗斯，最后进入南高加索；（2）海陆联运：经陆路运至哈萨克斯坦或土库曼斯坦的里海港口，再由里海航运到巴库；（3）空运：中国的多座城市已分别开通至巴库的直达货运航班。

但是，根据在中亚国家展业的物流公司透露，里海航线在中亚西线运输中并未占到主流。一般货物如使用西线航运，可从中国发货至伊朗阿巴斯港口，再经汽运经过伊朗马什哈德、德黑兰、萨拉赫斯，经土库曼斯坦后再进

图 4-10　调研团成员帮助乌兹别克斯坦乘客搬运行李（摄影：郑豪）

---

① 环球网："乌兹别克斯坦锡尔河大型燃机项目主要设备物流工作跨越第五个里程碑".（2023-01-04）
[2023-09-07]. https://m.huanqiu.com/article/4B9EPdPs0fS.

行汽运。如从土耳其港口则只能进行汽运，且会经格鲁吉亚、俄罗斯、哈萨克斯坦后再进入乌兹别克斯坦。此外，跨里海运输价格比汽运更为高昂。据某工程承包类公司透露，作为中欧班列的延伸，从伊朗港口至土库曼斯坦段的运输可由汽运完成。部分企业如欲回避国际政治冲突风险，亦会选择从南高加索地区经俄罗斯进入中亚。换言之，南北陆路线路优先于里海航运。

综上，考虑到里海法律上的主权分割，跨里海运输实质上与陆路运输无异。再考虑实践中的运输成本，在中国—中亚—西亚走廊建设过程中，跨里海运输可作为常规物流方案的额外选项。例如，如需绕过伊朗且预算可控，可使用土库曼巴希—巴库路线进行海运；大型设备如不方便进行铁路运输，也可通过伏尔加河—里海或黑海—里海通道进行航运。

◆ 四、中国—中亚—西亚国际铁路联运 ◆

中国与中亚、西亚以及欧洲国家进行铁路运输所涉及的国际铁路联运通过泛亚铁路网（Trans-Asian Railway，TAR）实现。泛亚铁路网是指贯通欧亚大陆的铁路运输网络，于2006年在联合国亚太经社会通过正式的协议，欧亚大陆的18个国家签订了《泛亚铁路政府间协定》，使得泛亚铁路网上的国际铁路联运有了法律基础。泛亚铁路网大致包括四条主要通道，分别为北部通道、南部通道、东南亚通道和南北通道，铁路总长超117500公里。北部通道主要包括了第一亚欧大陆桥，连接中国、蒙古、俄罗斯、哈萨克斯坦、波兰、德国等国家。南部通道西起欧洲，连接土耳其、伊朗、巴基斯坦、印度等国。东南亚通道连接中国与东南亚各国。南北通道从北欧出发，途经俄罗斯、阿塞拜疆、伊朗、土库曼斯坦、乌兹别克斯坦等国。

除了联合国对亚欧大陆的国际铁路联运做了总体规划外，中亚地区也成立了自己的多边合作机制以构建该地区的铁路联运体系。1997年，中亚区域经济合作机制（Central Asia Regional Economic Cooperation，CAREC）由亚洲开发银行倡议设立，其设立宗旨是构建连接中亚内陆地区及周边国家和沿海港口的交通走廊,该机制于 2002 年提升为部长级合作。2015 年,CAREC 铁路工作组在交通走廊中确定了六条中亚铁路运输通道,这六条中亚铁路运输通道连接了中亚、西亚以及东亚区域。

表 4-2　CAREC 确定的六条中亚铁路运输通道 [①]

铁路运输通道	起点	终点	路线
欧洲—东亚	中国	俄罗斯	阿拉山口—多斯特克—阿斯塔纳—伊列茨克
	中国	哈萨克斯坦	霍尔果斯—阿腾科里—阿拉木图
地中海—东亚	格鲁吉亚	中国	第比利斯—巴库—阿克套—阿拉山口
	阿塞拜疆	中国	巴库—土库曼巴希—奥什—喀什
俄罗斯—中东 / 南亚	俄罗斯	伊朗	韦谢洛亚尔斯克——撒马尔罕——土库曼巴特——阿巴斯湾
俄罗斯—东亚	俄罗斯	中国	纳乌什基—赛音山达—二连浩特
东亚—中东 / 南亚	巴基斯坦	中国	瓜达尔港—奎达—喀什
	巴基斯坦	中国	瓜达尔港—坎大哈—喀布尔—杜尚别—喀什
欧洲—中东 / 南亚	俄罗斯	巴基斯坦	基加什—阿特劳—别伊涅乌—德黑兰—奎达—瓜达尔港

欧洲—东亚铁路通道主要连接了中国、哈萨克斯坦与俄罗斯三个国家,该通道属于新亚欧大陆桥的一部分,途中经过了阿拉山口、霍尔果斯、阿腾科里、多斯特克、阿拉木图、阿斯塔纳等城市。地中海—东亚铁路通道连接了中国、土耳其、格鲁吉亚、阿塞拜疆等国,该铁路通道需要依赖铁水联运,途中经过土库曼斯坦、乌兹别克斯坦、吉尔吉斯斯坦、哈萨克斯坦等国。俄罗斯—中东 / 南亚通道主要连接俄罗斯、哈萨克斯坦、乌兹别克斯坦、阿富汗、伊朗等国,途中经过阿克托盖、阿拉木图、塔什干、撒马尔罕、纳沃伊、萨拉赫斯等城市。俄罗斯—东亚铁路通道主要连接俄罗斯、蒙古和中

---

① 数据来源:CAREC,由北京大学调研团整理。

图 4-11　穿越中亚地区的列车（摄影：郑豪）

国，途中经过二连浩特、扎门乌德等城市。东亚—中东/南亚铁路通道主要连接中国和巴基斯坦，欧洲—中东/南亚通道主要连接巴基斯坦、伊朗等国。

从建设中国—中亚—西亚经济走廊的角度看，中吉乌铁路与 CAREC 地中海—东亚铁路通道中的阿塞拜疆—中国段整体上相互匹配。但是，CAREC 地中海—东亚铁路通道本质上依然是建立在里海航运的基础之上，其中"巴库—阿克套"和"巴库—土库曼巴希"段需要进行铁海联运。目前土库曼巴什港的运输能力虽然正在快速发展，但是整体还有待提高，如果只是依靠土库曼巴什港口进行铁海联运，除了运载能力有限，还可能增加运输时长，更重要的是依然受到俄罗斯的影响。

中国—中亚—西亚经济走廊的铁路通道建设的另一个方向是经土库曼过境伊朗到达西亚、中东、欧洲。该方向全程通过铁路网运输而无须铁海联运，在运输能力上上限较高。2016年，义乌—德黑兰货运班列正式开通[1]，班

---

[1]　"义乌-德黑兰"首趟班列已达终点站.（2016-02-16）[2023-09-07]. http://zjnews.china.com.cn/zj/jinhua/2016-02-16/54883.html.

列在中国新疆阿拉山口出境，途经哈萨克斯坦、土库曼斯坦，开赴德黑兰。全程共经 4 个国家，先后两次换轨，全程 1 万多公里，运行 14 天后抵达伊朗东北部和土库曼斯坦接壤的萨拉赫斯边境货运口岸，接着又在伊朗境内行驶数天后抵达终点站德黑兰。此后兰州等其他城市也开通了到达伊朗的中欧班列[①]。从调研中了解到，目前虽然有到达或者途径伊朗的铁路班列，部分物流公司也有相应的产品，但是整体运行并不通畅。并且，部分调研企业因为担心货物过境伊朗可能会受到制裁，因而选择其他的运输方式。

◆ 五、结论 ◆

本章从跨里海运输和国际铁路联运两个方面介绍了中国—中亚—西亚经济走廊的总体状况。在跨里海运输方面，里海由俄罗斯联邦、伊朗伊斯兰共和国、阿塞拜疆共和国、哈萨克斯坦共和国和土库曼斯坦五个国家排他性控制，五个国家对于进入里海领海区域的航行船只拥有管辖权。目前，阿塞拜疆和土库曼斯坦在跨里海运输通道建设方面态度积极，其中以阿塞拜疆的巴库港规模最为庞大。巴库国际海上贸易港是中国到欧洲最重要的货运通道，也是欧洲到中亚最具吸引力的交通通道。但目前，里海航线在中亚西线运输中并未占到主流，长期来看跨越里海的铁海联运在运输成本会较高，由于基础设施和涉及多次转运，短期内运输效率和能力难以提高。并且，由于里海的管理机制和俄罗斯在区域内的影响，跨越里海的航运长期还会受到俄罗斯的影响。

在陆路国际铁路联运方面，中欧班列在过去十年发展迅速，通过中部通道和西部通道驶向中亚和西亚各国，但多数线路的目的地仍旧为俄罗斯和西欧国家，近几年中欧班列逐渐开始设置通向德黑兰的路线。在中亚和西亚地

---

① 兰州至伊朗中欧国际货运班列自甘肃（兰州）国际陆港首发.（2019-09-24）[2023-11-07]. http://chongqing.customs.gov.cn/lanzhou_customs/553118/553119/2612868/index.html.

区，土库曼斯坦、伊朗、巴基斯坦的国际铁路联运建设在近期取得新进展，但总体而言基础设施建设仍有待提升。目前由于存在被制裁的风险，企业在选择过境土库曼斯坦和伊朗进入土耳其再到欧洲或者中东时仍然非常谨慎，支撑中国—中亚—西亚经济走廊的铁路运输效率尚待进一步提升。

第五章
中吉乌铁路建设的风险管理

延伸至远方的中亚铁路（摄影：郑豪）

中吉乌铁路整体上分为中国境内的喀什—吐尔尕特段、吉尔吉斯斯坦境内段和乌兹别克斯坦境内段三段。其中，中国境内建设长度约 100 公里，其相应的风险与风险管理与国内其他铁路建设工程风险无实质性区别，风险相对可控。因此境内段风险与风险管理不是本次调研的重点。本章重点讨论的是中吉乌铁路建设境外段，即乌、吉两国的建设期风险，并探讨相应的建议，同时也结合现有中国与周边国家的跨境铁路运行经验对中吉乌铁路运营期风险管理进行简要探讨。

中吉乌铁路建设所面临的风险可以分为以下几类。首先是自然灾害。吉尔吉斯斯坦和乌兹别克斯坦东部整体处于天山构造带，大部分地区位于山区地震带，地震、滑坡是工程要面临的重大挑战。其次，铁路建设作为线性工程所面临的常见风险，比如征地风险、材料与设备被盗风险、工程建设导致的第三方损失的责任风险。铁路建设由于需要使用大量的土地，因此能否从土地所有者手中顺利完成工程所需征地将会直接影响工程进展。这类线性工程由于线路较长，导致材料和设备管理范围较大，材料和设备被盗是这类工程常见的问题。铁路建设一定会穿过居民区，而施工和建设过程又经常会使用大型机械作业，因此通常还会对沿线居民的房屋等财产造成额外损失从而产生第三方责任。最后，吉乌两国的政治、经济、文化和社会发展等差异带来的其他风险。例如，由社会治安带来的安全风险、由上游产业发展有待提高导致的供应链风险以及由文化和法律带来的用工风险等。并且，政治、经济、文化和社会发展差异还可能使得征地风险等线性工程常见风险变得更为复杂。

本部分不会专门讨论宏观层面的政治风险和经济风险，主要有三方面原因。第一，已经有较多学者关注中亚地区的政治风险。[1]第二，中吉乌铁路是战略性重大工程。因此当前考虑的重点应该是如何建好、如何充分发挥项

① 苏畅：《中国海外利益面临的恐怖主义风险分析——以中亚地区为例》，《俄罗斯学刊》，2020 年第 5 期，第 25-41 页；康杰：《中亚国家数字化转型中的数字主权政策——以哈萨克斯坦、乌兹别克斯坦为例》，《俄罗斯东欧中亚研究》，2022 年第 4 期，第 142-157 页，第 162 页。

目的政治和商业价值。第三，已有相关文献对经济风险进行了详细分析，进一步研判需要基于更为详细的规划信息。[①] 当前，中吉乌铁路已经完成可行性研究，但相关信息尚未披露。从笔者的调研来看，在乌、吉两国经营的中企普遍非常期待中吉乌铁路的建设，但是在规划报告披露之前，难以对经济风险进行更准确的测算。

◆ 一、中吉乌铁路建设面临的风险 ◆

（一）自然灾害风险

中吉乌铁路所处的天山构造带，面临多个区域性断裂带的影响，历史上也发生过严重地震。1966 年 4 月 26 日乌兹别克斯坦塔什干城区就曾经发生过 7.5 级大地震，造成超过 10 万人死亡和 30 万人无家可归，整个城市基本重新建设。图 5-1 和图 5-2 分别是近 50 年吉尔吉斯斯坦与乌兹别克斯坦地震分布特征。从中可以发现，吉尔吉斯斯坦地震数量明显多于乌兹别克斯坦，震源深度相对乌兹别克斯坦较浅，深度在 10 公里范围内的地震较多。虽然吉尔吉斯斯坦地震震级整体相对较大，但平均水平低于乌兹别克斯坦。在地震的地理位置分布上，从图 5-3 可以看出，中吉乌铁路将经过的阿尔帕、贾拉拉巴德与安集延属于历史地震密度较大的地区。整体上，吉乌两国区域内主要有尼古拉耶夫（Nikolaev）断裂带、阿特巴希 – 伊尼勒切克斯基（Atbashy-Inylchekskiy）断裂带、塔拉斯 – 费尔干纳（Talas-ferganskiy）断裂带对地区形成了切割影响。[②] 余绍淮、陈楚江和张霄（2015）利用遥感技术确认了前述三个断裂带，还在区域内识别出了 9 条活动断裂带和 235 条一般性断裂带。

[①]　马海超：《基于中吉乌铁路线路走向方案的客货运量预测探析》，《铁道运输与经济》，2020 年第 12 期，第 24-31 页。

[②]　胡雄伟、吴良士：《吉尔吉斯斯坦共和国地质构造与区域成矿》，《矿床地质》，2008 年 5 期：第 655-658 页。

考虑到断裂构造带来的崩塌滑坡等地质灾害影响，他们最终建议北线方案。[①]
在他们所识别的 9 条活动断裂带中包括了恰特尔湖断层、阿尔帕断层和库尔
沙布河－贾拉拉巴德断层，这三处断层恰好能够与图 5-3 中地震分布较为密
集的阿尔帕、贾拉拉巴德相对应。图 5-4 是笔者在贾拉拉巴德—卡扎尔曼沿
线调研过程中所观察到的滑坡现象，并且观察到不止多处类似的情形。

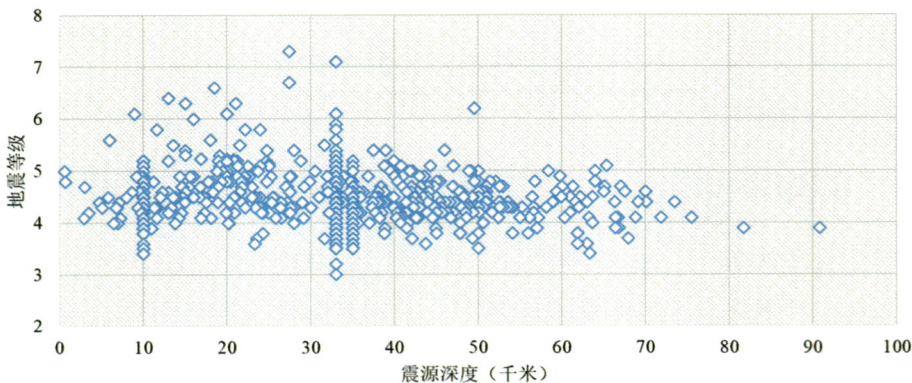

图 5-1　吉尔吉斯斯坦 1973—2023 年震源深度在 100 千米以内的地震概况[②]

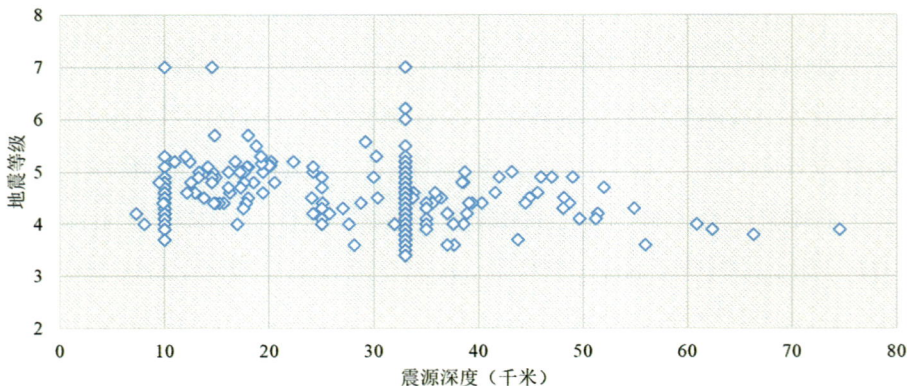

图 5-2　乌兹别克斯坦 1973—2023 年震源深度在 100 千米以内的地震概况[③]

---

① 余绍淮，陈楚江，张霄：《基于遥感技术的中吉乌铁路地质构造分析》，《铁道工程学报》，2015
　　年第 5 期，第 12-17 页。
② 数据来源：美国地质调查局，调研团整理。
③ 数据来源：美国地质调查局，调研团整理。

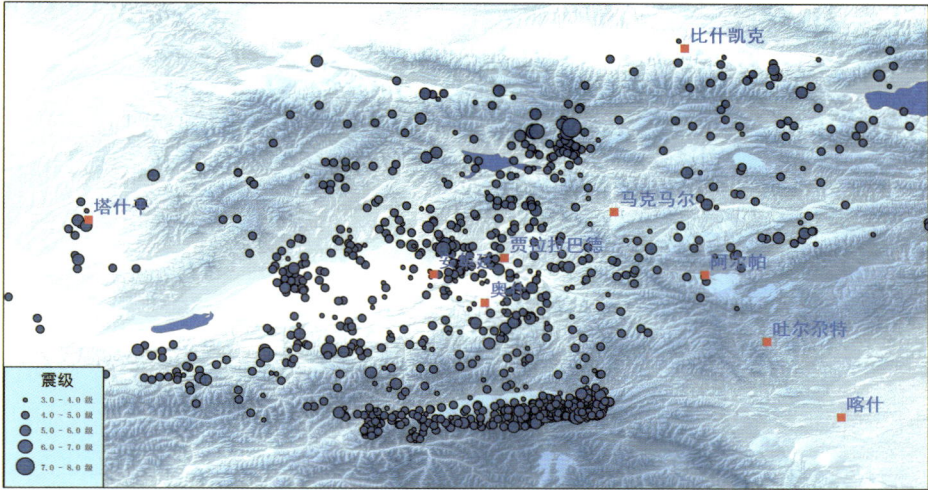

图 5-3 吉尔吉斯斯坦与乌兹别克斯坦 1973—2023 年地震空间分布 [1]

图 5-4 吉尔吉斯斯坦贾拉拉巴德—卡扎尔曼公路沿线的滑坡（摄影：郑豪）

（二）征地风险

受吉尔吉斯斯坦和乌兹别克斯坦两国土地所有权性质、相关法律法规、国家能力与社会环境的差异影响，中吉乌铁路建设工程在两国的征地风险有

---

[1] 数据来源：美国地质调查局，调研团整理，圆圈大小代表震级。

较大差异。整体上，乌兹别克斯坦的征地风险相对较低，吉尔吉斯斯坦的征地风险相对较高。一方面，中吉乌铁路未来在乌兹别克斯坦境内的路段距离较短，大部分路段在吉尔吉斯斯坦境内；另一方面，乌兹别克斯坦土地所有权相对更为集中。乌兹别克斯坦现行的土地法为1998年4月颁布的《乌兹别克斯坦共和国土地法典》，该法典规定土地是国家财富。[①] 近年来，乌兹别克斯坦虽然进行过一系列土地私有化的尝试和政策，但目前该国的土地基本属于国有，使用时可由国家划拨。相比较而言，吉尔吉斯斯坦的土地所有权比较分散，土地私有化程度较高，形式多样。吉尔吉斯斯坦的土地所有权现状使得其征地风险较高。

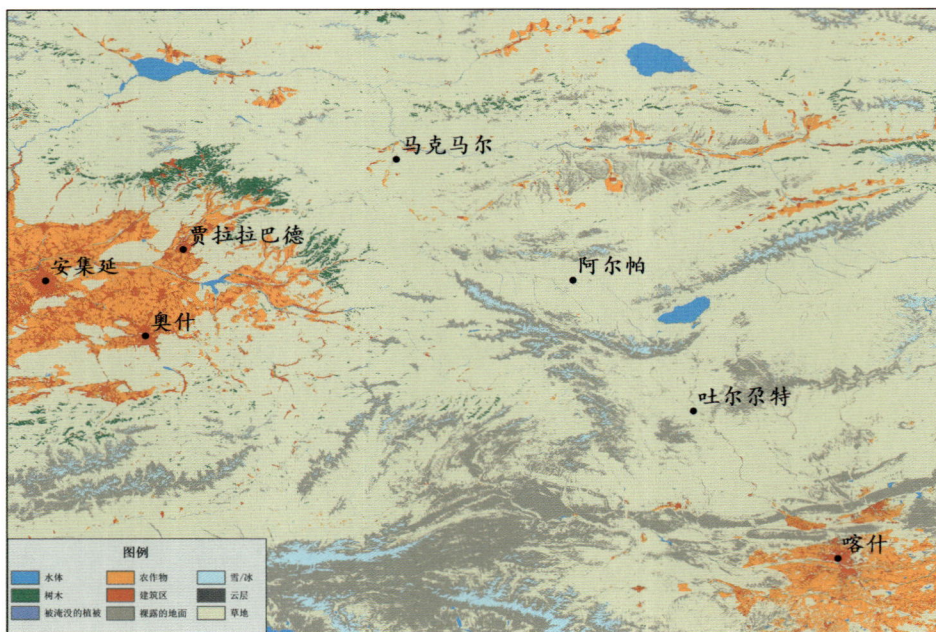

图 5-5　2022 年中吉乌铁路沿线地区土地利用情况[②]

---

① 商务部：《对外投资合作国别（地区）指南：乌兹别克斯坦（2021 年版）》，2022 年。

② 数据来源：https://livingatlas.arcgis.com/landcoverexplorer/#mapCenter=73.273%2C40.154%2C7&mode=step&timeExtent=2017%2C2022&year=2022

调研团了解到，吉尔吉斯斯坦政府控制一部分荒地。《吉尔吉斯斯坦土地法》规定的土地性质中包括了国家储备用地，所有权归政府，政府有权根据程序划分。[①] 再加上吉尔吉斯斯坦地广人稀，因此征地的选择空间较大，有利于征地风险的控制。此外，铁路工程的征地风险可能还受政府执行能力和社会环境的影响。前人研究通常认为，吉尔吉斯斯坦政府对民众的影响力相对较弱，社会环境复杂，这可能会影响中吉乌铁路的征地效率。部分调研机构证实了这一观点，但是也有机构反映，中吉乌铁路作为吉尔吉斯斯坦的国家战略工程和重大民生工程，其意义能得到普通百姓的理解，因此征地难度相对矿山等资源类项目偏低。

（三）环保风险

对环保问题的重视是当今世界大的趋势，而大型基建工程通常又难以完全杜绝环保问题。因此，一些海外媒体往往以生态环保议题质疑中资企业项目的价值。整体上，乌、吉两国从中央政府到普通民众对环保都非常重视。两国在环保问题上的关注重点相似，但是两国在具体执行方式和执行程度上又有较大差异。由于中亚整体水资源缺乏，年均降雨量较低，主要依靠雪山融雪形成的河流和湖泊灌溉。水资源在时间和空间分配上不均衡，国家之间经常还会因为水资源的跨境分配导致关系紧张。因此，乌、吉两国尤其关注水资源的保护，两国也共同关注植被保护，相关的环保要求均较为严格。笔者在调研过程中了解到，乌兹别克斯坦有关部门更重视保护林木，且执法力度相对较大。有受访企业表示，在道路建设过程中，部分路段甚至通过收窄路肩的方式避开未批准砍伐的树木。相比较而言，吉尔吉斯斯坦环保执法的弹性相对较大，但是公众监督的压力相较乌兹别克斯坦更大。部分受访企业表示，在项目所在区政府组织的听证会上，环保问题往往是普通民众问询的重点问题。

---

① 这类储备用地与调研了解到的国家拥有的公用地是否相同尚需进一步确认。参见：吉尔吉斯斯坦土地法律制度及注意事项．（2022-02-11）[2023-09-07]. https://www.huanenet.com/jejst/439.html.

图 5-6　吉尔吉斯斯坦贾拉拉巴德至卡扎尔曼沿线小溪（摄影：刘弋鲲）

（四）安全风险

　　对"走出去"企业而言，安全风险是海外工程建设要重点考虑的风险，中吉乌铁路建设工程也不例外。在社会治安方面，乌兹别克斯坦和吉尔吉斯斯坦两国差异明显。乌兹别克斯坦受访企业普遍认可其社会治安状况，员工的人身安全通常能够得到保障。近年来，乌兹别克斯坦政府加强对公共安全的投入，寻求通过以信息化、智能化的方式加强公共安全。米尔济约耶夫总统曾重点指出，ICT产业发展是改善国家投资环境和公共安全的重要因素，同时是经济发展的主要推动力之一。目前中国的"平安城市"和"智慧城市"建设经验受到乌兹别克斯坦政府认可。

相比较而言，学界讨论较多的是吉尔吉斯斯坦的治安问题。前人文献观点认为，由于吉尔吉斯政局相对易变，政府影响力相对较弱，欧美国家资助的非政府组织（NGO）数量庞大且深入到基层，再加上吉塔边境冲突频发，吉尔吉斯斯坦的安全形势相对较为复杂。因此，安全风险是在吉尔吉斯斯坦展业的中国企业首要关注的风险之一。尽管如此，值得注意的是，吉尔吉斯斯坦各行业的安全风险差异较大。通常矿产资源开发行业的安全风险较大，

图5-7　吉尔吉斯斯坦贾拉拉巴德至卡扎尔曼沿线街景（摄影：郑豪）

基础设施建设项目的安全风险相对较低，其原因是矿产资源类项目现场高价值目标较多。

在安保服务方面，吉尔吉斯斯坦政府要求外资企业配备保安。而吉尔吉斯斯坦的安保公司往往与所在地强力部门关系密切。即便如此，在吉尔吉斯斯坦进行项目展业的安全风险依然需要重视。部分受访企业表示，即使雇佣本地持枪的保安，也并不意味着能够完全控制风险。持枪的安保人员能够防范小规模的盗抢事件，但无法应对恶性的大规模人群冲击。在公路、铁路等基建项目中，材料和设备失窃的风险普遍存在。这也是中吉乌铁路建设工程需要考虑的风险因素。本次调研受访企业反映，吉尔吉斯斯坦基建工程工地偷盗现象相对较少，严重的案件可以通过报警或者内务部等强力部门解决。因此，中吉乌铁路建设工程依然需要高度重视安全风险防范工作。

除了配备一定的安保力量，中资企业通常谨慎处理与所在地民众的关系，严格管理员工活动范围和行为习惯，避免产生冲突引发安全事件；同时管理层积极建立与所在社区的联系，通过企业社会责任项目将自身利益与所在社区捆绑。从受访企业的反馈来看，在中企遭遇的安全事件中，基本没有观察到非政府组织直接参与。此类事件往往由企业员工与当地群众日常生活中的摩擦所引发。受访企业表示，非政府组织通常是在冲突发生后关注和介入。因此，非政府组织对吉尔吉斯斯坦政局的影响不容忽视，但安全风险的高低很大程度上与中企的风险管理能力强弱有关，不宜夸大或者泛化非政府组织的影响。

（五）供应链风险

作为大型基建工程，中吉乌铁路的供应链安全也需重点考虑。铁路建设除了需要大型特种机械设备外，还需要大量的水泥和钢筋，并且对水泥和钢筋的质量有一定要求。其中，水泥存在最优的运输半径（一般不超过 200 公里）。目前，乌兹别克斯坦已经建成投产的水泥厂就已经超过十家。在中吉乌铁路建设工程的终点安集延所在的费尔干纳盆地就有包括海螺水泥、西部水泥、亚星水泥等至少三家中资水泥厂。目前吉尔吉斯斯坦南部同样有三个水泥厂，包括 2019 年 12 月 6 日华新水泥全资接管的吉尔吉斯斯坦南方水泥有限公司。[①] 整体上，乌、吉两国水泥市场发展迅速，水泥的供应量相对非常充足，部分企业甚至因为产能过剩撤销了新建生产线的计划。受访企业也表示，中吉乌铁路建设工程所需的水泥用量能够为地区产能所覆盖。

在钢材方面，相较于水泥产业近年的迅速发展，乌、吉两国的冶金行业还有较大发展空间，受访企业普遍反映本地生产的钢材质量有待提高。乌兹别克斯坦的企业需要把废旧钢材卖给国营钢材厂，本国的钢材多数为回炉钢。回炉钢杂质比较多，强度不稳定。部分企业曾经做过检验，市售的 500兆帕强度的回炉钢筋实际强度只有 420 至 480 兆帕。因此，乌、吉两国工程承包和投资的企业通常都是使用从中国、哈萨克斯坦和俄罗斯进口的钢材。

图 5-8　吉尔吉斯斯坦贾拉拉巴德至卡扎尔曼部分路段路况（摄影：郑豪）

---

① 吉尔吉斯南方水泥有限公司 .（2021-06-23）[2023-09-07]. https://www.huaxincem.com/view/4643.html.

整体上，钢材的货值相较于水泥更高，运输的经济距离更大。因此即使吉乌两国本国钢材供应有短板，但可由哈萨克斯坦、中国以及俄罗斯市场供应，钢材的供应链风险相对较小。

至于铁路建设所需的特种工程机械设备，中吉两国原有的公路运输就很成熟，通过伊尔克什坦和吐尔尕特口岸国境进入吉尔吉斯斯坦也比较方便。虽然这部分公路运输在疫情期间受到影响较大，运费大幅上涨，但随着疫情放开相关问题逐步得到缓解。可以预计，未来中吉乌铁路建设工程所需特种工程机械设备的供应能够得到较好保障。

（六）第三方责任风险

工程施工的第三方责任风险是指施工单位在施工过程中可能对第三方的人身和财产产生侵害，从而需要承担赔偿责任的风险。这类风险的来源可能有很多，涉及面很广，可能是第三方人身伤害，也可能是第三方财产损失。财产损失又有可能是房屋、建筑和车辆等等。再加上受法律环境等影响，对这部分风险的讨论难以面面俱到。本部分将聚焦于铁路施工过程中对沿线居民房屋和建筑造成损害的风险。

铁路建设作为线性工程，必然会穿过人员密集的城市或村镇地区。相关的风险如果不妥善管理，极其容易引发矛盾纠纷，从而耽误工程进度，雅万高铁建设过程中就曾经发生类似问题。[①] 因此，有必要讨论铁路建设对沿线房屋和建筑损伤的第三方责任风险。

事实上，铁路建设对沿线建筑的影响是一个综合性问题。潜在的影响因素包括工程技术、施工管理和沿线房屋质量等。调研团观察到，乌、吉两国沿线地区建筑整体较为相似（图 5-6 和图 5-7），主要以砖墙与石棉瓦或者铁皮瓦构成。但是在使用材料上，新旧房屋之间有较大差异。其中，年代较早的房屋有不少是以泥砖砌成（图 5-7）。近年来，随着水泥产能显著提升，新

---

① 印尼雅万高铁建设因环境争议受挫 . （2020-07-30）[2023-09-07]. https://m.163.com/dy/article/FIPS2T3A051481I3.html.

图 5-9　乌兹别克斯坦安集延附近房屋（摄影：郑豪、刘弋鲲）

图 5-10　吉尔吉斯斯坦贾拉拉巴德及周边地区房屋（摄影：郑豪）

图 5-11 制作建房用砖（拍摄地点：左上图为贾拉拉巴德近郊，右上图为乌兹别克斯坦南部，左下和右下均为安集延附近，摄影：郑豪）

的房屋多数以钢筋混凝土浇筑而成（图 5-8）。建筑物也会使用水泥砖（图5-8）和烧制砖（图 5-7）。受访水泥企业也表示，随着中亚地区水泥产能的上升和水泥价格的下降，使用钢筋和混凝土建设房屋的情况已经很普遍了。相对于城郊或者农村地区，各城市市区虽然有大量老建筑，但是材质以砖砌为主，整体质量相对较好。

（七）其他风险

中吉乌铁路建设还可能涉及诸如技术风险和用工风险等。技术风险指的主要是工程难度的风险。虽然中吉乌铁路穿越地震多发的山区，但是相关中资企业表示，中国铁路企业有着十分丰富的铁路建设经验。国内建设青藏铁路、川藏铁路过程中积累的技术和经验为承接全球的高难度工程奠定了坚实的基础。中吉乌铁路建设虽然有一定挑战，但是整体施工难度并不大，相关技术风险可控。

用工风险主要指是否能招募足够支撑项目建设需要的劳工的情况。在用工问题上，雇佣本地劳工不仅是国家政策导向，也是优化成本的重要措施。本次调研受访的工程承包企业普遍表示，整体上本地劳工仅能从事技术含量较低的施工环节工作，技术含量较高的环节仍然依赖中国外派的熟练工。本地劳工在技能熟练度、管理难度、尽职程度上与中国劳工存在一定差距。即便如此，多数企业只有在项目建设高峰期或者需要一定技术门槛的环节才会更多使用中国工人。在外国劳工和本国劳工配比上，乌兹别克斯坦对处于建设期的项目没有用工比例限制，对运营项目按所涉领域有不同的用工比例限制。[1] 在吉尔吉斯斯坦从事工程承包的企业表示，吉尔吉斯斯坦法律要求外国工人与本国工人达到 1：3 的配比。相比较而言，目前中国基建行业存在成

图 5-12　乌兹别克斯坦安集延巴扎向调研团致意的本地民众（摄影：郑豪）

---

① 商务部：《对外投资合作国别（地区）指南：乌兹别克斯坦（2021 年版）》，2022 年。

熟工人逐渐老龄化而退出劳动力市场的问题，企业招聘中国熟练工的成本显著上升，难度与日俱增。

二、中吉乌铁路建设风险管理建议

（一）高度重视项目的风险管理

中吉乌铁路建设工程的风险来源众多，风险管理存在一定挑战。中国目前已经完成了肯尼亚蒙内铁路和中老铁路的建设，雅万高铁也通车在即。这些项目为相关企业积累了丰富的境外铁路建设和项目风险管理经验。然而，中吉乌铁路建设工程的风险管理存在自身特点和难点。一是该项目过境三个国家，沿线地区的地缘政治形势较为复杂。蒙内铁路和雅万高铁均是在单一主权国家内进行项目建设，不涉及跨境问题。中老铁路虽然是跨境铁路，但也只是中老两国之间的协作，而中吉乌铁路则涉及三个国家。二是项目沿线族群关系复杂。2010年吉尔吉斯斯坦"四月事件"之后，奥什市和贾拉拉巴德市曾暴发吉尔吉斯族与乌兹别克族之间的大规模冲突。三是中吉乌铁路的过境国乌、吉两国地缘位置重要，是美俄博弈的前沿。因此不可忽视域外势力"借题发挥"干扰项目的可能性。多类因素交织在一起使得中吉乌铁路建设工程的风险管理极其复杂。为了保障项目的顺利进行，需要高度重视项目的风险管理。

（二）明确对方的风险管理职能

从中国—中亚天然气管道以及雅万铁路和中老铁路的经验看，中吉乌铁路可能会采取组成联营体的方式建设和运营该项目。联营体既是项目的运营主体，也是项目风险管理的核心机构，因此成立联营体时要明确对方的风险管理职能。

首先，要明确对方征地的职能，并要求所在国政府为其协调足够的征地资源和能力。政府的参与和配合是征地工作顺利开展的关键。从雅万高铁的修建经历来看，征地问题是导致工期延误的重要问题。虽然双方约定征地公司由合资公司的印尼方负责，但是项目的征地进度十分缓慢，甚至出现中国的工程承包企业不得不参与征地工作的情况。[①]项目原计划2016年8月动工，但是截至2017年9月征地率仅为55%，到2020年仍未达到100%。相较而言，中老铁路征地进展顺利，项目的征地主要由老方政府完成，联营体老挝铁路公司负责拆迁补偿。[②]得益于老挝政府与项目工作人员共同努力，项目的征地工作进展顺利。其次，须明确对方对于项目安全风险的保障职责。在安全风险的管理上，宜要求对方协调强力部门保障项目的安全，防范恶性安全事件。最后，明确对方保护项目在依法依规建设和经营的基础上免于税务、审计、环保、安全等政府部门的过度检查。在乌、吉两国经营的中企普遍反映，企业需要花费大量的时间和精力应对各部门的检查，而频繁的检查也为腐败的滋生提供了空间。从中国在当地的合资企业实践来看，这类问题可通过引入有社会影响力的当地合作方得到缓解。

（三）引入专业的风险管理顾问团队

引入专业的风险管理顾问团队主要有两方面的考虑。一方面，风险管理是一门系统的管理科学，制定科学的风险管理策略需要高度的专业知识。系统地制定科学的风险管理顾问首先需要全面和准确地识别风险，在此基础上再根据风险的性质、分布特征制定科学的管理措施。风险的性质和特征不同，风险管理措施也不相同。整体上，风险管理措施可以分为风险规避、风险转移和风险自留三大类，分别对应多种具体措施或工具。在根据风险特征选择风险管理的工具和方式时，还需要综合考虑可行性和成本等诸多问题。

---

① 雅万之困：项目征地为何如此艰难？（2019-07-09）[2023-09-07]. https://www.sohu.com/a/325313439_516458.

② 中国一带一路网：《老挝人民的憧憬：中老铁路带走贫穷》.（2018-11-20）[2023-09-07]. https://www.yidaiyilu.gov.cn/p/72180.html.

图 5-13　吉尔吉斯斯坦贾拉拉巴德至卡扎尔曼沿线风光（摄影：郑豪）

有的风险即使需要转移出去，但是也并非一定能有适合的主体和市场承接，或者转移成本过高以致超过预算。目前，以卫星遥感为代表的前沿技术已经应用到远程风险管理中。所以科学地制定风险管理策略，不仅需要知晓风险和风险管理工具，更需要理解风险管理市场，有时还需要掌握前沿技术。

另一方面，中吉乌铁路建设工程项目风险十分复杂，需要专业的风险管理顾问来制定风险管理策略。中吉乌铁路的风险管理不仅涉及的风险种类多，风险管理机构多，协调的单位也多。项目沿线地区地缘政治博弈激烈，人文环境复杂，风险相对也特殊，因此需要依靠专业的风险管理顾问。随着中吉乌铁路可行性研究的完成，为了提高项目的风险管理水平，有必要在适当的时机引入专业的风险管理顾问团队，根据规划线路进一步制定科学完备的风险管理方案。

（四）多途径减少项目利益冲突

大国博弈下，中吉乌铁路可能会因其地缘政治意义而引起各方的关注。因此，宜采取多种途径减少利益冲突，做大利益共同体。一是，宜酌情选择与欧美主导国际多边金融机构、风险管理机构或保险公司合作，向其转移一部分相关风险。这样可使得项目建设得到更多国际力量的支持，降低大国干预项目进行的可能性。二是，在规避制裁风险的前提下，宜酌情研究与俄罗斯相关机构分享中吉乌铁路项目建设收益。虽然当前俄罗斯表示不反对中吉乌铁路建设，但鉴于俄罗斯对吉尔吉斯斯坦的多渠道影响力，以某种形式与俄罗斯相关部门分享项目建设收益，邀请其共同参与到中亚地区互联互通进程中有现实的必要性。

（五）加强品牌与中国形象建设

征地风险、环保风险和安全风险等多类风险与当地民众和社会对中吉乌项目的认知直接相关。因此，宜协调企业公关部门和中吉乌三国新闻媒体，做好相关舆论宣传工作，打造中吉乌铁路和中国铁路的品牌。当前中国在海外已经有蒙内铁路、中老铁路等成功案例，宜系统梳理归纳这些案例，重点关注其在环保和民生方面的积极意义，发掘其中的"共商、共建、共享"精神和工程项目实践中包含的文明互鉴要素。宜针对当地社会关注的要点问题，提前布局和铺垫，以当地群众喜闻乐见和容易接受的方式，讲好"中国故事"和"中吉乌铁路故事"。同时，宜提前调研近年来境外铁路修建项目遇到的负面舆情，做好应对负面舆情乃至群体性事件的预案。在宣传渠道方面，宜多元化宣传合作伙伴，通过与当地高校、媒体和官方机构进行合作，有针对性地投放宣传，打造有利于工程项目开展的舆论环境，使大型基建工程项目成为推动构建中国－中亚命运共同体的先锋力量。

第六章

乌兹别克斯坦与吉尔吉斯斯坦的国族建构：历史书写与公共空间政治

居高临下的乌兹别克斯坦国鸟丹顶鹤（摄影：郑豪）

国族建构是当代多民族国家政治社会化的一个重要过程，而官修历史和公共空间是这一过程的重要作用领域。习近平总书记指出："一个民族的历史是一个民族安身立命的基础"，它是一个民族集体记忆的重要载体，是构建民族国家历史书写的基本内容。[①] 历史书写是塑造国民历史记忆、建构国家认同的重要方式。国家级历史博物馆集中反映了一个国家的历史书写，是考察一个国家如何认知和建构自己历史的重要场所。公共空间因其蕴含展示民族文化符号、塑造国家认同的功能而成为各国政府进行设计整合的重点领域。

苏联解体后，新独立的中亚国家面临意识形态领域的严峻挑战，须根据本国的内外形势重塑国族认同。乌兹别克斯坦和吉尔吉斯斯坦根据国族建构的需要，借助博物馆、历史教科书、城市公共空间和庆典等仪式媒介，向民众宣传国族的历史、现状和未来使命。为准确把握乌、吉两国国族建构的理念、逻辑和手法，调研团拜访了乌兹别克斯坦国家历史博物馆（O'zbekiston tarixi davlat muzeyi/State Museum of History of Uzbekistan，以下简称"乌国博"）、帖木儿王朝历史国立博物馆（Temuriylar Tarixi Davlat Muzeyi/ State Museum of History of Timurids，以下简称"帖博"）与吉尔吉斯国家历史博物馆（Кыргыз Мамлекеттик Тарых музейи/ Kyrgyz State Historical Museum，以下简称"吉国博"）。这三家博物馆分别是乌、吉两国最重要的国家历史展览机构，能代表两国官方在历史问题和当代内政外交问题上的立场。

◆ 一、当代乌兹别克斯坦国族建构中的帖木儿王朝 ◆

乌兹别克斯坦地处中亚五国腹心，历史文化资源丰富的河中各绿洲主要在今乌兹别克斯坦境内。因此，独立后的乌兹别克斯坦能相对自如地应对冷战结束后的意识形态挑战，通过重新叙述历史来为新的国家奠定思想基础。

---

① 在纪念毛泽东同志诞辰 120 周年座谈会上的讲话．（2023-01-28）[2023-09-07]. http://jhsjk.people.cn/article/23952651.

独立之初，乌兹别克斯坦大力提升中古时期政治人物帖木儿的历史地位，将帖木儿时期历史作为塑造乌兹别克斯坦新国族主体性的重要历史文化资源。20 世纪 90 年代，乌兹别克斯坦当局在沙赫里萨布兹、撒马尔罕和塔什干三座城市分别竖立帖木儿站姿像、坐姿像和骑马像。沙赫里萨布兹是帖木儿（Amir Timur，生卒 1336—1405 年）的出生地和所属部落巴鲁刺思部的封地，撒马尔罕是帖木儿所铸造的帝国首都，塔什干则是帖木儿去世之前最后一次远征所达之处，也是当代乌兹别克斯坦的首都。因此，三座雕像的姿态与所在城市与帖木儿的关系互相照应，以展现其出生、统治和征战。[①] 三座雕像不仅成为凝聚国家认同的重要符号，更成为向世界展示乌兹别克斯坦形象的重要元素，多次出现在各类宣传片中。本次调研中，调研团重点关注了乌兹别克斯坦在历史书写和公共空间领

图 6-1 乌兹别克斯坦沙赫里萨布兹（左）、撒马尔罕（中）和塔什干（右）的帖木儿塑像[②]（摄影：吕成敏）

---

① 张友国，伊琳娜·伊力汗：《中亚国家建构中的公共空间政治》，《俄罗斯东欧中亚研究》，2021 年第 1 期，第 79-80 页。

② 沙赫里萨布兹帖木儿站姿像：Сады Темуридов и зелёное прошлое Ташкента. https://www.gazeta.uz/ru/2021/08/21/trees-temur/，上网日期：2023 年 8 月 8 日。
撒马尔罕帖木儿坐姿像：Амир Темур и Самарканд. https://www.samcity.uz/news/1270-amir-temur-i-samarkand，上网日期：2023 年 8 月 8 日。

域塑造帖木儿王朝形象的手法。本节将围绕帖木儿个人形象、帖木儿王朝历史地位以及为何帖木儿能成为乌兹别克斯坦国族建构焦点人物等问题，深入剖析当代乌兹别克斯坦尝试建构的国族身份。

若论及乌兹别克斯坦最突出的历史人物，恐怕无从绕开中亚雄主帖木儿。1336 年，帖木儿诞生于中亚城市沙赫里萨布兹（Shahrisabz）。彼时成吉思汗分封四大汗国之二的伊利汗国与察合台汗国均面临着激烈的内部斗争。此后 70 余年间，帖木儿以锡尔河与阿姆河间的河中地（Mawaranahr）为基地，向西征服伊朗高原、后又击败方兴未艾的奥斯曼政权，向南征服印度次大陆并建立统治，数度北进与金帐汗国作战，逐步巩固了一代王朝的根基。在他选定的首都撒马尔罕，帖木儿汇聚了来自世界各地的能工巧匠与文人学者。由此，这座城市逐渐兴盛，一度成为亚欧大陆文学、艺术、建筑、音乐、绘画等诸多领域交流兴盛的文化中心。西方史学界称其统治时期为"帖木儿文艺复兴"（The Timurid Renaissance）。

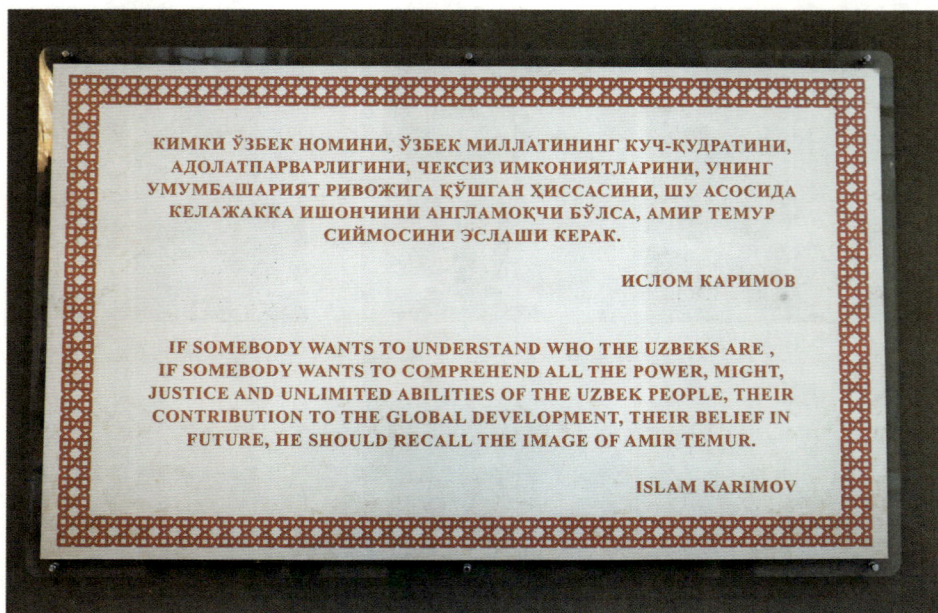

КИМКИ ЎЗБЕК НОМИНИ, ЎЗБЕК МИЛЛАТИНИНГ КУЧ-ҚУДРАТИНИ, АДОЛАТПАРВАРЛИГИНИ, ЧЕКСИЗ ИМКОНИЯТЛАРИНИ, УНИНГ УМУМБАШАРИЯТ РИВОЖИГА ҚЎШГАН ҲИССАСИНИ, ШУ АСОСИДА КЕЛАЖАККА ИШОНЧИНИ АНГЛАМОҚЧИ БЎЛСА, АМИР ТЕМУР СИЙМОСИНИ ЭСЛАШИ КЕРАК.

ИСЛОМ КАРИМОВ

IF SOMEBODY WANTS TO UNDERSTAND WHO THE UZBEKS ARE, IF SOMEBODY WANTS TO COMPREHEND ALL THE POWER, MIGHT, JUSTICE AND UNLIMITED ABILITIES OF THE UZBEK PEOPLE, THEIR CONTRIBUTION TO THE GLOBAL DEVELOPMENT, THEIR BELIEF IN FUTURE, HE SHOULD RECALL THE IMAGE OF AMIR TEMUR.

ISLAM KARIMOV

图 6-2　帖博内的乌兹别克斯坦领导人题词（摄影：李羽姗）

帖木儿及其子嗣的统治带来了中亚地区历史上的一次发展高峰，因此在乌兹别克斯坦倍受尊崇。乌兹别克斯坦首任总统卡里莫夫（I. A. Karimov）如此说道：

"如果有人想要知悉乌兹别克民族的身份，如果有人想要理解乌兹别克人民的全部力量、实力、正义和无限潜能、他们对全球发展（Global Development）的贡献、他们对未来的信仰，他就应当回想起埃米尔帖木儿的形象。"

在乌兹别克斯坦各地考察期间，调研团到访过许多以帖木儿之名命名的街道与公共机构。可见作为一个典型符号，帖木儿常常出现在社会生活中，被视作乌兹别克斯坦和乌兹别克民族历史上的重要人物。乌兹别克斯坦各大文教机构更是浓墨重彩地书写着帖木儿王朝的辉煌过往。其中，最为重要的当属帖木儿王朝历史国立博物馆和乌兹别克斯坦国家历史博物馆。帖博与乌国博均坐落于首都塔什干核心地带，紧邻乌兹别克斯坦政府办公区域，是该国最重要的两处文教机构。

帖博坐落于塔什干市埃米尔帖木儿广场（Amir Temur Xiyoboni），落成于 1996 年。当年也被乌兹别克斯坦首任总统卡里莫夫宣布为"埃米尔帖木儿年"。帖木儿王朝博物馆为圆形建筑，参考了中世纪的伊斯兰建筑风格。整座博物馆建筑共有 3 层，高为 31 米，外侧直径 70 米，内侧直径 50 米。墙面采用大理石和瓷砖进行装饰。博物馆内藏品共计 5000 余件，其中有 2000 件左右陈列于馆内，时代大多能够追溯到帖木儿及其后裔统治时期。博物馆 2 层与 3 层均展出与帖木儿王朝相关的展品，包括帖木儿家族世系、乐器、武器、抄本、珠宝等等。其中较为有趣的展品包括，帖木儿本人与法国国王查理一世的通信、撒马尔罕高庭花园（Bagi Baland）的石质水池和比比·哈努姆（Bibi Khanum）清真寺的复原模型等等。

乌国博的前身是成立于 1876 年 7 月的图尔克斯坦民众博物馆，是俄罗斯帝国征服中亚之后建立的首座博物馆。1919 年 2 月，博物馆更名为图尔克斯坦国家博物馆，随后再次更名为中亚总博物馆（Главный центральноазиатский музей）。1992 年，时任总统卡里莫夫签署总统令，重组原列宁博物馆塔什干分馆和乌兹别克斯坦人民历史博物馆为现乌国博，并迁入列宁博物馆原址。[①] 乌国博的总展览面积为 2500 平方米，展品数量超过 1 万件，馆藏高达 25 万件。目前，乌国博开放三层和四层常设展，在兼顾通行的历史学叙事和乌兹别克斯坦自身历史规律的基础上，讲述现代乌兹别克斯坦国家领土上从古至今的历史，概述乌兹别克斯坦土地上创造出的文化遗产在世界文明史上的作用与地位，展示乌兹别克斯坦历史发展模式和特征。该博物馆值得注意的文物包括一个以动物雕像为装饰的大型斯基泰式青铜釜（внушительный бронзовый сакский котел，公元前四至五世纪文物）。以及被称为"三合一"（Триада）的佛像和两名僧人的雕塑（公元一世纪）。这件文物出土于乌兹别克斯坦南部的苏尔汉河州，该地区在古代属于巴克特里亚地区，是南亚、西亚和地中海文化的交汇点。馆内还展出古代陶瓷、织物样品和古钱币，以及珍贵的档案资料和手写文献、历史论文和照片。

尽管帖博与乌国博在展览方面存在差异，但两座博物馆均有对帖木儿王朝历史浓墨重彩的呈现。本节将以这两座博物馆当前的布展陈设为例，探讨帖木儿王朝历史书写在乌兹别克斯坦国族建构中的特殊地位。

（一）当代乌兹别克斯坦博物馆中的帖木儿王朝历史叙事

1. 反抗蒙古入侵的领袖帖木儿

在帖博与乌国博的简介中，13—14 世纪蒙古帝国在中亚地区的统治被描述为一场"侵略"（Istilosi）。它以花剌子模王朝的覆灭为开端，又以帖木儿王朝的兴起为尾声，向受众叙述了乌兹别克斯坦历史上继阿拉伯王朝入侵后，再次遭受"侵略"的故事，而帖木儿则被塑造为中亚地区瓦解蒙古统治、重获"独立"的核心人物。

---

① Ўзбекистон Тарихи Музейини Ташкил Этиш Тўғрисида. https://lex.uz/docs/424562，上网日期：2023 年 7 月 16 日。

图 6-3　乌国博以帖木儿为中心的大型壁画（摄影：刘弋鲲）

　　乌国博二层陈列着一幅以帖木儿为中心的壁画，画面左侧靠中位置绘有放飞和平鸽的军士形象，其后则呈现了帖木儿王朝军士与蒙古士兵作战的场景。这部分壁画正寓意着帖木儿率兵驱逐蒙古人、为世界带来了和平。然而事实上，帖木儿统治时期始终维护着蒙古帝国的权力传统。由于帖木儿并不具备成吉思汗家族的血统，缺乏直接统治西察合台汗国的基础，因此即便掌握大权后，他不得不拥立具备黄金家族血脉的傀儡大汗，借以施行统治。此外，为进一步塑造自己的统治合法性，帖木儿还求娶一位察合台汗国的公主为妻，从此也收获了"驸马帖木儿"（Timur Gurgan）的名号。至于帖木儿统治时期所实行的军事、政治制度，也被认为是直接沿袭自成吉思汗的大扎撒。①

　　由此可见，蒙古人与帖木儿未必是"侵略者"与"抵抗者"的关系。但对于当代乌兹别克斯坦而言，帖木儿推翻蒙古统治、为世界带来和平则是建

---

① 王治来、丁笃本著：《中亚通史·古代卷（下）》，北京：人民出版社，2010 年，第 506 页。

构独立国族身份和线性发展历史叙事的重要一环。对于书写乌兹别克斯坦的中古时期历史而言，如何叙述当下国家疆域与蒙古帝国的关系至关重要。将蒙古刻画为外来入侵者，则可构建此前花剌子模王朝至帖木儿王朝的本土性和连续性，将相对破碎的历史片段组织为连贯的本土政权"对抗"外来压迫、进而走向复兴的历史叙事。正因如此，在乌国博呈现的叙事中，帖木儿成为了蒙古帝国时代后乌兹别克斯坦乃至整个中亚地区的英雄。

2. 帖木儿王朝的"文艺复兴"时代

帖木儿王朝带来了中亚地区历史上的一次文化发展高峰。在帖木儿及其后代诸王的支持下，王朝境内撒马尔罕、布哈拉、赫拉特等地发展迅速，汇集了当时杰出的学者、文人与艺术家，推动了天文、数学、文学、绘画、建筑等领域的进步。部分西方学者将这一时期称为"帖木儿文艺复兴"，暗示其成就堪比基督教世界14—16世纪的文艺复兴运动。乌国博沿用了西方学界的这一名称，以"埃米尔帖木儿与帖木儿王朝的文艺复兴"作为帖木儿王朝时期导言的标题，并在其中如是写道：

"为使我们的国家成为政治、经济、科学、文化的中心，他（帖木儿）为人民的福祉、祖国的繁荣、贸易、文化与艺术等领域作出了巨大贡献。"

事实上，这句导言凝练地概括了乌国博与帖博展览陈设的重点——"帖木儿文艺复兴"时期在众多领域取得的辉煌成就。具体而言，两座博物馆的展品均集中于文学、艺术、科学和建筑这四个领域。

文学方面，14—15世纪中亚地区主要流行的文学语言仍是波斯语。在帖木儿王朝统治下，波斯文学迎来了黄金时代的最后一位大诗人贾米（Nūr al-Dīn 'Abd al-Rahmān Jāmī），他所创作的《春园》《七宝座》等诗文著作对中亚以及波斯地区的文学发展有着重要意义，至今仍广为传颂。同时，帖木儿王朝时期，以察合台语创作的突厥语言文学日趋兴盛，其先驱便是在乌兹别克斯坦被视作文学之父的阿里希尔·纳沃伊（Alishir Navoiy）。纳沃伊与贾米曾同在宫廷中任职，两人亦师亦友。但相较于贾米，纳沃伊更倾向于使用自己的母语——察合台语进行创作，而他的名篇《两种语言之辩》（Muhakamat al-Lughatayn）也是希望证明察合台语有不亚于波斯语的文学语言潜力。正因如此，纳沃伊在乌兹别克斯坦及中亚其他国家有着广泛影响。除纳沃伊外，莫卧儿王朝的开创者巴布尔也因其以察合台语创作的诗篇与回忆录，在乌兹别克斯坦等国享有盛誉。纳沃伊与巴布尔的生平与著作是乌国博与帖博展览中的重点之一，体现出这两位察合台语文人在当代乌兹别克斯坦历史书写中的关键地位。

艺术方面，细密画（miniature painting）是帖木儿时期成就最高的一种艺术形式。细密画是一种书籍插图艺术，最早可以追溯到萨珊时期的摩尼教绘画，但真正兴起则要等到13—14世纪的伊利汗国时期[1]。至14世纪末，西亚地区的两座重要城市——大不里士与巴格达仍是细密画与书籍制作艺术的中心。此后波斯地区南部城市设拉子也逐渐兴起成为一个新的中心[2]。

在向西征服伊朗高原的过程中，帖木儿将该地区的学者、文人、工匠和艺术家迁移到中亚，这促进了撒马尔罕等城市的繁荣发展。新居民的迁入也带来了新的文化、工艺和艺术形式，其中包括细密画技艺的引入。帖木儿去世后，他的第四子沙哈鲁（Shahrukh Mirza）夺得王位并定都赫拉特。沙哈鲁本人和他的子嗣受过良好的教育，并非常重视文学和艺术的发展。特别是他的儿子拜松古尔（Baysungur）对书籍制作兴趣浓厚，在自己的宫廷中建立了一座名为"书坊"（Kitabkhana）的机构。这座书坊聚集了书法家、书页装饰师、细密画师和书籍装订师等各领域的匠人，专门从事重要著作的抄录、书页装饰、插图绘制和书籍装订工作[3]。在拜松古尔的支持下，细密画艺术在赫拉特迅速发展，形成了著名的"赫拉特画派"。在拜松古尔的书坊中，创作

---

[1] 穆宏燕:《波斯细密画对中国绘画艺术的借鉴》,《国际汉学》, 2022 年增刊, 第 10 页。

[2] *The Cambridge History of Iran*, Volume 6, ed. Peter Jackson and Lawrence Lockhart, The Timurid and Safavid Periods, Cambridge University Press, 1986, p. 843.

[3] Akimushkin, O. "The Library-workshop (Kitabkhana) Of Baysunghur-Mirza In Herat," *Manuscripta Orientalia*, vol. 3, no. 1 (1997), p. 14.

出了许多精美绝伦的书籍。据学者统计，至今流传下来的有 19 部书籍，其中包括一份波斯诗人菲尔多西的史诗作品《列王纪》的细密画插图本[①]。这些书籍以其艺术性和精湛技巧而闻名，展示了细密画艺术在赫拉特的繁荣和成就。然而，遗憾的是，乌国博和帖博展示的细密画作品相对较少，主要是仿制品和复制品。尽管如此，两座博物馆对于细密画艺术的重视是不言而喻的。帖木儿王朝鼎盛时期发展起来的细密画艺术，对中亚地区后来的文化艺术产生了重要影响，自然成为乌兹别克斯坦引以为豪的文化典范。

以现代标准来看，帖木儿王朝时期最突出的科学成就来自数学及天文学领域，而沙哈鲁之子兀鲁伯（Ulughbek）治下的撒马尔罕则是这些领域学者的交汇之所。沙哈鲁夺得王位后，长子兀鲁伯被任命为河中地区的统治者。与热爱文学艺术的兄弟拜孙古尔有所不同，兀鲁伯对数学、天文学等科学门类青睐有加。他不仅是当时众多数学家与天文学家的赞助者与庇护人，本人还是一位知识渊博的学者，素有"科学家君王"的美誉。在位期间，兀鲁伯在撒马尔罕推动建设起一座恢宏的天文台并在其中设置学院，聘任当时的顶尖数学、天文学者作为教师，这位君主甚至也亲身参与到教学活动中。据曾在撒马尔罕天文台授课的数学家卡西（Al-Kashi）记述，当时天文台学院中有超过 2 万名学生，更有超过 70 余名数学、天文学学者为兀鲁伯服务[②]，展现出撒马尔罕作为彼时"科学之都"的辉煌。撒马尔罕天文台不仅培育了许多学者，同时也推动了科学的进步。在兀鲁伯的主持下，撒马尔罕天文台的学者们研究并编纂了当时最为先进的哈冈尼历表（Zīj-i khāqānī），对后来的穆斯林天文学及历法学产生了深刻影响。乌国博为兀鲁伯的生平事迹、撒马尔罕天文台的模型以及帖木儿王朝时期使用的天文仪器专设一处展柜，而帖博则展出了天文台遗址的巨幅照片，并在其下放置了一座星象仪。总而言

[①] Akimushkin, O. "The Library-workshop (Kitabkhana) Of Baysunghur-Mirza In Herat," Manuscripta Orientalia, vol. 3, no. 1 (1997), p. 22.

[②] Kennedy, E. S. "A Letter of Jamshid al-K ā shi to His Father: Scientific Research and Personalities at a Fifteenth Century Court," Orientalia, NOVA SERIES, Vol. 29, No. 2 (1960), pp. 191-213.

图 6-4　帖博所藏撒马儿罕天文台模型（摄影：刘弋鲲）

之，兀鲁伯与他设立的撒马儿罕天文台处于帖木儿王朝科学发展历程的中心位置，因此也被乌国博与帖博视为展览中不可或缺的一环。

　　帖木儿王朝时期，建筑艺术同样迎来了繁荣。各时期的君主与精英阶层大兴土木，推动建设了大量的宫殿、花园、经学院与清真寺，建筑风格上融合了王朝境内不同地区的艺术传统。帖木儿本人在其所处年代的建筑中留下了独特的印记，如今撒马尔罕的比比·哈努姆（Bibi Khanoum）清真寺、沙赫里萨布兹的阿克萨莱（Ak-Saray）宫殿大门遗址无不诉说着这位中亚雄主的伟业，它们的建筑模型也是乌国博与帖博中不容错过的关键展品。尽管从未真正完工，但比比·哈努姆清真寺仍以其庞大的规模、精美的装饰和独特的建筑风格而闻名于世，被视作帖木儿王朝时期建筑的典范，也是 15 世纪中亚地区最为重要的建筑之一。不过由于建筑结构的问题，比比·哈努姆清真寺在 20 世纪中叶已残损严重，目前所见的清真寺是修复后的成果。阿克萨莱宫殿的命运则更加曲折，早在 16 世纪就已被摧毁。尽管眼下帖木儿王朝时期

图6-5 帖博所藏比比·哈努姆清真寺模型照片（摄影：施越）

的多数建筑早已不存，但从遗留下的部分建筑中仍能瞥见往昔的荣光。

综上所述，"帖木儿文艺复兴"时期在文学、艺术、科学和建筑领域取得的文化成就在中亚地区产生了深远的影响，奠定了该地区后世文化传统的基础，也展示了辽阔领域下多元文化交融的壮丽图景。

3. 作为世界中心的帖木儿王朝

作为15—16世纪欧亚大陆上最强盛的政权之一，帖木儿王朝与周边各政权保持着紧密联系，活跃于当时的世界舞台之上。这一点对于当今乌兹别克斯坦的帖木儿王朝历史叙事显然有着特殊意义。无论是乌国博或是帖博，都试图为帖木儿王朝塑造出一个"世界中心"的形象。

乌国博二层壁画的左侧前景部分绘有四位外国使臣的形象，其中为首的是一位红发欧洲人形象，手持国徽国书，低眉顺目，似有恭顺臣服之意。其后三人，一位同样是欧洲人形象，另外两位则身着阿拉伯服饰，似乎代表着王朝西部的奥斯曼政权与埃及马穆鲁克苏丹国使臣；而在四人左上方，则绘有巴黎圣母院的图案。

恭顺的外国使臣形象显示出壁画的作者有意将帖木儿置于各种外交关系中的优势地位，以此凸显帖木儿王朝显赫的国际地位。巴黎圣母院的选择也并非巧合。事实上，乌国博和帖博中均有展出的同一文物——法国国王查理六世写给帖木儿的信件，说明这两座乌兹别克斯坦当代博物馆对于 14 世纪末 15 世纪初帖木儿王朝与法国的关系深感自豪，也试图借助展品与博物馆内饰向受众传递一段辉煌的集体记忆。

如果说 14 世纪末 15 世纪初帖木儿王朝与西亚、欧洲的关系是两座博物馆塑造其"世界中心"地位时的重点，那么帖木儿王朝与莫卧儿王朝的传承与历史联系则是它们书写 15 世纪末帖木儿王朝国际影响力的核心。首先，两座博物馆均将帖木儿王朝的末裔、莫卧儿王朝的开创者巴布尔纳入帖木儿时

图 6-6　乌国博以帖木儿为中心的大型壁画（左部）（摄影：刘弋鲲）

期的历史叙事中。帖博展出的帖木儿世系图中，甚至将 16—18 世纪莫卧儿王朝的统治者计算在内。而乌国博二层壁画也将印度泰姬陵绘制在全图的右上角，似乎象征着帖木儿王朝遗产在莫卧儿王朝的延续。

帖木儿王朝的国际地位对于乌兹别克斯坦的两座国家博物馆显然意义重大，而与欧洲、西亚以及莫卧儿王朝的关系只是其中的一部分。事实上，帖博中也展出了 14—15 世纪时帖木儿王朝与世界其他政权交往的相关文物，例如我国明代纪传体史书《名山藏》中《王享记》的书页，就记载了明代宣德年间至成华年间西域使臣的入贡情况。不过，书页中实际上并未提及帖木儿王朝使臣入贡之事，可能因为包含"帖木儿"字样而被收入展柜之中，但即便是这等谬误也体现出帖博为凸显帖木儿王朝国际地位所做出的努力。

综上所述，帖木儿王朝在当代乌兹别克斯坦的历史书写中占据着核心地位，也是乌兹别克斯坦博物馆布设展览时极力凸显的一段历史时期。乌兹别克斯坦国家历史博物

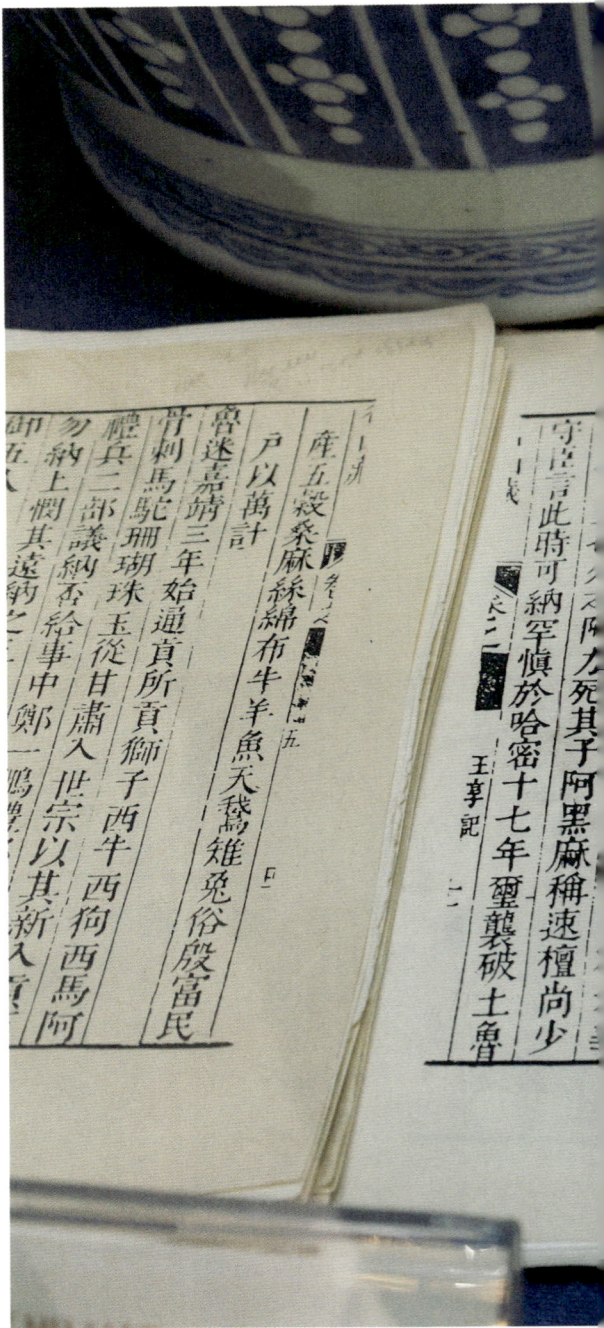

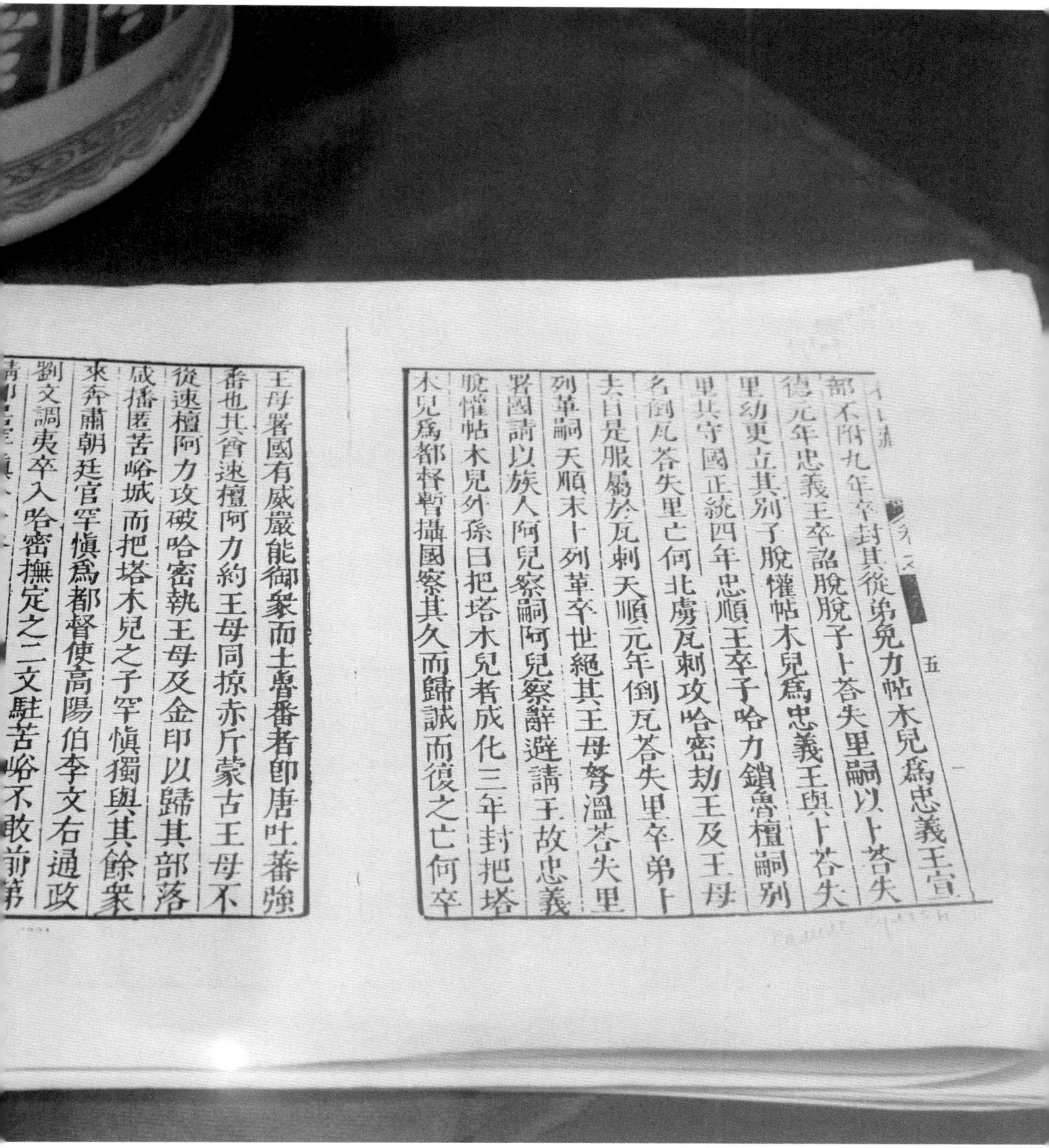

部不附九年卒封其從弟兔力帖木兒爲忠義王宣
德元年忠義王卒詔脫脫帖木兒爲忠義王與卜荅失
里幼更立其別子脫懽帖木兒爲忠義王卒子哈力鎖魯檀嗣別
里其守國正統四年忠順王卒子哈力鎖魯檀嗣別
名倒瓦荅失里亡何北虜瓦剌攻哈密劫王及王母
夫目是服屬於瓦剌天順元年倒瓦荅失里卒弟卜
列革嗣天順末卜列革卒世絕其王母弩溫荅失里
罕國請以族人阿兒嚓嗣阿兒嚓辭避請王故忠義
脫懽帖木兒外孫曰把塔木兒者成化三年封把塔
木兒爲都督暫攝國篆其久而歸誠而復之亡何卒

王母署國有威嚴能御衆而土魯番者即唐吐蕃強
番也其酋速檀阿力約王母同掠赤斤蒙古王母不
從速檀阿力攻破哈密執王母及金印以歸其部落
咸播匿苦峪城而把塔木兒之子罕慎獨與其餘衆
來奔肅廷官罕慎爲都督使高陽伯李文右通政
劉文調夷卒入哈密撫定之二文駐苦峪不敢前第

图6-7　帖博收藏《名山藏》复制品书影（摄影：李羽姗）

馆和帖木儿王朝历史国立博物馆在呈现帖木儿王朝的历史时有三个特点：首先，两座博物馆都极力试图将帖木儿王朝的法统与蒙古传统相剥离，为这位中亚雄主塑造了"蒙古抗击者"的历史形象。这反映出当代乌兹别克斯坦官方历史叙事着力强调帖木儿王朝的本土性与独立性，以此支撑乌兹别克斯坦作为一个独立国族的悠久历史传统。其次，帖木儿王朝时期的文化与科学成就为国际学界所公认。对这一时期遗产的强调有助于凸显乌兹别克斯坦的光荣过往，将其提升为乌兹别克斯坦国民集体记忆的一部分，以此增强民众的自信和国族的凝聚力。与此相辅相成的是，两座博物馆均强调帖木儿王朝在全世界的中心地位，强调这一中亚地区政权对于人类文明发展所做出的贡献。无可否认，帖木儿王朝在科学、文学、艺术等领域均有丰富的成就，也与同时期周边各地区政权保持着密切交往，但与此同时也须认识到，独立后乌兹别克斯坦对帖木儿王朝史的重视与当代的国族建构有着密切的联系。

（二）帖木儿王朝何以成为乌兹别克斯坦中古历史的焦点？

前文探讨了乌兹别克斯坦国家历史博物馆和帖木儿王朝历史国立博物馆呈现帖木儿王朝时期历史的方式。如果将帖木儿王朝置于乌兹别克斯坦的历史长河中，研究者不免会提出如下疑问：相比其他历史时期，为何独立后乌兹别克斯坦如此强调帖木儿王朝在国族建构和历史书写中的地位？若想回应这一问题，就必须从国族建构的两种基本原则——属人原则及属地原则出发，厘清乌兹别克民族与当代乌兹别克斯坦的关系，并考察帖木儿王朝所具备的特殊性，由此深入理解乌兹别克斯坦当局在处理历史问题上的复杂考量。

我国学界一般认为，"乌兹别克"一称来源于 14 世纪蒙古四大汗国之一的金帐汗国统治者乌兹别克汗，在元代史料文献中称为"月即别汗"。[①] 至 15—16 世纪，"乌兹别克人"这一概念被广泛用以指代伏尔加河流域至中亚

---

① 国家民委《民族问题五种丛书》编辑委员会：《中国少数民族》，北京：民族出版社，2009 年，第 264 页。

草原生活的游牧民。在公元 1336 年帖木儿出生时，其出生地沙赫里萨布兹属于察合台汗国，而前述定义下的"乌兹别克人"此时还未迁入今乌兹别克斯坦的领土范围内。这一情况到 15 世纪中叶才发生了较大转变。在帖木儿之孙兀鲁伯死后，王朝陷入了地方割据的混乱局面，周边政权也借此插手中亚南部政局。作为这一时期乌兹别克人的领袖，阿布海尔汗（Abu'l-Khayr Khan，1412—1468 年）曾多次受到帖木儿后裔诸王邀约发兵，也为乌兹别克人此后进入中亚地区创造了契机。15 世纪末 16 世纪初，阿布海尔汗之孙昔班尼汗率部南下，逐步征服了河中地区撒马尔罕、布哈拉、塔什干、安集延等地，并在 1505—1507 年间兼并花拉子模、巴尔赫及赫拉特等地。自此，昔班尼汗正式吞并了帖木儿王朝故土，在中亚地区建立起自己的政权，史称昔班尼王朝。[①] 学者指出，直至 16 世纪昔班尼汗南下建立政权后，此前生活在钦察草原的游牧部落群体，也即前述定义中的"乌兹别克人"才得以迁入河中地区；而在他们逐渐融入当地农耕居民的过程中，也将"乌兹别克人"的名称赋予了当地民众。[②]

由此可见，从狭义的史学定义来看，"乌兹别克人"概念只能追溯至 16 世纪初昔班尼王朝建立时，而生活于 14—15 世纪的帖木儿及其后裔则无法被纳入这一概念的范畴。因此，如严格按照史料文献所记载的族裔历史，帖木儿王朝是否能列入乌兹别克族的谱系都存在疑问。尽管如此，如前所述，独立以来的乌兹别克斯坦将帖木儿王朝作为本国及乌兹别克族历史书写的核心，而 16—18 世纪以乌兹别克人为主体的昔班尼王朝、布哈拉汗国、希瓦汗国与浩罕汗国却并未得到同等重视。以乌国博为例，该博物馆仅以简短的一句话概括了昔班尼王朝的历史，而之后的布哈拉、希瓦、浩罕三汗国的相关展柜则仅提及了它们在东西方贸易中的作用。应当注意的是，无论是 16 世纪

---

① 〔法〕阿德尔，〔法〕哈比卜主编：《中亚文明史（第五卷）对照鲜明的发展：16 世纪至 19 世纪中叶》，蓝琪等译，北京：中译出版社，2016 年，第 6-7 页。

② 〔法〕阿德尔，〔法〕哈比卜主编：《中亚文明史（第五卷）对照鲜明的发展：16 世纪至 19 世纪中叶》，蓝琪等译，北京：中译出版社，2016 年，第 8 页。

图 6-8　乌兹别克斯坦浩罕胡达雅尔汗宫外景（摄影：郑豪）

前半叶的昔班尼王朝历史，抑或 16—18 世纪三汗国的历史均不缺乏史料。由此可见，当代乌兹别克斯坦的官方历史叙事相对淡化更符合属人原则的昔班尼王朝和三汗国的历史地位。

上述历史编纂现象的原因推测如下。在昔班尼王朝和三汗国时期，当代乌兹别克斯坦的领土在大部分时段并未统一。尽管昔班尼王朝是真正意义上首个由乌兹别克人在今乌兹别克斯坦境内建立的政权，但它却始终受到旧有制度的掣肘而无法实现权力的统一。16 世纪初南下后，昔班尼本人于 1510 年在与萨法维王朝的战争中殒命沙场，嗣后汗族成员之间纷争不断，政权在此后半个世纪始终处于混乱，未能将当代乌兹别克斯坦的全部领土纳入版图之中。[1] 而布哈拉汗国、希瓦汗国与浩罕汗国的情况则与此接近，同样未能一统当代乌兹

---

① 王治来：《中亚通史·近代卷》，乌鲁木齐：新疆人民出版社，2004 年，第 6 页。

别克斯坦的领土范围。

正因如此，曾以撒马尔罕为首都、疆域横跨中亚及东伊朗地区且在不同领域取得辉煌成就的帖木儿王朝，成为当代乌兹别克斯坦书写中古时期国族历史的焦点。尽管在严格的史学研究层面，帖木儿王朝存在的时间早于现代乌兹别克族出现时间，但依循"属地原则"（即主要活动范围在今乌兹别克斯坦领土版图以内的历史民族均可被视为乌兹别克族的先民），这一王朝可以顺理成章地归入乌兹别克斯坦国族历史范畴，并被视为数千年漫长历史中的黄金时代之一。

◆　二、乌兹别克斯坦的近现代历史书写　◆

本节将转向乌兹别克斯坦的近现代史（16 世纪至 20 世纪 80 年代），以乌国博的近代历史展厅呈现的内容为例，进一步分析乌兹别克斯坦国族建构和历史书写的原则和目标。如上节所述，现代国家在构建历史书写时，常用"属地"和"属人"两种原则。属地原则指的是按现代国家领土范围筛选，可被纳入历史书写中的人物和事件；属人原则指的是按现代主体民族的属性筛选可被纳入历史书写中的人物和事件。整体而言，乌兹别克斯坦将其近现代史叙述为一部反抗殖民统治、通向民族解放和复兴的历史。具体而言，16—19 世纪中期的分裂时期被简化处理，19 世纪中期以降的沙俄统治和苏联时期被视为国家主权丧失时期，尽管这一时期的社会经济发展得到一定程度的肯定。

乌国博三层集中叙述了自石器时代以来至 1991 年的历史，其中，16 世纪至 1991 年间的近现代史所占篇幅不大，约占总展厅的五分之一。近现代史展厅共分为三大展区，第一展区讲述帖木儿王朝之后，在现乌兹别克斯坦领土上建立的布哈拉汗国、希瓦汗国和浩罕汗国三个政权。第二展区讲述 19 世纪下半叶至 20 世纪初俄罗斯帝国在中亚地区的殖民统治。第三展区讲述 19

世纪 20 年代至 20 世纪初乌兹别克斯坦的民族解放运动和贾迪德运动；第四展区讲述 1917—1991 年间乌兹别克斯坦的政治变迁和社会经济发展。

乌兹别克斯坦对 19 世纪下半叶以来近现代史的基本立场可从上述展区的布展内容和引言中窥见一斑。首先，乌国博为 19 世纪初至 20 世纪初设置了两个在时间上有所重叠的展区，试图通过不同的叙事主体和脉络来呈现该阶段历史：第一个展区以俄罗斯帝国为叙事主体，呈现其对布哈拉、希瓦和浩罕三汗国的征服和统治；第二个展区以中亚南部各族为叙事主体，从民族解放的角度呈现社会各阶层对殖民统治的反抗。因此，乌国博设置的 19—20 世纪的乌兹别克人和乌兹别克斯坦的历史，就是一部反抗殖民统治、争取民族独立的屈辱史和抗争史。其次，乌国博对苏联时期的评价整体相对负面，使用了诸如"十月政变""极权政权的建立"等标题，并阐述了"布尔什维克夺权后延续了殖民政策""图尔克斯坦地区人民遭到布尔什维克政府的不公正对待""尽管得到了苏维埃政府承诺的自愿自决权，但乌兹别克斯坦还是被剥夺了主权，并变成了苏联的重要原材料基地""集体化是对人权的侵犯"等观点。同时，相关展区也承认苏联时期乌兹别克斯坦在社会经济、科学技术和文化领域的发展。但与此同时，展览也强调上述成就很大程度上是乌兹别克人民维护民族利益、文化传统和民族精神作出斗争的结果。

具体而言，近现代史展厅灵活运用了属地原则和属人原则，精心选择在所有发生在现代乌兹别克斯坦领土上的政治实践、活跃在现代乌兹别克斯坦领土上的人物以及乌兹别克民族人物，建构乌兹别克斯坦人民维护和争取独立的历史。就 16—19 世纪这一时期而言，相关展区采用属地原则，将布哈拉汗国、希瓦汗国和浩罕汗国均视为乌兹别克斯坦史的有机组成部分。在政治和文化方面，相关展区仅陈列了三汗国的汗王世系和文学、建筑艺术成就相关展品。在经济和商贸方面，借用一幅以乌兹别克斯坦地区为核心的商贸图，展览强调三汗国作为俄罗斯、中国、伊朗和土耳其之间商路枢纽的地位。帖木儿王朝之后，乌兹别克斯坦的领土上出现了三汗国并立状态。这一阶段被视为乌兹别克斯坦内部的分裂状态，故而不宜进行过多论述。

图 6-9　乌兹别克斯坦浩罕胡达雅尔汗宫内景（摄影：郑豪）

图 6-10　17—19 世纪上半叶的中亚贸易路线图（摄影：李羽姗）

　　近代史展区的重点内容是该地区抵抗俄罗斯帝国征服和统治历史。涉及俄国征服中亚各阶段的展柜都非常注重呈现本地民众对俄国军队的抵抗和所取得的军事胜利。例如，1714—1717 年俄军将领贝科维奇－切尔卡斯基（Bekovich-Cherkasskii）对希瓦汗国失败远征被作为布展重点。1717 年，希瓦汗国的希尔加齐汗在谈判阶段诱使俄军分散于五处，后发动突袭并近乎全歼俄军。相关展板称，"希尔加齐汗采取了重要的军事战略技巧，让敌人措手不及……严厉惩罚了携带武器入侵我国的人"。这种全然积极的论述与俄苏史学的论述立场大相径庭。后者一般认为，希尔加齐汗在谈判阶段采用不光彩的手段，分散了切尔卡斯基的部队并将其杀害。这一结局是悲惨的，切尔卡斯基部队全军覆没，而希瓦汗国也被笼罩在担心俄国的报复的阴影之下。①

---

① Толстов С. П. и др. ред., История Узбекской ССР. Т.1. К.2. Ташкент. 1957. С. 429, 440.

图 6-11　1714—1717 年亚历山大·贝柯维奇－切尔卡斯基对希瓦汗国的远征（左侧）；俄罗斯帝国对浩罕汗国的征服（右侧）（摄影：刘弋鲲）

由国际学界合作编纂的《中亚文明史》也指出，希尔加齐汗此举的后果是他长时间内生活在有可能招致俄国人报复的恐惧之中。[1]

　　另一个案例是乌国博对"1865 年塔什干自愿向俄国军队上交 12 把城门钥匙"这一历史传说的修正。相关展区重点介绍了塔什干居民对俄国入侵者的抵抗和对城市的保卫，特别纠正了所谓"塔什干自愿加入俄罗斯帝国"和"塔什干贵族代表将 12 座城门钥匙交给俄罗斯人"等说法，称所有现存的城门钥匙和这个历史故事都是俄罗斯人在军事征服后伪造的，是为其殖民政策披上的一层伪善的面纱。苏联时期在乌兹别克共和国的官修史书中并未提及"自愿上交城门钥匙"的故事。不过，《中亚文明史》仍称"塔什干城的城匙

---

[1]　阿德尔，哈比卜主编：《中亚文明史（第五卷）对照鲜明的发展：16 世纪至 19 世纪中叶》，蓝琪等译，北京：中译出版社，2016 年，第 44-45 页。

几乎未加抵抗就被交到俄罗斯神甫的手中"。① 可见，乌国博致力于修正这种"广为流传"但不利于建构独立主权的历史传说。

就沙俄末期发生的 1916 年中亚大起义、贾迪德运动等历史事件，乌国博坚持了属人原则，选取乌兹别克人作为历史书写的主要对象，有助于将范围明显超过乌兹别克斯坦疆域的政治运动纳入乌兹别克斯坦的历史叙事，突出精英和民众对独立和进步的追求。以贾迪德运动为例，相关展区选取阿卜杜拉·阿夫洛尼（Abdulla Avloniy）、乌拜杜拉·霍贾耶夫（Ubaydulla Xo'jayev）、穆纳瓦尔·喀里（Munavvar Qori）、马赫穆德霍贾·贝合布迪（Mahmudxo'ja Behbudiy）等四位乌兹别克知识分子，展现当时乌兹别克精英在教育、媒体、文学等诸多领域的启蒙和革新活动。

图 6-12　塔什干地铁"米诺尔"站（摄影：李羽姗）

---

① 阿德尔主编：《中亚文明史（第六卷）走向现代文明：19 世纪中叶至 20 世纪末》，吴强、许勤华译，北京：中译出版社，2016 年，第 22-23 页。

图 6-13　乌国博相关展板（摄影：刘弋鲲）

就苏联时期的史事而言，相关展区着重强调乌兹别克族在历史发展中的重要作用。20 世纪 20 年代划界结束后，现代乌兹别克斯坦的疆域已经基本确定，这意味着乌兹别克斯坦的历史书写不再需要特别选取该地域范围内的人物和事件。另一方面，乌兹别克斯坦是多民族国家，相关展品聚焦主体民族历史人物对乌兹别克斯坦发展的贡献。例如，关于塔什干国立大学的缘起，相关展区引用首任总统卡里莫夫讲话，强调这所中亚地区首家高校是由贾迪德运动的代表人物穆纳瓦尔·喀里在 1918 年力主创办，而非由俄罗斯族干部在 1920 年推动设立。就 20 世纪 70 年代中亚第一条地铁——塔什干地铁的建设，相关展区也引用了卡里莫夫的评价，称"沙洛夫·拉希多夫①对塔什干地铁建设的贡献是无与伦比的，他说服莫斯科同意这项工作……无法想象没有沙洛夫·拉希多夫和乌兹别克人民的历史和生活"。尽管该展板大量展现了塔什干地铁的建设成就，但没有一处提及沙洛夫·拉希多夫是时任乌兹别克苏维埃社会主义共和国第一总书记。就 1966 年塔什干地震的救灾和重建工作而言，乌国博也并未提及其他加盟共和国对乌兹别克共和国提供的帮助。从上述案例中可以看出，乌国博试图强调俄苏时期乌兹别克族带领乌兹别克斯坦所取得的发展和成就，提升乌兹别克族在国家内部的主体地位。

值得注意的是，乌国博设置"1941—1945 年反法西斯战争期间的乌兹别克斯坦"专题，通过陈列参与对德作战的乌兹别克人肖像和文字信息，凸显乌兹别克人对反法西斯战争的贡献。但是，这一展区的规模并不大。唯一一件实物展品是索比尔·拉希莫夫（Sobir Rahimov）的军装。此处展区用"反法西斯战争"这一术语取代苏联惯用的"伟大的卫国战争"，拉希莫夫相

---

① 沙洛夫·拉希多夫（Sharof Rashidov，1917—1983 年），苏联作家、政治家，1949—1950 年任乌兹别克共和国作协主席，1950—1959 年任乌兹别克共和国最高苏维埃主席团主席，1959—1983 年任乌兹别克共产党第一书记。在其领导下，乌兹别克共和国社会经济取得显著发展，开通了中亚地区第一条地铁线，科学研究和文化教育机构数量迅速增加，并建立了中亚地区第一个考古研究所。

关展品成为展区的焦点。乌国博将其作为焦点，可能有独立后与哈萨克斯坦争夺重要历史人物族属的政治考量。尽管苏联官修史书和官方文献均将拉希莫夫记述为出生于塔什干的乌兹别克人，但苏联解体后，哈萨克斯坦方面认为他是塔什干地区哈萨克人的代表。由此，乌国博不免须结合当下的时政在设计反法西斯战争相关展区和焦点人物。

综上所述，乌国博近现代史相关展区以呈现乌兹别

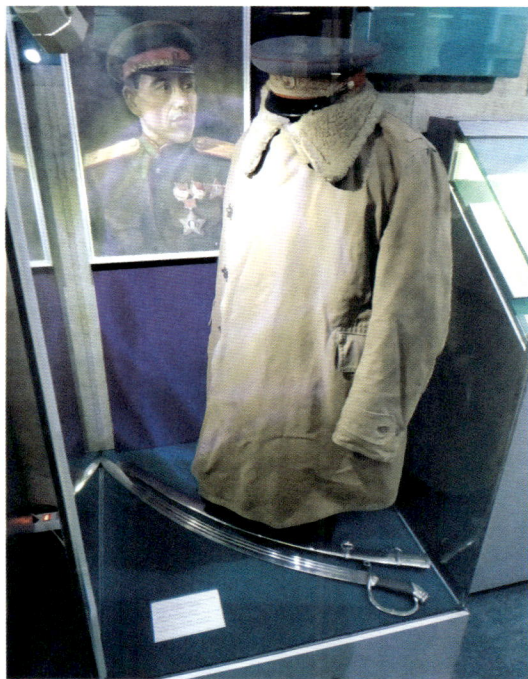

图 6-14　索比尔·拉希莫夫的军装（摄影：施越）

克人和乌兹别克地区反抗殖民统治、追求民族解放和国家独立的历史为主要脉络，修正原有俄苏历史叙事方式，强化乌兹别克族的主体地位，建构独立的乌兹别克斯坦的历史叙事。

◆ 三、乌兹别克斯坦的公共空间政治 ◆

本节关注乌兹别克斯坦如何通过公共空间中的文化符号呈现来建构国族身份。以阿里希尔·纳沃伊国家公园、塔什干地铁站和其他地名变更为具体案例，本节将分析当代乌兹别克斯坦政治空间重塑的"去苏联化"趋势和转向本民族历史人物的路径。以塔什干市为例，独立以来，乌兹别克斯坦对俄苏纪念建筑进行了大规模的重修工作，对其他以俄苏人物命名的公共场所进行了更名，其公共空间呈现出显著的国族化趋势。

在 20 世纪 80 年代塔什干市中心的 20 余座纪念碑中，目前只有纪念 1966 年塔什干地震的纪念建筑群"勇气"被保留了下来。普希金、高尔基和加加林的雕塑纪念碑均被迁出，其余的被拆除或重建。例如，原列宁像纪念碑更换为乌兹别克斯坦独立纪念碑，原卡尔·马克思像纪念碑更换为帖木儿的纪念碑。

塔什干市内的人民友谊纪念碑（монумент Дружбы народов）意在纪念卫国战争期间收养了 15 名孤儿的沙马赫穆多夫（Шамахмудов）家族，其位置在乌兹别克斯坦独立后几经迁徙。2008 年以前，该纪念碑一直坐落于市中心的同名广场上。2008 年，该纪念碑被移至市郊，人民友谊广场也被更名为独立广场（площадь Независимости）。当局的这一举措引起部分居民的不满。2017 年米尔济约耶夫总统上台后，纪念碑被移至靠近市中心的友谊公园内。2018 年，该纪念碑又回归原位。此后，独立广场和邻近地铁站也恢复了原来的名字——人民友谊广场和人民友谊地铁站。人民友谊纪念碑所处位置的变迁反映了独立后乌兹别克斯坦当局在处理苏联时期政治文化遗产上的纠结心态。

为填补公共空间"去苏联化"浪潮下产生的政治文化符号真空，乌政府大力构建以乌兹别克历史文化人物为基础的新符号。塔什干市中心的阿里希尔·纳沃伊国家公园占地共 65 公顷，是目前乌兹别克斯坦最大的城市公园。该公园的前身是建成于 1938 年的列宁共青团中央文化和休闲公园。1991 年，乌兹别克斯坦总统卡里莫夫签署总统令，为纪念中古时期诗人阿里希尔·纳沃伊诞辰 550 周年，将该公园改称阿里希尔·纳沃伊国家公园，并新建纳沃伊等多位乌兹别克文学家的雕像群。独立以来，纳沃伊公园成为乌兹别克斯坦举办国家庆典活动的重要公共场所：自 2000 年起纳吾鲁孜节在该公园举行大型庆祝活动，自 2005 年起独立日庆典也在此举办。纳沃伊公园已成为塔什干市乃至乌兹别克斯坦最重要的公共文化空间之一。

公园内最为瞩目的雕塑是高耸的纳沃伊塑像。塑像被蓝色穹顶笼罩，屹立于山坡之上。穹顶之下，以拉丁文乌兹别克语、阿拉伯文乌兹别克语、俄

图 6-15　塔什干市纳沃伊公园纳沃伊雕像（左上、右上）；穹顶装饰文字（下）（摄影：吕成敏）

语和英语四种语言文字刻有纳沃伊的诗句"全世界的人们，要知道：仇恨是
最大的敌人，友善是最大的幸事"。这既是纳沃伊在帖木儿王朝晚期博采众
长、广纳东西文化的直接反映，也是当代乌兹别克斯坦追求和平和发展良好
国际关系的国家意志的体现。

500 多年前，纳沃伊以察合台语和波斯语糅合亚欧大陆多地的文化元素，
创作出影响中亚地区诸多作品的诗篇。1441 年，纳沃伊生于赫拉特（今阿富
汗西北部城市），成长和生活在当时中亚和西亚地区的政治文化中心。在苏
丹忽辛·拜哈拉主政时期，纳沃伊官至大埃米尔，清廉执政、体恤民生，政
绩颇丰；同时，纳沃伊以察合台语创作了约 30 部文学作品，其中 4.6 万行的
《精义宝库》（Diwans）四卷诗集和 5.2 万行的《五卷诗》（Khamsa）在中亚
地区广为流传，16 世纪的阿塞拜疆诗人费祖里、18 世纪的土库曼诗人马赫图
姆库里，以及 19 世纪的哈萨克诗人阿拜均承认纳沃伊对其文学创作的影响。[1]
目前，乌兹别克斯坦仍将纳沃伊视为现代乌兹别克斯坦语言文学的奠基人，
并借此构建起一系列与之相关的公共建筑。

位于塔什干地铁红线和蓝线交汇处的阿里希尔·纳沃伊地铁站[2] 的站台
大厅和换乘大厅内均有青色浮雕，用以介绍纳沃伊其人和纳沃伊的经典文学
作品。站台大厅内以浮雕图像和西里尔乌兹别克语展现了《法尔哈德和希
琳》（Форход ва Ширин）《莱拉和玛吉努》（Лойли ва Мажнун）《伊斯坎达尔
墙》（Садди Искандарий）和《七星图》（Сабъаи саиёр）四部叙事长诗的情
节和篇名。

该站的换乘通道是一个延续了候车站台的艺术风格的纳沃伊文学展区。
该展区以"阿里希尔·纳沃伊，伟大的乌兹别克斯坦诗人和思想家，乌兹别
克斯坦文学和文学语言的创始人"为篇首语，展现了其 10 个文学作品中的主
要人物。

---

① 施越：《文明交融灌溉诗歌之花》，《人民日报》国际副刊，2022 年 9 月 16 日第 17 版。
② 阿里希尔·纳沃伊地铁站最初建成于 1984 年。当前该站保留了内部装潢。

图 6-16　塔什干阿里希尔·纳沃伊地铁站换乘大厅纳沃伊主题浮雕（摄影：吕成敏）

　　除此以外，乌兹别克斯坦的行政区划、文教机构、街道等公共空间也广泛使用纳沃伊的符号，包括位于塔什干的阿里希尔·纳沃伊大剧院（Государственный академический Большой театр Узбекистана имени Алишера Навои）①、阿里希尔·纳沃伊国家图书馆（Национальная библиотека Узбекистана имени Алишера Навои）②、乌兹别克斯坦科学院阿里希尔·纳沃伊国家文学博物馆（Государственный музей литературы им. Алишера Навои АН РУз）等国家级文教机构；纳沃伊州、塔什干市的阿里希尔·纳沃伊大道等行政区划和街道。此外，在乌兹别克斯坦塔什干市、撒马尔罕市、纳沃伊市都竖立着纳沃伊的雕像或纪念碑，仅塔什干市，便拥有三座纳沃伊纪念碑。

---

① 阿里希尔·纳沃伊大剧院主页：https://gabt.uz/？ysclid=lkj1dp6aj8359641383，上网日期：7 月 25 日。
② 阿里希尔·纳沃伊国家图书馆主页：http://old.natlib.uz：8101/ru/article/78/，上网日期：7 月 25 日。

图 6-17 乌兹别克斯坦安集延巴布尔公园俯瞰费尔干纳盆地的巴布尔雕像（摄影：郑豪）

除阿里希尔·纳沃伊的大型雕像外，纳沃伊公园内还矗立着 22 件 15 世纪以来乌兹别克文学家的雕塑。公园的这一片地区，也被塔什干市民亲切地称为"作家小巷"。纳沃伊公园中的乌兹别克斯坦文学家同样也是其他公共空间里重要的文化符号。例如，南亚莫卧儿王朝开国君主、以察合台语进行文学创作的巴布尔因其在政治军事和文学两个领域的成就，被乌兹别克斯坦视为其先祖中的英雄人物。1993 年，首任总统卡里莫夫签署总统令，隆重庆祝巴布尔诞辰 510 周年。[1] 如今，"巴布尔"这一符号在安集延市随处可见，巴布尔国家公园、巴布尔图书馆、巴布尔剧院、巴布尔大街等公共场所都以其命名；在巴布尔国家公园中，还设有巴布尔与世界文化博物馆。

除纳沃伊和巴布尔外，其余 20 座雕塑人物均为 19 世纪以来的近现代文学家。他们的形象和姓名作为文化符号同样被运用在地铁站和街道的命名中。例如，独立以来，乌兹别克斯坦以哈米德·奥利姆江站[2] 取代了原莫斯科站，并以阿卜杜拉·卡迪里站[3] 命名一个 2001 年新开设的车站。塔什干市内也有街道以两位乌兹别克作家的姓名命名。

作为中亚第一座拥有地铁的城市，塔什干地铁各站的命名方式及其沿革切实反映了独立以来乌政府对公共空间的重塑逻辑。据统计，2023 年前 5 个月，塔什干地铁共运送乘客 6850 万人次[4]。照此推论，2023 年塔什干地铁客流量将达 1 亿 6 千万人次，这相当于平均每位塔什干市居民每年乘坐 55 次塔什干地铁。塔什干地铁已经成为塔什干市民社会生活中的重要公共场所。目前，塔什干地铁共有 4 条线路，共计 48 个站，其中建成于苏联时期的车站共

---

[1]　https://lex.uz/docs/-1653454, [2023-07-25].

[2]　哈米德·奥利姆江（Hamid Olimjon，1909—1944 年），乌兹别克抒情诗人、文学家，1939—1944 年任乌兹别克共和国作协执行主席。

[3]　阿卜杜拉·卡迪里（Abdulla Qodiri，1894—1938 年），乌兹别克新文学的代表人物，其代表《往去的日子》（O'tkan kunlar）被认为是现代乌兹别克文学的经典作品。

[4]　"Toshkent metrosida 5 oyda 70 millionga yaqin yo'lovchi tashildi." https://www.gazeta.uz/oz/2023/06/22/metro/, [2023-07-30].

图6-18　纳沃伊公园的巴布尔像（左）和奥利姆江像（右）（摄影：吕成敏）

有28个。独立至今，乌政府对25个已建成车站进行了更名，涉及17个建成于苏联时期的车站，具体情况见下表。

1977年塔什干地铁开通时，各地铁站多以带有该时期政治色彩的人物或概念命名。独立后，乌兹别克斯坦以民族人物、国家象征和地名等对地铁站名称进行大规模替换。例如，以兀鲁伯站取代原苏联50周年纪念站（第3号）、以帖木儿广场站取代原十月革命站（第8号）等更名方式是当代乌兹别克斯坦以重要民族历史人物替代苏联政治概念的体现；而以独立广场站取代原列宁广场站（第7号）、以友谊站替换原契卡洛夫站（第17号）则兼顾了历史和现实因素，突出新国家所提倡的价值观。

表 6-1 塔什干地铁各站更名情况（截至 2023 年 7 月）

序号	现站名	原站名
1	苹果园站（Olmazor）	索比尔·拉希莫夫站（Собир Рахимов）
2	奇兰扎尔站（Chilonzor）	法尔哈德站（Фархадская）
3	米尔扎兀鲁伯站（Mirzo Ulug'bek）	苏联 50 周年纪念站（50 Лет СССР）
4	诺夫扎站（Novza）	哈姆扎站（Хамза）
5	民族公园站（Milliy bog'）	共青团站（Комсомольская）、青年站（Молодёжная）
6	人民友谊站（Xalqlar do'stligi）	创造者站（Бунёдкор）
7	独立广场站（Mustaqillik maydoni）	列宁广场站（Площадь Ленина）
8	帖木儿广场站（Amir Temur xiyoboni）	十月革命站（Октябрьской революции）、中心公园站（Марказий хиёбони）
9	奥利姆江站（Hamid Olimjon）	莫斯科站（Московская）
10	普希金站（Pushkin）	古比雪夫站（Куйбышев）
11	伟大丝绸之路站（Buyuk Ipak yo'li）	马克西姆·高尔基站（Максим Горький）
12	安宁站（Tinchlik）	加富尔·古拉姆站（Гафур Гулям）
13	乔尔苏站（Chorsu）	阿洪巴巴耶夫站（Ахунбабаев）
14	加富尔·古拉姆站（G'ofur G'ulom）	卡德拉站（Хадр）
15	宇航员站（Kosmonavtlar）	宇航员大街站（Проспект Космонавтов）
16	造车厂站（Mashinasozlar）	塔什干农机制造厂站（Ташсельмаш）
17	友谊站（Do'stlik）	契卡洛夫站（Чкалов）
18	尤努萨巴德站（Yunusobod）	费祖拉·霍贾耶夫站（Файзулла Ходжаев）
19	沙赫里斯坦站（Shahriston）	哈比卜·阿卜杜拉耶夫站（Хабиб Абдуллаев）
20	博多姆佐尔站（Bodomzor）	苏联国民经济成就展站（ВДНХ），
21	米诺尔站（Minor）	基洛夫站（Киров）
22	阿卜杜拉·卡迪里站（Abdulla Qodiriy）	阿莱市场站（Алайский рынок）
23	尤努斯·拉贾比站（Yunus rajabiy）	五一站（Первомайская）
24	明乌里克站（Ming O'rik）	拉胡蒂站（Лахути）

　　值得注意的是，1997 年，塔什干市东北角的高尔基站更名为伟大丝绸之路站（Buyuk Ipak Yo'li，第 11 号）。此后，乌兹别克斯坦内以"丝绸之路"

命名的银行、宾馆、旅行社、商铺、餐馆和旅游项目更是如雨后春笋一般出现。[①]"一带一路"倡议提出后，乌兹别克斯坦所纪念的历史上的"伟大丝绸之路"在中方提出的"一带一路"倡议中找到了交汇点，中乌在"丝绸之路"概念框架下，发展了更为密切的经贸合作和深度的文化交流。这为我们观察他国的国族建构思路，并施用于国际外交战略提供了新的启发。

◆ 四、吉尔吉斯斯坦的近现代历史书写 ◆

与乌兹别克斯坦相似，独立后的吉尔吉斯斯坦也采取了国族化的路径，通过提升主体民族历史文化符号的地位来重塑国民的国族身份。不同于乌兹别克斯坦的是，吉尔吉斯斯坦以相对温和的方式告别苏联时期的政治文化符号体系。对于吉尔吉斯斯坦而言，如何界定历史上吉尔吉斯族民族起源问题和吉尔吉斯斯坦的建国问题成为关键。吉尔吉斯共和国首任总统阿卡耶夫提出了"吉尔吉斯斯坦——我们的共同家园"这一构想，[②]致力于构建多民族融合的国家，一定程度上缓解了寻找历史上吉尔吉斯人的国家的压力。然而，伴随着独立初期其他民族的外迁和时有发生的民族冲突，面临着协调同俄罗斯的关系和争夺中亚地区最古老国家的压力，吉尔吉斯斯坦也在不断溯源和修正吉尔吉斯族的起源发展和吉尔吉斯人的建国问题。

就民族起源问题而言，受制于古代史史料的局限，吉尔吉斯斯坦并不执着于追溯现代民族的远古起源。国际学界一般认为，经过长期的民族融合，现代意义上的吉尔吉斯人最终形成于16世纪。与之不同的是，尽管同样缺乏连续史料支撑，但吉尔吉斯斯坦的官修史书将吉尔吉斯人的建国时间不断向前追溯。2019年，依托《史记》对"鬲昆"的记述，吉尔吉斯斯坦的最早建国时间被确定为公元前3世纪。可见，吉尔吉斯斯坦不断调适历史书写，以

---

① 施越：《丝路文明的交融之所：乌兹别克斯坦行记》，载李自国主编：《米尔济约耶夫总统：乌兹别克斯坦改革时代的设计师》，北京：世界知识出版社，2019年。

② 阿斯卡尔·阿卡耶夫：《难忘的十年》，武柳等译，北京：世界知识出版社，2002年，第114页。

适应当代吉尔吉斯斯坦的国族建构需要。因此，从吉尔吉斯共和国国家历史博物馆管窥当代吉尔吉斯斯坦的历史叙事，尤其是其近现代史部分，将为理解建构国族独立路径、解读当代吉俄关系提供借鉴。

下文将以吉尔吉斯共和国国家历史博物馆（Национальналный исторический музей Кыргызской Республики，下文简称"吉国博"）对其国家历史的展览为中心，分析当前吉尔吉斯斯坦的历史叙事。吉国博的前身是成立于1925年的吉尔吉斯斯坦中央博物馆（Центральный музей Кыргызстана）。1933—1954年，该馆先后更名为"国立地方志博物馆"（Государственный музей краеведение）和"民族文化博物馆"（Музей Национальной культуры）。1954年至今称为吉尔吉斯共和国国家历史博物馆。吉国博馆内面积达8000平方米，展品总数9万件，集中反映了吉尔吉斯斯坦所在地理空间自石器时代以来的历史过程，并重点呈现了近现代吉尔吉斯斯坦地区的国家建设、科技成就、经济发展和文化艺术成果。[1]

2016年，因长期电力设备故障和装潢老旧，吉国博闭馆整修。吉方拨款1.5亿索姆（约1500万美元），土耳其合作与协调署（TİKA）资助1500万美元用于外部装潢。[2] 翻修本应于2017年秋完工，但由于双方就修缮效果产生分歧，以及吉前总理伊萨科夫贪腐等问题，直至2021年吉国博才重新开放。[3] 翻修后，吉国博的内饰风格由此前的苏联式完全转变为欧式，并配备有丰富的多媒体布展设备。[4] 吉国博门口树有吉尔吉斯斯坦与土耳其合作的石碑，以彰显

---

[1] 吉尔吉斯共和国国家历史博物馆主页：https://historymuseum.kg/our-history/，上网日期：2023年7月14日。

[2] "Historical Museum in Bishkek to open on Nov. 20"，http://en.kabar.kg/news/historical-museum-in-bishkek-to-open-on-nov-20/，[2023-07-16]．

[3] "Как изменился Исторический музей после реконструкции за 1,5 млрд сомов."，https://ru.sputnik.kg/20211119/istoricheskiy-muzey-rekonstruktsiya-otkrytie-skandal-1054662656.html?ysclid=lk52rvlio33415006，[2023-07-16]．

[4] 例如"Историческое событие — открытие музея. Как это было."，https://24.kg/obschestvo/214257_istoricheskoe_sobyitie_otkryitie_muzeya_kak_eto_byilo_/；"Статуи лошадей по €14 тыс — сколько стоили экспонаты Исторического музея."，https://tiraj.kg/statui-loshadej-po-e14-tys-skolko-stoili-eksponaty-istoricheskogo-muzeya/?ysclid=lk52tfiafq635560074，上网日期：2023年7月16日。

两国友谊。整修后的吉国博常设展览共有三个展厅，分别对应石器时代至公元15世纪的古代史、16世纪至1917年的近代史和1917年至今的现代史。

图6-19　吉国博入口台阶右侧土耳其合作与协调署所立纪念石碑①（摄影：李羽姗）

（一）吉国博的近现代史书写——以同周边政权的互动为核心

整体而言，吉国博致力于建构自古以来由独立的吉尔吉斯部落构成的国家。为此，在引言和其他介绍性文字中，吉尔吉斯斯坦（Kyrgyzstan）和吉尔吉斯人（Kyrgyz）交错出现，这很大程度上是由于古代至中古时期吉尔吉斯人的活动范围（叶尼塞河上游地区）与当代吉尔吉斯斯坦的领土范围存在地理空间上的差异。因此，为兼顾国家领土范围和民族活动范围，当代吉尔吉斯斯坦的历史叙事灵活运用了属人原则和属地原则，将涉及二者的历史内容广泛涵盖在展出之中。值得注意的是，除各篇章引言外，吉国博的实物展

---

① 纪念碑上刻有以吉尔吉斯语和土耳其语拼写的铭文："吉尔吉斯国家历史博物馆的外墙表面及周边环境建设由 TİKA 完成"。

图 6-20　吉尔吉斯斯坦乌兹根古塔（摄影：郑豪）

柜较少对单个展品或相 关事件进行文字描述，而各层的电子展示屏是呈现特定事件图文的主要载体。

吉国博近代史（16—19 世纪后半期）展厅分为九个篇章，分别是"16 至18 世纪吉尔吉斯人争取独立的斗争""吉尔吉斯人的部落结构""吉尔吉斯人的对外关系""吉尔吉斯人和浩罕汗国""吉尔吉斯人的军事装备""史诗""吉尔吉斯人的精神文化""比什凯克市""吉尔吉斯斯坦并入俄罗斯帝国"。

该展厅以吉尔吉斯人与周边政权关系为主线，按照时间顺序讲述了 16 世纪上半叶与东察合台汗国、17—18 世纪与准噶尔汗国、18 世纪中期至 19 世纪末与清朝、浩罕和俄国的互动。从独立国族的史观出发，相关展区将吉尔吉斯族与上述政权的关系均描述为"强者入侵 – 弱者反抗"的关系，着重展现吉尔吉斯族自古以来长期面临的复杂生存环境和对独立自主的不懈追求。

具体而言，19 世纪 20—80 年与浩罕汗国的互动和 19 世纪 50—80 年代加入俄罗斯帝国的过程是展区的关注焦点。前者被定义为"合作和反抗"，后者则包括缔结契约（договор）、侵占（захват）和兼并（присоединение）三种方式。

18 世纪，乌兹别克明格部在费尔干纳盆地建立浩罕政权。吉国博相关展区称，吉尔吉斯人同浩罕的首次外交接触发生在 1825 年。1825—1832 年，浩罕先后控制了塔拉斯、楚河流域、天山一带和伊塞克湖一带。浩罕同吉尔吉斯各部落上层合作，借其权威管理下属的部落民。但是，这种关系并未长期维持。自 19 世纪 30 年代起，吉尔吉斯人就开始发动了对浩罕汗国统治的反抗。

吉国博对吉 – 俄关系的叙事整体上延续了苏联史学的传统，同时为论证吉尔吉斯的国族独立审慎地增加了部分细节。相关展区称，19 世纪中期的政治军事形势迫使吉尔吉斯人寻找更强大的盟友。因此，以 1855 年吉尔吉斯右翼[①] 布谷部落（Бугу）宣誓效忠俄国为标志，吉尔吉斯各部先后加入。1876 年底，以库尔曼江·达特卡（Курманжан датка，又称"阿赖女王"）为首的

---

① 吉尔吉斯族传统上分为左翼和右翼，亦有学者译为左支和右支。

阿莱山地区吉尔吉斯部落也加入了俄国。相关展品的文字说明突出了吉尔吉斯各部落首领同俄罗斯帝国的合作，将浩罕汗国视为双方共同的对抗对象。近代史展厅内醒目的位置悬挂着巴依提克巴特尔（Байтик баатыр，1822—1886 年）和沙布丹巴特尔（Шабдан баатыр，1839—1912 年）的大幅画像也说明了这一点：巴依提克领导过反抗浩罕汗国马拉汗的起义运动，并与俄军将领切尔尼亚耶夫（Mikhail Cherniaev，1828—1898 年）合作，使现吉尔吉斯斯坦北部地区进入俄罗斯帝国[1]；沙布丹与斯科别列夫（Mikhail Skobelev，1843—1882 年）合作，为吉尔吉斯和俄罗斯人民的和解以及现吉尔吉斯斯坦南部地区进入俄罗斯帝国作出了贡献。[2]

　　吉国博很少展出正面反映"侵占""兼并"这两种吉尔吉斯人加入俄罗斯帝国的方式的展品，仅在近代史展厅即将结束的地方，通过一个实物展柜和一台电子展示屏简述 1898 年安集延起义和 1916 年中亚大起义。该展区所呈现的历史叙事较多沿袭 20 世纪 60 年代以降的俄苏史学立场，即一方面突出部分吉尔吉斯部落首领的所谓"自愿归并"于俄罗斯帝国，另一方面也描述吉尔吉斯各部对浩罕和沙俄统治的反抗。[3]

　　对近代吉尔吉斯各部同周边政权关系的描述也是如此。例如"清朝遭到吉尔吉斯人强烈抵抗，被迫与之建交""1862 年，吉尔吉斯人与俄罗斯士兵一同将皮什佩克从浩罕汗国的统治下解放出来""清朝威胁迫使吉尔吉斯人寻找一个强大的盟友"等论述，有诸多与史实相悖之处，但同 1984 年版苏联

---

[1]　Байтик баатыр, "XIX кылымдагы дипломат жана кол башчы.", https://sputnik.kg/20220831/baytik-baatyr-diplomat-zhana-kol-bashchy-1067371217.html?ysclid=lk6lcambxs936063829, [2023-07-16].

[2]　"175-летие Шабдана Джантаева.", http://nlkr.gov.kg/175-letie-shabdana-dzhantaeva/, [2023-07-16].

[3]　例如，在论及 1873—1876 年吉尔吉斯人反抗浩罕汗国的起义和其后的吉－俄关系时，《吉尔吉斯共和国史》称吉尔吉斯牧民和农民顽强而勇敢地反抗浩罕人的统治，而且因其力量不足，吉尔吉斯人坚定、长久地寻求俄罗斯的庇护、支持和帮助，并希望获得俄罗斯公民的身份。同时，苏联史学认为吉尔吉斯人自愿加入俄罗斯并非受沙俄政府殖民政策影响，而是受俄罗斯工人阶级影响，而加入俄罗斯帮助吉尔吉斯人摆脱了浩罕汗国统治和清朝及英国威胁，并促进了吉尔吉斯人民的统一。参见：История Киргизской ССР：С древнейших времен до наших дней. Т.2 Под ред. С. И. Ильясов и др. Фрунзе：Кыргызстан. 1986. С.83-84, 87-88.

官修史书《吉尔吉斯共和国史》高度一致。[①] 这再次印证吉国博的历史叙事深受 20 世纪 60 年代以降史学观点的影响，同时也尝试对俄苏史学关于吉 – 俄关系的部分观点进行了修正，以强调吉尔吉斯各部的独立性。

（二）吉国博的现代史叙事——以国族独立为核心

吉国博的现代史展厅分为苏联时期和独立后两个部分，共计十个篇章。十个篇章分别是"苏维埃政权在吉尔吉斯斯坦的建立""20 世纪 20—40 年代吉尔吉斯斯坦的社会经济发展""吉尔吉斯斯坦所受镇压情况""伟大的卫国战争期间的吉尔吉斯斯坦（1941—1945 年）""吉尔吉斯共和国的社会发展""20 世纪 50—80 年代吉尔吉斯斯坦的文化和艺术""20 世纪 50—80 年代吉尔吉斯共和国的领导人""吉尔吉斯共和国的独立""国家货币"。

相比乌兹别克斯坦的历史叙事，吉国博的上述展区更多承袭了苏联史学的历史分期，但吉国博以吉尔吉斯族的独立和发展为评判标准，选取相关展品并给出相应评价。首先，吉国博认可十月革命对于吉尔吉斯斯坦国族建构的积极意义，称其为"吉尔吉斯人恢复原有的国家地位提供了先决条件"，并陈列了大量关于吉尔吉斯族在十月革命前后争取独立的斗争和 20 世纪 20—30 年代的吉尔吉斯苏维埃社会主义共和国的建立过程的文件。其次，与建国具有同等重要性的，是捍卫国家独立和维护领土完整的相关历史事件。因此，吉国博沿用了苏联史学中"伟大的卫国战争"（Великая отечественная война）这一术语。吉国博展出了卫国战争期间吉尔吉斯斯坦各族军民在前线和后方的事迹，同时陈列了当代吉尔吉斯斯坦老兵、吉尔吉斯斯坦领导者为胜利纪念碑献花的照片，突出了 6.84 万吉尔吉斯斯坦人（约为吉尔吉斯共和国五分之一的人口）为战争胜利作出的巨大贡献。再次，在评价 30 年代的

---

① 例如："清朝统治者试图夺取天山地区的土地，但遭到定居的吉尔吉斯人和乌兹别克人强烈的武装抵抗，最终清朝撤退了。""严重的封建压迫和浩罕可汗的残暴统治，导致吉尔吉斯人民不断爆发民族解放起义""19 世纪中叶，吉尔吉斯人自愿成为俄罗斯帝国的一部分，这是他们做出的最重要的和最自我拯救的行为之一。"参见：Ильясов С. И. и др.ред., История Киргизской ССР: С древнейших времен до наших дней. Т. 2. Фрунзе. 1986. С.13.

图 6-21　夕阳下的苏莱曼山（摄影：郑豪）

一系列政治事件上，相关展区内容表现出相对客观和克制的立场。吉国博的现代史展厅单独分隔出了一块相对封闭而窄小的展览空间，以琼－塔什（Чон-Таш）村事件为焦点，展出吉语出版物和纪念性文件，以点带面地呈现30年代吉尔吉斯斯坦所经历的政治镇压。可见，吉国博在这一敏感历史问题上进行了精心设计，向受众传达"伤痛叙事"而非"批判叙事"。这反映出当代吉尔吉斯斯坦国族建构过程中对俄苏传统的复杂心态。

在20世纪后半期部分，现代史展厅集中展示了50—80年代吉尔吉斯共和国在社会经济、科学技术和文化艺术等方面所取得的重大成就。该展区以获得苏联人民艺术家称号、获得苏联英雄称号的吉尔吉斯族先进人物和获得苏联生产锦旗的吉尔吉斯工业综合体或集体农庄为叙事主体，勾勒这一时期吉尔吉斯共和国的发展水平。最后，现代史展厅展现了吉尔吉斯斯坦独立以来的国家象征标志设计、国家发展和国际关系，通过国旗国徽、货币、工业建设和吉领导人参与的外交活动等照片，呈现当代吉尔吉斯斯坦的内政外交成就。值得注意的是，吉国博在展现吉尔吉斯斯坦对外关系时，按吉总统与联合国秘书长，与俄罗斯、土耳其和其他中亚国家的顺序布置展品。由此推测，土耳其在吉尔吉斯斯坦外交版图中的地位已经同俄罗斯与独联体国家相当。

　　2016年之前，吉国博大量保留了苏联时期的装潢。其内部以列宁为原型的各式雕塑、壁画和其他元素随处可见，最为集中和突出的体现便是吉国博大厅内的列宁展厅：展厅入口处是以俄语、吉语、英语、汉语等多种语言书写的"列宁"石膏浮雕，内部展品同样瞩目。列宁元素的大量存在，是由于吉国博原址为莫斯科中央列宁博物馆伏龙芝分馆。独立以后，吉国博正式搬迁入该址。在2016年受土耳其资助开展翻新工作前，吉国博将列宁展厅和列宁、苏联相关硬装保留了近20年。这一方面可能因为独立以来，吉尔吉斯斯坦秉持了温和对待苏联时期历史的立场，另一方面也可能是由于相关机构缺乏资金、无力翻修。

图6-22　2016年翻修之前吉国博的列宁展厅 [1]

① 张永铭：《西行日记：中亚和高加索纪行》，济南：山东画报出版社，2023年，第18页。

图 6-23　吉国博大厅陈列的儒尼文碑铭和周围的拜捷列克（摄影：吕成敏）

　　2016 年翻修之后，吉国博大厅彻底告别列宁和苏联色彩，代之以一座记载叶尼塞吉尔吉斯人事迹的儒尼文碑铭[①] 和 54 根环绕碑铭的树枝状装饰物，即拜捷列克（Байтерек）。儒尼文是拼写古突厥语的重要文字之一。[②] 而吉尔

---

① 该石碑是为纪念 7—8 世纪叶尼塞吉尔吉斯可汗巴尔斯伯（Барс-бег）而树立的。碑上所刻儒尼文大意为："我不享受自己出身的雪豹部落，也不享受自己的英雄气概。你是一位（在狩猎中）善于瞄准的射手，你是一位在战斗中的伟大英雄，埃利克·别尔特·奥帕·巴尔斯（Элиг Берт Опа Барс），我们（与你）分离了，真是悲哀！哦，我们的祖先（保护者），乌迈（Умай），求求你，你没有将我们创造成拥有六个灵魂的勇士的亲朋（没有创造不朽），你没有为我们创造拥有三个灵魂的骏马（没有创造不朽）。哦，不幸的是，我与我的侦察兵和守卫分开了，我被选中了（来世）。母亲十月怀胎，为我的国家生下了我。在成长中，我表现出英雄气概。尽管敌人众多，但我还是加入了战斗，并离开了这个世界，真是悲哀。你给你的兄弟们带来了巨大的负担（悲哀）。因（我的）军事技艺，也因他们的强大，我的兄弟们树立起了我的永恒之石（铭文）。我们兄弟四个，被埃尔克利格（Эрклиг，冥界之神）隔开，呜呼！狍子围攻阿尔泰山（Алтун-Сонг），繁衍，散居，因为我的奥帕·巴尔斯已经去世了，狍子就可能会猎杀你。"

② 拜捷列克是吉尔吉斯人神话传说和史诗中的圣树，参见：День в музее. А стоит ли увиденное $13 млн? https://bulak.kg/2021/11/19/den-v-muzee-a-stoit-li-uvidennoe-13-mln/?ysclid=lk7yoz1nme841394750，上网日期：2023 年 7 月 17 日。

吉斯、哈萨克等亚欧大陆游牧民族都视拜捷列克为宇宙之树和生命之树，是自然崇拜和民间神话体系中的重要符号。这一设计表明，吉国博抓住翻修契机，剥离和删去了过多的苏联政治文化符号。同时，尽管受制于土耳其，但在新国族象征的选取过程中，吉国博并未过多受土耳其政治文化影响。这一布展方式体现了吉尔吉斯斯坦尝试在主体民族传统中寻找国族身份文化符号的努力。

◆ 五、吉尔吉斯斯坦的公共空间政治 ◆

吉尔吉斯斯坦比什凯克市中心行政区西起托戈洛克·莫尔多大街（Улица Тоголок Молдо），[①]东到伊布拉吉莫夫大街（Улица Ибраимова），[②]西至伏龙芝大街，[③]南到楚河大街（Проспект Чуй）。本节以市中心和城区东西向主干道为研究重点，对区域内相关公园、街道等公共空间中的20余座纪念碑刻、雕塑等建筑物更易和街道名称变迁进行分析。

首先，吉尔吉斯斯坦很大程度上保留了苏联时期的纪念建筑及其命名方式。1942年，为纪念卫国战争期间牺牲的苏联英雄、吉尔吉斯苏维埃社会主义共和国军事委员伊万·潘菲洛夫（Иван Панфилов）[④]，吉尔吉斯共和

---

① 托戈洛克·莫尔多（Тоголок Молдо，生卒1860—1942年），吉尔吉斯诗人，《玛纳斯》史诗的表演者，寓言文学的创始人，代表作有《鸟语录》（Сказание о птицах）《革命》（Революция）《自由》（Свобода）等。

② 苏丹·伊布拉伊莫夫（Султан Ибраимов，生卒1927—1980年），曾任吉尔吉斯苏维埃社会主义共和国部长会议主席（1978—1980年），2019年追授其为吉尔吉斯共和国英雄。

③ 米哈伊尔·伏龙芝（Михаил Фрунзе，生卒1885—1925年），俄苏革命家、政治家、军事理论家，内战时期红军司令。伏龙芝任图尔克斯坦方面军司令（1919年8月15日至1920年9月10日），打通了俄苏同中亚地区的联系。1926—1991年，吉尔吉斯苏维埃社会主义（自治）共和国首都以伏龙芝命名。

④ 二战爆发后，苏联政府在中亚地区实行了大规模军事动员，各族人民踊跃参军上前线。其中潘菲洛夫（И.В. Панфилов）少将指挥的由哈萨克人、吉尔吉斯人与其他民族的官兵组成第316师建功卓著。1941年11月18日，潘菲洛夫在莫斯科保卫战中阵亡，该师即以"潘菲洛夫"命名，并改组为近卫步兵第8师。

国将原红星公园更名为潘菲洛夫公园，并树立潘菲洛夫像。尽管潘菲洛夫是俄罗斯族，独立以后，吉尔吉斯斯坦仍保留了潘菲洛夫公园这一名称和其中的雕像。在这一区域的最东侧，为纪念卫国战争的胜利，1985 年建造了胜利广场和胜利纪念碑群。目前，胜利广场是吉尔吉斯斯坦重要的爱国主义教育场地和各国政要来访的参访地点，也是每年胜利日纪念活动的举办地。可见，吉尔吉斯斯坦将苏联时期建造的同卫国战争相关的纪念建筑融入当代公共空间建构中。其原因从吉尔吉斯斯坦监察办公室负责人马梅舍夫（Икрам Гаппарович Мамешев）的观点中可见一斑。他认为，"卫国战争不是俄罗斯人、乌克兰人、亚美尼亚人、吉尔吉斯人的战争，而是所有苏联人民争取自由的战争……拆除（卫国战争）纪念碑是对参战英雄的亵渎"。[①] 胜利广场至今仍全年点燃长明火。对卫国战争相关纪念建筑的保留和重视继承了苏联时期此类建筑所承载的抵抗外敌侵略、维护国家独立的文化内涵。

同上述卫国战争相关纪念建筑一样，该区域内保留了其他俄苏时期的纪念碑刻。橡树花园（Дубовый Парк）中的红军战士纪念碑（Памятник Красногвардейцам）和中心广场上的革命战士纪念碑（Памятник «Борцам революции»）是为纪念苏维埃政权建立和苏联时期社会发展而树立的纪念建筑。前者建成于 1960 年，是一座高达 11 米的方尖碑，方尖碑底座上以俄语和吉尔吉斯语刻有"永恒荣耀属于为苏维埃政权建立而牺牲的人们"，大理石板上刻有 43 名将士姓名。不过，调研团调研期间，红军战士纪念碑前的长明火未被点燃。后者建成于 1978 年，由三个雕塑组成，主雕塑是高举旗帜的吉尔吉斯妇女雕像，左右两个雕塑群分别名为"觉醒"和"革命"，纪念十月革命前后各族人民反抗压迫、争取自由的斗争。[②] 吉尔吉斯斯坦还保留了其他苏联时期的政治人物的雕像，如马克思和恩格斯像、列宁像等。由此

---

① "Бишкек-2012: с памятниками здесь не воюют (Фото)!", https://www.worldandwe.com/ru/gallery/ *Pamyatniki_voinam_Velikoi_Otechectvennoi.html*, [2023-07-27].

② "Памятник «Борцам революции», созданный скульптором Т. Садыковым.", https://open.kg/about-kyrgyzstan/art/sculpture/31618-pamyatnik-borcam-revolyucii-sozdannyy-skulptorom-t-sadykovym.html ?ysclid=lklyzgar68219669848, [2023-07-27].

图 6-24　红军战士纪念碑（左侧）革命战士纪念碑（右侧）（摄影：吕成敏、刘弋鲲）

可见，吉尔吉斯斯坦政府并没有激进地弃绝苏联时期的政治文化遗产。

　　该区域还有纪念吉俄友谊的建筑。1974 年，吉尔吉斯共和国为纪念吉尔吉斯斯坦自愿加入俄罗斯 100 周年，于阿拉套广场西侧建立了人民友谊纪念碑（Монумент дружбы народов）。碑身由两块高达 28 米的白色大理石构成，其上有 13 个人物的铜制浮雕，象征着吉尔吉斯族同俄罗斯族的统一和友谊。2017 年，时过境迁，该雕塑所处街心公园更名为"吉尔吉斯斯坦和俄罗斯人民友谊公园"。从后冷战时代的政治经济情境来看，对于吉尔吉斯斯坦而言，该雕塑所纪念的事件实际上有损于吉尔吉斯斯坦的独立。吉政府对该纪念建筑的保留，说明了当代吉尔吉斯斯坦并不以全然负面的眼光看待 19 世纪吉尔吉斯人与俄罗斯帝国的关系，而且非常重视当代吉尔吉斯斯坦同俄罗斯的关系。正因如此，吉尔吉斯斯坦仍保留了较多以俄罗斯作家命名的公共场所。

当然，吉尔吉斯斯坦当局也并非没有扬弃苏联时期的符号体系。比什凯克市中心的阿拉套广场（原列宁广场）是吉尔吉斯斯坦国家行政机关所在地，也是国家的政治中心。独立以后，吉尔吉斯斯坦诸多全国性政治事件在此发生。该广场上纪念建筑的更易直接反映了吉尔吉斯斯坦在国族建构中所选取的核心对象和建构逻辑。1984 年列宁广场的落成时，列宁像曾被安放在广场中心。吉尔吉斯斯坦独立之初，列宁广场被更名为阿拉套广场。不过广场上的列宁像并未更易，而且在 2000 年以法令形式确立为受国家保护的历史文化遗产。但是，2003 年，"自由女神"雕像取代了列宁像。2011 年，在第二次"颜色革命"后，"自由女神"雕像又被民族英雄玛纳斯的雕像所取代。吉政府或许试图借玛纳斯这一形象唤起民众的团结。[1] 此外，许多曾经以俄苏政治人物命名的街道和广场也被重新命名。例如，原比什凯克的苏维埃街（советская улица）被重新命名为"巴伊提克巴特尔街"（Baitik Baatyr），以纪念反抗浩罕汗国压迫的斗争领袖之一。

1996 年，吉尔吉斯斯坦政府在中央广场上新辟一片区域，构建被称为"二十世纪吉尔吉斯斯坦政治家小巷"（Аллея государственных деятелей Кыргызстана XX в.）的公共空间。[2] 这一区域集中竖立着 15 位在苏联时期担任过要职的吉尔吉斯族领导人的雕像。例如，伊马纳雷·艾达尔别科夫（Иманалы Айдарбеков，1884—1938 年）[3] 因在吉尔吉斯斯坦国家形成有着重

---

① Cummings, Sally N. "Leaving Lenin: Elites, Official Ideology and Monuments in the Kyrgyz Republic", Nationalities Papers: The Journal of Nationalism and Ethnicity, 41:4 (June 2013): pp. 606-609.

② "Государственный список памятников истории и культуры Кыргызской Республики республиканского значения.", https://minculture.gov.kg/gosudarstvennyj-spisok-pamyatnikov-istorii-i-kultury-kyrgyzskoj-respubliki-respublikanskogo-znacheniya/?lang=ru, [2023-07-28].

③ 伊马纳雷·艾达尔别科夫（Иманалы Айдарбеков，1884—1938 年），政治家，曾任卡拉 - 吉尔吉斯革命委员会主席（1924—1925 年）。1924 年，俄共（布）中央委员会对中亚地区进行民族划界，卡拉吉尔吉斯自治州成为吉尔吉斯自治州并成为俄罗斯联邦的一部分。1924 年底，吉尔吉斯自治州的权力中心自塔什干移至比什凯克，至此，之前分散的吉尔吉斯人形成了国家。参见："Иманалы Айдарбеков — биография.", https://ru.sputnik.kg/20221130/imanaly-ajdarbekov-biografiya-1070517836.html?ysclid=lkmcjrvvmt165914196, [2023-07-28].

要作用，其雕像被置于这一区域中最醒目的位置。该雕塑群集中反映了当代吉尔吉斯斯坦对苏联时期的认知和纪念方式。在独立后新建苏联时期吉尔吉斯共和国领导人雕像，这一方面说明吉尔吉斯斯坦当局一定程度上将苏联时期以相对正面的形象整合入现代国族历史叙事；另一方面，选取该时期的吉尔吉斯族领导人作为雕塑主体，说明该纪念建筑意在构建吉尔吉斯族的主体性，提升主体民族地位。

小巷北侧是一面吉尔吉斯斯坦政治家图尔达昆·乌苏巴利耶夫（Турдакун Усубалиев，生卒 1919—2015 年）[①] 的纪念墙。这面墙同样是吉尔吉斯斯坦公共空间中苏联政治文化符号和当代吉尔吉斯斯坦政治文化符号融合汇聚的象征。纪念墙的背景是阿拉套广场远景图，高高飘扬的吉尔吉斯斯坦国旗十分瞩目。纪念墙上以吉语书写"我为我的人民工作"（Мен өз элим үчүн эмгектендим）几个大字。纪念墙两侧的立柱顶端仍保留了苏联国徽。相关政治文化符号的重叠出现看似冲突，实则是吉尔吉斯斯坦当局构建其政权和历史

图 6-25　比什凯克市中心图尔达昆·乌苏巴利耶夫纪念墙（摄影：吕成敏）

---

① 图尔达昆·乌苏巴利耶夫（Турдакун Усубалиев，1919—2015 年），苏联政治家和党的领导人，曾长期担任吉尔吉斯共产党中央委员会第一书记（1961—1985 年）。

连续性的重要方式，乌苏巴利耶夫在此就充当了联结苏联时期和独立以来的吉尔吉斯斯坦的桥梁。

纪念建筑之外，吉尔吉斯斯坦对街道的更名和命名也是反映其重塑路径的重要对象。苏联时期，其境内各国的街道命名往往带有强烈的政治和意识形态色彩，常以著名人物或事件命名。独立以来，吉尔吉斯斯坦对苏联时期的街道命名同样进行了扬弃，一方面将部分街道维持原命名，另一方面对部分街道进行更名，后者的主要趋势是"吉尔吉斯化"和"国际化"。

比什凯克市中心的楚河大道是一条连通东西城区的主干道。该道路于比什凯克建城时出现，最初被称为商人路（Купеческая Улица），1924 年改称公民路（Гражданская Улица）。1936 年，更名为斯大林路（Улица Сталина）。1961 年苏共二十二大召开后，更名为苏共二十二大路（Улица XXII партсъезда）。1974 年时，该道路被拆分成东段、城区段和西段三段，城区道路沿用了其北部主干道（现丝绸之路大道）的原名，被更名为列宁大道（Проспект Ленина），东西两段则保留了原名。[①] 吉尔吉斯斯坦独立以来，该街道再次被重新命名，以流经比什凯克市西北郊的楚河命名，即楚河大道（Проспект Чуй）。2018 年，为纪念第二次吉尔吉斯斯坦革命，比什凯克市议员一致通过决议，将原南北向的沙布丹巴特尔路（Улица Шабдан Баатыра）更名为 4 月 7 日路（Улица 7 Апреля），将楚河大道同该路交叉口以东的部分更名为沙布丹巴特尔大道（Проспект Шабдан Баатыра）[②]。

楚河大道南部的东西向主干道也从十月革命 50 周年路（Улица 50 лет Октября）更名为伊萨·阿洪巴耶夫路（Улица Исы Ахунбаева）[③]，借此清除

---

① "Ленинский проспект", http://yiv1999.narod.ru/ABC_0030.htm#3800, [2023-08-13].

② "В Бишкеке появится улица 7 Апреля.", https://knews.kg/2018/03/19/v-bishkeke-poyavitsya-ulitsa-7-aprelya/?ysclid=llab1gqtaa515904001, [2023-08-13].

③ 伊萨·阿洪巴耶夫（Иса Ахунбаев，生卒 1908—1975 年），院士，苏联外科医生，吉尔吉斯斯坦胸外科创始人，曾任吉尔吉斯共和国科学院第一任院长（1954—1960 年）、苏联最高苏维埃代表（1946—1958 年）。参见："Ул. И. Ахунбаева / 50 лет Октября.", https://bishkekstreets-kg.webnode.ru/newname/ul-i-akhunbaeva-50-let-oktyabrya/, [2023-08-13].

苏联时期的政治化命名并纪念吉尔吉斯族著名历史人物。城区南部新建的主干道，则直接以吉尔吉斯政治家阿布萨马特·马萨利耶夫[①]命名，即阿布萨马特·马萨利耶夫大道（Проспект Абсамата Масалиева）。[②]

从上述街道的更名中可以看出，吉尔吉斯斯坦对街道的更名或命名思路，难以简单概括为"去苏联化"。显然，独立以来吉尔吉斯斯坦政府对比什凯克城区重要街道进行了大刀阔斧的更名工作，清除了具有强烈苏联时期政治色彩和意识形态色彩的道路名称。但是，却并不避讳以苏联时期重要的吉尔吉斯人物对街道进行命名或更名，这类人物包括吉尔吉斯共和国领导人、政治家、科学家和作家等。这说明，相较于"去苏联化"这一概括，或许用"吉尔吉斯化"概括此类街道更名或命名方式更为准确。

独立以来，比什凯克市主干道的街道名称变更还呈现出"国际化"的趋势和特征，这既反映了吉尔吉斯斯坦对其自身在国际地位和外交关系的重视，又体现了吉尔吉斯斯坦高度依赖外汇的社会经济发展现状。

1996 年，比什凯克市政府将二十二大路（西段）改称为邓小平大道（Проспект Ден Сяопина），借此纪念中国改革开放总设计师邓小平。[③] 在该路起点处，树立着刻有以吉、俄和中文三语拼写的"此街以卓越的社会和政治活动家邓小平的名字命名"的纪念碑，碑上有邓小平像。该路的命名，既寄托了吉尔吉斯斯坦对经济发展的期待，又彰显了中－吉睦邻友好的双边关系。

---

① 阿布萨马特·马萨利耶夫（Абсамат Масалиев，生卒 1933—2004 年），政治家，吉尔吉斯共和国英雄。曾任吉尔吉斯斯坦共产党中央委员会第一书记（1985—1991 年），吉尔吉斯苏维埃社会主义共和国最高苏维埃主席（1990 年）。

② "О присвоении имени Абсамата Масалиева новому проспекту в южной части города Бишкек.", https://gorkenesh.kg/ru/the-rulings-of-the-bgk/25-sozyv/396-157-o-prisvoenii-imeni-absamata-masalieva-novomu-prospektu-v-yuzhnoj-chasti-goroda-bishkek.html, [2023-08-13].

③ "Проспект имени Дэн Сяопина -- самая оживленная улица в столице Кыргызстана.", http://russian.people.com.cn/n/2014/0822/c31519-8772984.html, [2023-08-13].

此外，城区中仍保留了部分苏联时期的街道命名，例如列夫·托尔斯泰路（Улица Льва Толстого）、马克西姆·高尔基路（Улица Максима Горького）等街道。这些街道的留存，彰显着吉尔吉斯斯坦同俄罗斯的友好关系。与对纪念建筑的保留类似，这反映出吉尔吉斯斯坦重视维持吉—俄关系。2008年以来，吉尔吉斯斯坦的外汇收入占GDP总量持续超过20%。2022年，这一比例达到了31.2%。其中，81%的外汇来源是赴俄务工人员。[1]

尽管受到俄乌冲突的影响，2023年吉尔吉斯斯坦外汇收入有所下降，但外汇收入仍然占据其国内GDP总量的约三分之一。这说明，吉尔吉斯斯坦谨慎对待以俄罗斯人命名的街道更名问题，具有强大的现实影响因素。同时，这些街道未来命名的保留和变更情况，能够作为衡量吉-俄关系变动的重要指标。

图6-26　比什凯克市邓小平大道起点处的邓小平像[2]

① World Bank, "Personal remittances, received (% of GDP) - Kyrgyz Republic.", https://data.worldbank.org/indicator/BX.TRF.PWKR.DT.GD.ZS?locations=KG, [2023-08-13].

② "Проспект имени 50-летия Киргизской ССР.", http://yiv1999.narod.ru/ABC_0040.htm#69000, [2023-08-13].

除双边关系外，吉尔吉斯斯坦独立后对丝绸之路大道的更名也反映了其对自身国际地位的认知和弘扬。比什凯克市北部，有一条平行于楚河大道的东西干线。1938 年，为纪念列宁，该路被命名为列宁大街（Улица Ленина），后因道路拓宽，该路于 1960 年改名为列宁大道（Проспект Ленина）。1974 年，为纪念吉尔吉斯苏维埃社会主义共和国成立 50 周年，该路更名为吉尔吉斯共和国成立 50 周年路（Проспект имени 50-летия Киргизской ССР），同时其南部的市中心主干道（现楚河大道）被更名为列宁大道。由其更名历程可见，该道路一直以来是比什凯克市的重要道路，往往以国家相关的重要政治事件或人物命名。吉尔吉斯斯坦独立以来，该路被更名为丝绸之路大道（Проспект Жибек жолу），用以纪念地处丝绸之路中段的吉尔吉斯斯坦在繁荣商贸活动中的重要地位。[①]

总而言之，独立 30 多年来，经过保留、拆除和新建，比什凯克市的公共空间呈现出复杂多元的状态：既留存了部分苏联时期的纪念建筑和街道命名方式，又新建了吉尔吉斯族重要历史人物的雕像或以其更名城市街道。在重塑公共空间的过程中，政府重新审视了自吉尔吉斯斯坦建国以来的历史诸阶段，扬弃了苏联时期的历史遗产；审慎选取了为吉尔吉斯斯坦独立和发展作出巨大贡献的吉尔吉斯族历史人物作为新政治符号，整体呈现出"吉尔吉斯化"的显著趋势，并由此来构建政权的合法性、连续性和新时期的国族认同。

◆ 六、结论 ◆

国族建构是具有能动性的持续进程。对历史问题的评判往往能反映各国政府对国内和国际政治经济形势的判断和把握。国家历史叙事的修正以及公

---

① "Проспект имени 50-летия Киргизской ССР." http://yiv1999.narod.ru/ABC_0040.htm#69000[2023-08-13].

图 6-27　比什凯克伊玛目萨拉赫西清真寺（摄影：刘弋鲲）

共空间重要纪念物的变更往往是一国内政外交政策的风向标。因此，对乌、吉两国国家历史书写和公共空间政治的分析有助于读者理解两国独立以来不同时期的内外政策变迁。

19 世纪中期以降，源自欧洲的现代政治概念和民族国家体系进入中亚地区。20 世纪 20—30 年代，现代中亚五国的主体民族身份随着五国政权和边界的确立而逐渐明确。在苏联时期，中亚各加盟共和国同时存在两套认同体系：首先，各国在社会主义制度、工业化现代化进程及科教文卫发展过程中，共同享有"苏联人"的集体身份；在此基础上，各国的官方文教机构致力于构建主体民族的语言、文学、历史、艺术和民俗等知识体系，进而构建民族集体身份。

独立以来，中亚各国亟须在公共空间、历史书写、语言政策等诸领域重构国族身份。一方面，这一过程不可避免地包含对苏联时期集体身份的弱化和对后冷战时代全球化价值观的吸纳；另一方面，各国要建构对新的国家政权及主体民族的认同。为此，各国需要重组既有的符号资源，并根据新的国内国际环境新增符号。乌兹别克斯坦和吉尔吉斯斯坦对历史书写的修正和公共空间的重塑在不同程度上灵活运用了属人原则和属地原则，以本民族重要历史人物或活动在当代国家疆域范围内的人物及其相关事件为素材，塑造新的政治文化符号体系。

就国族建构的具体路径而言，乌、吉两国有着显著差异。乌兹别克斯坦将 19 世纪后半期至 1991 年的历史阶段均视为被殖民的历史，因此，在构建国族身份时，采取了去苏联化和去俄语化的路径。在历史书写领域，乌兹别克斯坦缩减苏联时期展区的规模，对上述时期整体上持负面评价，而将乌兹别克共和国在社会经济和文化教育领域所取得的成就归功于乌兹别克族领导人和人民。在公共空间领域，乌兹别克斯坦几乎将所有与苏联时期政治概念和政治人物相关的纪念建筑重新命名，修改了以俄语和西里尔乌兹别克语拼写的命名方式，代之以主体民族的重要历史人物和传统文化符号。

吉尔吉斯斯坦则选择了更为温和的路径。吉尔吉斯斯坦认为俄罗斯帝国时期是吉尔吉斯斯坦作为国家的形成阶段，并以更积极的态度看待苏联时期的历史遗产。因此，在构建国族身份时，吉尔吉斯斯坦批判继承了公共空间中既有的政治文化符号，并将其融入当代国族建构中。

第七章

乌兹别克斯坦与吉尔吉斯斯坦的语言政策与语言实践

傅颖夫钓鱼的父子（摄影：郑亮）

语言是国族建构的主要元素之一。全国性通用语言（即国语或官方语言）是建立统一市场和构建现代国家公民政治认同的文化基础。对于乌兹别克斯坦、吉尔吉斯斯坦这样的多族群国家，语言政策无疑是国族建构过程中面临的重要议题，也是影响其政治稳定、经济发展和国际地位及关系的重要政策和社会领域。乌兹别克斯坦、吉尔吉斯斯坦两国的语言政策是管窥两国政治走向和国际关系变动的重要窗口。对两国语言政策的研究有助于读者研判中国与中亚国家合作过程中可能面临的现实挑战和发展机遇。

◆ 一、语言政策研究视角：地位规划、本体规划和习得规划 ◆

本章采用社会语言学家斯波斯基（Bernard Spolsky）的语言政策理论，考察乌兹别克斯坦和吉尔吉斯斯坦两国的语言规划和语言实践，以期尽可能充分地展示两国当前社会政治条件下的语言状况。语言规划包括地位规划、本体规划和习得规划三部分。地位规划关注某种语言或语言变体被所在国赋予的地位。本体规划指一国政府对语言本身的语音、句法、词汇和书写形式的规制。习得规划主要讨论一国政府如何制定相关语言的教育和推广政策。[①]

乌兹别克斯坦和吉尔吉斯斯坦地处亚欧大陆腹地和古丝绸之路沿线。亚欧大陆各地的商贸往来和文化交流使得该地区自古形成多元文化并存的格局。中古时期，中亚地区游牧和定居人群的知识精英长期使用以阿拉伯字母为基础的书写体系。19 世纪俄国征服中亚后，俄语逐渐成为该地区上层精英所掌握的语言。

国家一般以语言政策法规和教育机构为抓手影响语言实践。苏联时期的语言规划经历了从积极鼓励民族语言和文化发展向推行俄罗斯化的语言政策的转变。20 世纪 20 年代，秉持列宁提出的民族平等原则，俄共中央推出了

---

① 〔以〕博纳德·斯波斯基：《语言政策：社会语言学中的重要论题》，张治国译，北京：商务印书馆，2011 年，第 55 页。

"本地化"（коренизация）的语言政策方针。《俄国无产阶级的基本任务》一文强调要"协助那些在此以前受压迫的不平等民族发展语言和文学"。[①]1921年俄共（布）第十次代表大会《关于党在民族问题方面当前任务的决议》以决议的形式要求实现各民族语言自决、自我发展的权利，规定发展使用本民族语言的培训学校、培养少数民族干部。《决议》同时规定各民族法庭、行政机关、经济部门、剧院等改用民族语言。[②]1938年,《关于民族共和国和民族州必须学习俄语》的决议事实上宣告了俄语优先地位的确立。1961年苏共二十二大正式确定了俄语作为苏联各族人民"第二母语"的地位。[③]此后,俄语一直保持着语言实践领域的优势地位。

就本体规划而言，苏联对中亚地区各民族语言文字书写体系进行了多次改革。1929年,《关于使用新拉丁文字的决议》通过。在不到2年的时间内,中亚各族从使用阿拉伯字母为主的文字体系过渡到使用拉丁字母。[④]1940年,乌兹别克斯坦和吉尔吉斯斯坦相继完成新一轮语言文字改革，从拉丁字母转换到以西里尔字母拼写各族语言。独立后，乌兹别克斯坦积极推动拉丁化改革，而吉尔吉斯斯坦仍采用西里尔字母。

在习得规划方面，苏联时期同样出现了从支持民族语言习得到大力扶持俄语教学的转变。1918年俄共（布）第八次代表大会通过决议，要求必须成立用本民族语言进行教学的统一劳动学校。1919年俄共（布）《俄联邦人口扫盲法》规定，俄罗斯苏维埃联邦社会主义共和国凡年龄在8—15岁所有不识字的公民必须识字，学习母语或俄语，任选其一。[⑤]这无疑有助于乌兹别

---

① 中央民族学院民族研究所民族理论和民族政策教研室编:《马克思恩格斯列宁斯大林民族问题著作选》，北京: 中央民族学院民族研究所，1982 年，第 428 页。
② 萨尔娜:《吉尔吉斯斯坦语言政策及语言规划演变研究》，新疆师范大学硕士论文，第 14 页。
③ Арутюнова М. А. Языковая политика и статус русского языка в СССР и государствах постсоветского пространства // Вестник Московского университета. Серия 25. Международные отношения и мировая политика. 2012. № 1. С. 159-161.
④ 何俊芳:《族体、语言与政策 关于苏联、俄罗斯民族问题的探讨》，北京: 社会科学文献出版社，2017 年，第 115-130 页。
⑤ 萨尔娜:《吉尔吉斯斯坦语言政策及语言规划演变研究》，新疆师范大学硕士论文: 第 14 页。

图 7-1　乌兹别克斯坦锡尔河畔落日余晖中的工厂（摄影：刘弋鲲）

克语和吉尔吉斯语的使用和发展。但是，到 20 世纪 30 年代末，苏联政府开始大力推行俄语教学。1938 年 3 月 13 日，《关于民族共和国和民族州必须学习俄语》的决议将俄语作为必修课，并对小学、非完全中学（七年制）和中学的俄语课时设置、毕业生的俄语水平等进行了详细规定；同时就高等教育机构俄语教师缺口情况，规定向乌兹别克共和国和吉尔吉斯共和国提供必要的援助，配备合格的俄语教师。[①] 在教学领域，第二次世界大战、战后工业化和垦荒运动等历史事件极大改变了中亚各国的民族构成，俄语逐渐成为学校教育的主要语言。

综上所述，苏联时期乌兹别克斯坦和吉尔吉斯斯坦两国的语言规划提高了两国居民的识字率和教育水平，同时也使得两国形成复杂的民族混居和语言使用状况。20 世纪 80 年代末，两国均通过语言法或相关法律明确规定民族语言和俄语的地位。独立以来，乌、吉两国纷纷兴起"语言民族化"运动[②]：这既是对苏联时期语言规划的反思与修正，又是两国进行国族建构、重塑政治认同和文化认同以及发展多元平衡外交的重要一步。

◆ 二、乌兹别克斯坦的语言规划 ◆

（一）乌兹别克语的地位规划

1991 年至今，乌兹别克斯坦政府持续推动乌兹别克语地位的提升和俄语的"外语化"。早在 1989 年 10 月 21 日，乌兹别克共和国就通过了《国语法》，规定乌兹别克语为国语，要求确保乌兹别克语在国家政治、社会、经济和文化生活中得到充分发展和运作，要求所有政府工作人员掌握乌兹别克

---

① "Об обязательном изучении русского языка в школах национальных республик и областей.", http://docs.historyrussia.org/ru/nodes/123876-postanovlenie-tsk-vkp-b-i-snk-sssr-ob-obyazatelnom-izuchenii-russkogo-yazyka-v-shkolah-natsionalnyh-respublik-i-oblastey-13-marta-1938-g, [2023-07-21].

② 菅志翔、马戎：《语言、民族国家建构和国家语言政策》，《学术月刊》，2022 年第 9 期，第 139 页。

图 7-2　乌兹别克斯坦安集延州博塔库拉村口的小汽车（摄影：郑豪）

语。《国语法》还明确指出俄语为族际交际语，要确保其发展和自由使用。①
这是乌兹别克斯坦首次以立法形式规定乌兹别克语的国语地位。

1991 年 9 月 1 日，乌兹别克斯坦正式宣布独立。1992 年《乌兹别克斯
坦宪法》和 1995 年新修订的《国语法》都重申，乌兹别克语是乌兹别克斯坦
的国语。② 具体而言，对乌兹别克语的国语地位规划涉及从政府公文到社会
空间等诸领域。《国语法》第 8、9 条规定，乌兹别克斯坦的所有政府部门文
件均应以国语通过和公布，只有在某些民族自治地区，可以以国语和该民族
语言并行；国家权力机关和行政机构中的工作语言是国语。广播，电视，邮
政，电报，社会机构、组织和协会相关文件，标志，公告，价格标签及其他
视觉信息和语言信息的文本均需以国语书写；地理名称也需要按乌兹别克语
的拼写方式重新改写。③

值得注意的是，上述法令并没有对俄语的地位做出规定。这事实上取消
了俄语作为族际交际语言的地位。乌兹别克斯坦成了中亚五国中唯一一个既
没有在宪法，也没有在修订后的语言法中规定俄语为官方语言或族际交际语
言的国家。④

2019 年 10 月 4 日，乌兹别克斯坦总统米尔济约耶夫签署一项文件，庆
祝乌兹别克斯坦《国语法》诞生 30 周年。该文件指出，乌兹别克语是乌兹别
克斯坦民族认同和独立国家的象征，其宝贵的精神财富和巨大价值，在该国
的社会政治和精神教育发展中极为重要。⑤ 值此《国语法》通过 30 周年之际，

---

① "Закон Республики Узбекистан О государственном языке Республики Узбекистан." , https://lex.uz/
docs/108915, [2023-07-21].

② "Конституция Республики Узбекистан." , https://lex.uz/docs/35869, [2023-07-21].

③ "Закон Республики Узбекистан О государственном языке." , https://lex.uz/docs/121433#121451, [2023-
07-21].

④ Landau J M, Kellner-Heinkele B., "Language politics in contemporary Central Asia：National and
ethnic identity and the Soviet legacy," Bloomsbury Publishing, 2011, p. 50.

⑤ "Постановление Президента Республики Узбекистан О широком праздновании тридцатилетия
принятия Закона Республики Узбекистан «О государственном языке»." , https://lex.uz/ru/
docs/4664624, [2023-07-21].

米尔济约耶夫再次强调在"国家发展时期"提高乌兹别克语在社会中的作用和权威地位。在该思想指导下，近年来乌兹别克斯坦政府在教育、传媒等具体领域对乌兹别克语的使用进行了更为系统的规定，进一步强化了乌兹别克语的国语地位。

（二）乌兹别克语的本体规划

同阿塞拜疆和土库曼斯坦一样，乌兹别克斯坦在独立后也选择将其字母书写体系从西里尔字母改为拉丁字母。1993 年 9 月 2 日，《乌兹别克共和国关于实行以拉丁字母为基础的乌兹别克字母表的法令》正式通过，其中提出了乌兹别克斯坦独立后字母体系拉丁化改革的第一版方案。这套字母表包括 31 个字母和 1 个撇号。与《法令》同时通过的还有《关于实行以拉丁字母为基础的乌兹别克字母表的法令》实施办法的决议。《决议》提出，从 2000 年 9 月 1 日起，乌兹别克共和国 1940 年 5 月 8 日颁布的《关于由以拉丁字母为基础的乌兹别克文转到以俄文字母为基础的新乌兹别克字母表》失效。[1] 这意味着乌兹别克斯坦政府当时预计于 2000 年完成拉丁化改革。

1995 年 5 月 6 日，乌兹别克斯坦修正了此前通过的字母表。新字母表包括 26 个字母、3 个字母组合和一个特殊符号。同时，受拉丁化改革进度影响，新版字母表面向公众使用的时间从 2000 年推迟至 2005 年。[2]1995 年版字母表至今仍是拉丁乌兹别克语主要采取的拼写方式。但有批评者诟病其在书写、阅读和电子输入等方面存在问题。为解决这些问题，2018 年，乌兹别克斯坦组织相关学者提出了新字母表修改方案，并表示这些字母与其他邻近国家语言的拉丁字母表更为相近。这套字母表重新采用了 1993 年第一版字母表中的 "ç"（"ch"），"ş"（"sh"），"õ"（"ʊ"）和 "ğ"（"ʒ"）这四个带有变音符号的字母。

---

① 冯璐璐：《浅析乌兹别克斯坦的语言政策与语言生态》，《现代语言学》，2019 年第 4 期，第 538 页。

② Landau J M, Kellner-Heinkele B., "Language politics in contemporary Central Asia: National and ethnic identity and the Soviet legacy," Bloomsbury Publishing, 2011, p. 53.

表 7–1　乌兹别克语字母表多种版本对比 ①

字母序号	1940—1993 年西里尔字母表	1993 年第一版拉丁字母表	1995 年第二版拉丁字母表	2018 年第三版拉丁字母表
1	Aa	Aa	Aa	Aa
2	Бб	Bb	Bb	Bb
3		Cc		
4	Дд	Dd	Dd	Dd
5	Ee	Ee	Ee	Ee
6	Фф	Ff	Ff	Ff
7	Гг	Gg	Gg	Gg
8	Хҳ	Hh	Hh	Hh
9	Ии	Ii	Ii	Ii
10	Жж	Jj	Jj	Jj
11	Кк	Kk	Kk	Kk
12	Лл	Ll	Ll	Ll
13	Мм	Mm	Mm	Mm
14	Нн	Nn	Nn	Nn
15	Оо	Oo	Oo	Oo
16	Пп	Pp	Pp	Pp
17	Ққ	Qq	Qq	Qq
18	Рр	Rr	Rr	Rr
19	Cc	Ss	Ss	Ss
20	Тт	Tt	Tt	Tt
21	Уу	Uu	Uu	Uu
22	Вв	Vv	Vv	Vv
23	Хх	Xx	Xx	Xx

---

① 表格制作参考："Закон Республики Узбекистан о введении узбекского алфавита, основанного на латинской графике.", https://lex.uz/docs/112283?ONDATE=12.10.1993%2000#132483; "Закон Республики Узбекистан о введении узбекского алфавита, основанного на латинской графике.", https://lex.uz/docs/112283; "Узбекский алфавит ждет улучшение.", https://www.gazeta.uz/ru/2018/11/06/alphabet/, [2023-07-21].

续表

字母序号	1940—1993 年西里尔字母表	1993 年第一版拉丁字母表	1995 年第二版拉丁字母表	2018 年第三版拉丁字母表
24	Йй	Yy	Yy	Yy
25	Зз	Zz	Zz	Zz
26	Чч	Çç	Ch ch	Çç
27	Ғғ	Ğğ	G`g`	Ğğ
28		Ĵĵ		
29	нг	Ńń	Ng ng	Ng ng
30	Ўў	Õõ	O'o`	Õõ
31	Шш	Şş	Sh sh	Şş
32	Ъъ	'	'	'

2020 年，米尔济约耶夫总统签署《关于进一步发展乌兹别克斯坦语言和完善国家语言政策的措施》的总统令①，要求进一步改进基于拉丁字母的乌兹别克语及其拼写规则，确保完全过渡到新文字。2021 年 6 月 26 日，参议院批准实施新版《国语法》。②自 2023 年 1 月 1 日起，国语全面转向拉丁字母。尽管至调研团实地调研期间，乌兹别克斯坦实际上仍存在拉丁乌兹别克语和西里尔乌兹别克语双轨并行的格局，但拉丁乌兹别克语在中青年人中已经逐渐成为主流。在可预见的未来，拉丁乌兹别克语将渐进式地取代西里尔乌兹别克语。

（三）乌兹别克语的习得规划

独立以来，乌兹别克斯坦政府采取了一系列具体行动，保障乌兹别克语在教学领域的使用，并采取多种措施提高民众学习和使用乌兹别克语的积极

---

① "Указ Президента Республики Узбекистан О мерах по дальнейшему развити ю узбекского языка и совершенствовани ю языковой политики в стране.", https://lex.uz/docs/5058375#5062855, [2023-07-21].

② "Сенат одобрил закон «О государственном языке» в новой редакции.", https://www.gazeta.uz/ru/2021/06/28/language/, [2023-07-21].

性。1989 年颁布的《国语法》规定，乌兹别克共和国保障未掌握乌兹别克语的公民免费接受国语乌兹别克语教育的权利；国家保障乌兹别克语的学习，将其作为不使用乌兹别克语授课的各类学校教学大纲中的一门主要课程，并设置乌兹别克语的毕业考核。①

独立以后，1995 年修订的《国语法》删去了上述条款，但对教育领域所使用的语言的规定更为宽泛：乌兹别克斯坦以国语和其他语言提供各级各类教育。② 就教育领域所使用的语言而言，乌兹别克斯坦存在以乌兹别克语、俄语、卡拉卡尔帕克语、塔吉克语等语言授课的各级各类教育机构。因此，为在教育领域巩固和提升国语地位，全面普及和应用国语，乌兹别克斯坦对上课语种、课时等方面作出了进一步的规定。为在以非乌兹别克语授课的学校推广乌兹别克语教学，乌政府于 2008 年底推出一项措施，试图通过增加学习乌兹别克语的额外课时来促进上述学校学生对国语的习得，同时减少母语课程的课时。按此规定，以非乌兹别克语授课为授课语言的学生一学期在校接受语言学习的时间将比乌语授课学校的学生多 12 小时。③ 这将有助于乌语在各教育阶段同其他语言的竞争。

乌兹别克斯坦独立以来，在各教育领域中，国语的主要竞争对手是俄语。俄语或是授课语言，或是乌语学校的必修课，而且由于历史影响和语言特征，在高等教育中占据强势地位。为改变这一现状，乌兹别克斯坦于 2020 年颁布《关于进一步发展乌兹别克斯坦语言和完善国家语言政策的措施》的总统令，明确提出要提升国语作为科学语言的地位；要求到 2025 年，乌兹别克语在学前教育系统中达到 72% 的覆盖率，到 2030 年达到 80%；到 2030 年，将基础教育机构中"乌兹别克语"课时从每周 84 小时增加至 110 小时；

① "Закон Республики Узбекистан О государственном языке Республики Узбекистан.", https://lex.uz/docs/108915, [2023-07-22].

② "Закон Республики Узбекистан О внесении изменений и дополнений в закон «О государственном языке Республики Узбекистан».", https://lex.uz/docs/121433, [2023-07-22].

③ Landau J M, Kellner-Heinkele B., "Language politics in contemporary Central Asia: National and ethnic identity and the Soviet legacy," Bloomsbury Publishing, 2011, p. 70.

到 2025 年，高等教育机构中乌兹别克语专业数量将达到 120 个，到 2030 年，将达到 140 个。

除对教育系统中乌语教学和乌语专业的要求外，乌兹别克斯坦当局还致力于丰富乌语词汇。例如，上述总统令要求 2020 年再编撰 15 部语言学和术语的详解词典，开发电子词典等等。① 目前，乌兹别克斯坦正致力于乌语在国内的全面应用，强化乌语作为授课语言的重要性。可以预见的是，上述法令法规的出台和执行，将大大提升乌语在教育领域的适用性和重要性。

◆ 三、乌兹别克斯坦的语言实践 ◆

2013 年"一带一路"倡议提出以来，中国同中亚国家关系更为密切，互联互通渠道更为通畅，以语言为载体的各项合作数量质量高速提升。可以预见的是，中国将与乌兹别克斯坦和吉尔吉斯斯坦在经贸和人文等领域开展更为深入的合作。为更好落实"共商共享共建"原则、促进各项合作提质增效、推进各类交流走深走实，我们面临着深入了解乌、吉两国语言实践现状、优化相关领域人才培养的迫切任务。

受历史因素影响，两国目前存在着多语言并存的现象。独立以来，如前节所述，两国通过语言规划引导和规范国民的语言使用。本节将探讨两国的语言实践，关注两国各地区和各阶层人民使用国语、俄语及其他语言的情况，借此管窥两国语言规划的落实情况及政策与实践之间的张力。

（一）乌兹别克斯坦主要语种的使用状况

自 1989 年《国语法》颁布开始，乌兹别克语始终是乌兹别克斯坦的国语，也是整个中亚地区使用人口规模最大的语种。在语言学分类上，乌兹别

---

① "Указ Президента Республики Узбекистан О мерах по дальнейшему развитию узбекского языка и совершенствованию языковой политики в стране.", https://lex.uz/docs/5058375#5062855, [2023-07-22].

克语属于突厥语族葛逻禄语支。在历史长河中，乌兹别克语受到了波斯语、阿拉伯语和俄语的影响。乌兹别克斯坦境内使用人口规模较大的语言还有俄语、吉尔吉斯语、塔吉克语、土库曼语、哈萨克语、卡拉卡尔帕克语等。在后冷战时代的全球化进程下，英语得到了乌兹别克斯坦中青年民众的青睐。下文将分三方面探讨乌兹别克斯坦语言使用状况：主要语种的使用频率和场合、乌兹别克语的双文并行现象和乌兹别克语的方言。

尽管乌兹别克斯坦境内使用的语言众多，但作为书面语言出现在公共场合的主要是乌兹别克语、俄语和英语。为考察乌兹别克斯坦境内语言使用情况，调研团在乌兹别克斯坦境内不同地区搜集了广告牌、店铺招牌、标语、宣传牌等多种类型的语言材料样本，其中塔什干市 240 个、塔什干市周边（锡尔河州）96 个、费尔干纳盆地（包括安集延州、费尔干纳州、纳曼干州）90 个，共计 426 个样本。

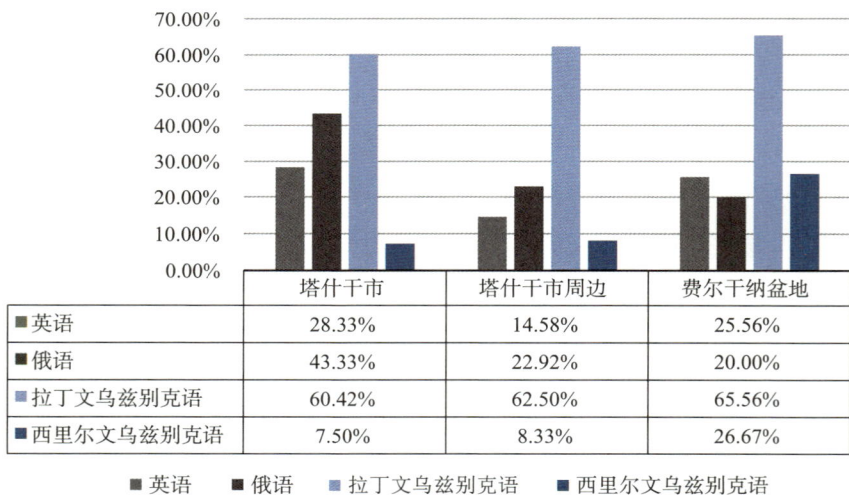

	塔什干市	塔什干市周边	费尔干纳盆地
■英语	28.33%	14.58%	25.56%
■俄语	43.33%	22.92%	20.00%
■拉丁文乌兹别克语	60.42%	62.50%	65.56%
■西里尔文乌兹别克语	7.50%	8.33%	26.67%

■ 英语　　■ 俄语　　■ 拉丁文乌兹别克语　　■ 西里尔文乌兹别克语

图 7-3　乌兹别克斯坦主要语种使用的抽样调查结果

调研团发现，总体上乌兹别克斯坦各地区的公共文本空间以拉丁文乌兹别克语为主。在调研团走访的三个地区中，塔什干市及其周边的西里尔文乌兹别克语已较为罕见。不过在费尔干纳盆地三州，西里尔文乌兹别克语的使用频率仍有 26.67%。俄语在塔什干市的使用频率达到 40% 以上，不过在塔什干市周边以及乌属费尔干纳盆地的使用频率仅有 20% 左右。总体而言，调研团考察的三个地区中，公共文本空间的英语使用频率均在 30% 以下，其中以塔什干市周边使用频率最低。综合以上情况可以看出，目前乌兹别克斯坦的拉丁文乌兹别克语使用频率较高，不过在塔什干市，英语及俄语的影响力同样不容小觑；而在费尔干纳盆地，西里尔文乌兹别克语的影响仍然存在。

目前在乌兹别克斯坦，俄语是除乌兹别克语之外使用最广的语言。俄语在乌兹别克斯坦的地位主要依托以下三方面因素维持：其一，俄罗斯在国防、能源、电力、电信、传媒、高教等领域对中亚国家的影响力。其二，俄罗斯作为后苏联空间中相对优越的就业市场。至今，俄罗斯仍然是乌兹别克斯坦主要的跨境劳务移民目的国。俄罗斯科学院社会分析与预测研究所在 2017 年 2 月公布的数据显示，俄罗斯约有 150 万乌兹别克斯坦人。官方数据显示，2016 年，从俄罗斯转至乌兹别克斯坦的个人资金高达 27 亿美元，平均每笔转账数额约为 279 美元。[①] 其三，相比英语或其他国际化语言，俄语仍是乌兹别克斯坦国民获取中高等教育知识的便捷渠道。受 20 世纪现代化经历的影响，乌兹别克斯坦中高等教育领域的书籍和电子化信息中的一大部分以俄语承载。俄语也由此成为乌兹别克斯坦国民获取国际化资源的重要途径。

因此，俄语教育在乌兹别克斯坦仍保持较大规模。2015 年，乌兹别克斯坦共有 739 所俄语授课学校，2017 年增加至 836 所，其中乌兹别克族的学生所占比例高达 90%。2018 年 3 月，乌兹别克斯坦参议院主席尼格马季拉·尤尔达舍夫（Нигматилла Юлдашев）曾在参议院会议上指出，乌兹别克斯坦中小学能用俄语授课的师资严重不足。[②] 乌方决定增加从乌兹别克斯坦派往俄罗斯接受高级培训课程的教师人数，并扩大在乌兹别克斯坦内的"俄罗斯中心"的培训规模。

---

① 董天美：《中亚国家语言政策的选择及评价》，《俄罗斯东欧中亚研究》，2019 年第 5 期，第 119 页。

② "Узбекистан самостоятельно решит вопрос нехватки учителей русского языка"，https://uz.sputniknews.ru/20190111/10478541.html，[2023-07-22].

俄罗斯学者齐里亚普金娜（Ю. Н. Цыряпкина）对安格连市的中学俄语教学进行了较为深入的研究。安格连市是乌兹别克斯坦传统工矿业重镇，2021 年人口约为 19.1 万人。尽管根据官方数据，该市俄罗斯族仅有 4621 人，但市内有 7 所专门从事混合语言教学（俄语和乌兹别克语班）的学校。安格连市第 33 中学校长、俄罗斯文化中心安格连分会主席列别琴科（Ребеченко）表示，当地居民对俄语教学的需求很高，俄语班人满为患。该校一年级开设了 5 个班，其中 4 个班以俄语授课，只有一个班以乌兹别克语授课。列别琴科总结了俄语教学受欢迎的四点原因：一是俄语教育是在乌兹别克斯坦以及国外获得良好职业发展机会的重要条件；二是乌兹别克斯坦赴俄罗斯移民规模大，社会经济发展仍依赖俄罗斯；三是苏联时期保留下来的俄乌双语教学的传统仍在延续；四是许多人潜意识里认为俄语代表着科技进步的语言。由这一微观案例可见，尽管乌兹别克斯坦自独立以来大力提升乌兹别克语的地位，但俄语在乌兹别克斯坦仍保持仅次于乌兹别克语的地位。俄语"退出了"乌兹别克斯坦的论调往往与同一时期的中亚地区的大国博弈有着密切关系，而未必能反映俄语在乌兹别克斯坦的实际存在状况。

据调研团观察，目前英语在乌兹别克斯坦通行程度较低。但在塔什干市，随着国际化高等教育机构和企业的大量进驻，英语成为首都青年更为青睐的语言。尤其是在塔什干规模最大的商业休闲综合体"梦幻城"（Magic City），购物和餐饮机构的服务人员基本掌握业务交流水平的英语，而流连于此的本地民众也往往能与外国游客以英语交流。随着乌兹别克斯坦改革进程的深入和国际化程度的提升，乌兹别克斯坦首都和撒马尔罕等主要城市的英语通用程度将会逐步提高。

（二）乌兹别克语的双文并行现象

乌兹别克斯坦在独立之初便推动乌兹别克语的拉丁化改革，但至今乌兹别克语在乌兹别克斯坦仍存在"双文并行"现象，即拉丁文乌兹别克语和西里尔文乌兹别克语同时存在。调研团根据搜集的广告牌、店铺招牌、标语、

图 7-4　塔什干市亚卡萨莱区（Yakkasaroy Tumani）政府（机关名称仅使用拉丁文乌兹别克语）（摄影：施越）

宣传牌等语料，观察到两种文字的使用存在以下现象：第一，拉丁文和西里尔文乌兹别克语存在替代关系，即同一种语料介质上基本不会出现拉丁文和西里尔文乌兹别克语并行的现象。第二，调研团行程所及，政府机关的标牌和公共场所的政府宣传标语已完全转换为拉丁文乌兹别克语。第三，商业机构主要使用拉丁文乌兹别克语加俄语的双语标牌，以塔什干市中心为代表的经济发达地区存在一些使用拉丁文乌兹别克语加英语，甚至直接使用英语的商业标牌。第四，西里尔文乌兹别克语主要在社会经济发展水平相对滞后的地区和巴扎等基层社区使用。

（三）乌兹别克语的方言和借词

乌兹别克语存在标准语和方言之间的差异。前人学者一般将乌兹别克语分为三个方言群：第一，西北方言群，包括安格连河谷、米尔扎楚里亚河

图 7-5　塔什干地铁某公司的汇款服务广告（上半部分以拉丁文乌兹别克语书写，下半部分是以俄语书写的对应内容）（摄影：李羽姗）

图 7-6　塔什干市火车南站的政府反腐败宣传广告牌（上半部分以西里尔字母乌语书写，下半部分是以俄语书写的对应内容）（摄影：李羽姗）

图 7-7　安集延州靠近吉尔吉斯斯坦边境的帕赫托阿巴德镇"新世界巴扎"（西里尔乌兹别克文书写）（摄影：郑豪）

谷、布哈拉、撒马尔罕、卡什卡河和苏尔汗河流域、花剌子模州和费尔干纳州，以及塔吉克斯坦、吉尔吉斯斯坦和哈萨克斯坦境内的乌兹别克族均操此方言群的语言；第二，西南方言群，包括乌尔根奇、哈扎拉斯普和花剌子模州一些居民使用的语言；第三，东南方言群，其中包括塔什干州、纳曼干州、安集延州绝大部分居民的语言。乌兹别克语的现代标准语是在塔什干市和费尔干纳方言的基础上建立起来的，并以塔什干地方音为标准音。除西北方言群以外，其他方言群中的语言基本上都失去了元音和谐。西南方言群与标准语以及其他方言差异较为显著，互通性较低。

　　与世界其他地方一样，在乌兹别克斯坦，人们交流时能够感受到不同方言之间的差异。在互动过程中，交际参与者有意识或无意识地运用各种符号手段来达到他们的交际目的。面对不同的情景和语境，交际参与者会选择不同的言语策略。换言之，权力和社会地位就会影响言说者的语言使用。作为乌兹别克斯坦最大的城市，塔什干集中了全乌不同民族、来自不同地区、具有不同文化背景的人，是现存的乌兹别克方言接触的中心。在乌兹别克语诸方言中，塔什干方言处于语言等级体系的顶端。当塔什干人占多数时，塔什干方言是主要的交际语言。非塔什干人就算无法完全掌握塔什干方言，也会尽力去学习，以更好地融入当地的群体。而在一群来自不同方言片区的人中，除了花剌子模人，每个人都会说自己的方言，但花剌子模人则会尽己所能地讲塔什干方言或标准语，以使自己能被别人理解。如果一个花剌子模人发现自己身边的人主要是塔什干人，那么他的说话方式、遣词造句会不同于当他处在"自己人"圈子里的时候。乌兹别克斯坦流传着如下一则轶闻：[①]

一位来自花剌子模州的父亲在儿子去塔什干之前教他说塔什干方言。父亲说："如果有人用塔什干方言问你'Qayerdansan？'[②]，你只要说'Shundanman'[③]，一切就都会很顺利。"当儿子来到塔什干后，有一次塔什干人问他："Qayerdansan？"他按照他父亲教他的话回答了这个问题："Shundanman"。但是，听上去还不那么令人信服，对方便再次问道："Aniq shunlimisan？"[④]。然后儿子用花剌子模方言回答道："Hava"[⑤]。

这则轶事的寓意是，即使尽最大努力说塔什干方言，到最后还是会被认出来自哪里。这则笑话如果是由花剌子模人讲述的，那么潜在的信息就像是"不要试图隐藏自己的身份，要以此为荣"。如果它是由塔什干人讲述的，那么潜在的信息便类似于"承认吧，你不是塔什干人，而是乡下人。"乌兹别克斯坦独立以来，随着乌兹别克语地位逐渐上升，方言差异暗含的区域间社会经济发展的鸿沟也逐渐显现。上述轶事体现的不仅是西南方言群与标准语之间

---

① Turaeva, R. Migration and identity in Central Asia: the Uzbek experience. Routledge., 2022, p. 122.
② 塔什干方言中的"你来自哪里？"。对应的花剌子模方言是"nerdasan"。
③ 塔什干方言，意为"我从这儿来"，即我是本地人。对应的花剌子模方言是"shorliman"。
④ 塔什干方言中的"你真的来自这里吗？"。
⑤ 花剌子模方言意为"是的"，但是在标准语中意为"空气"。

的差别，同时也暗示塔什干与乌西部地区之间经济发展水平之间的差距。

除了方言间的差异之外，乌兹别克语较为显著的特征是其借词来源的多元性。语言是一个"活的有机体"，会受到语言使用人群的政治经济和社会文化各方面动态变化的影响。而语言的接触和互动正是语言发展的重要特征之一。反过来说，从其词汇构成的动态变化，可以窥见语言使用人群的社会经济变迁。乌兹别克语的借词主要来自阿拉伯－波斯语，俄语和以英语为代表的西欧语言。

首先，随着 8 世纪阿拉伯王朝的征服和伊斯兰教的传播，经伊朗高原传播至中亚地区的阿拉伯－波斯文化深刻影响了乌兹别克语的词汇体系。这些词汇往往与中古时期的城市生活、宗教思想、学校教育密切相关。在今天，这一体系的词汇一般不被认为是"外来词"，且往往在语言纯净运动中被视为俄语和英语词汇的本土替代品。

表 7–2　现代乌兹别克语中的阿拉伯－波斯语借词案例

拉丁文乌兹别克语	西里尔文乌兹别克语	阿拉伯语 / 波斯语
Dasturxon	Дастурхон	دسترخوان
Daraxt	Дарахт	درخت
Gul	Гул	گل
Farzand	Фарзанд	فرزند
Maktab	Мактаб	مكتب
Kitob	Китоб	كتاب
Maktub	Мактуб	مكتوب
Adabiyot	Адабиёт	ادبيات
Axoliy	Ахолии	اهالى
Fan	Фан	فن
San'at	Санъат	صنعت
Xizmat	Хизмат	خدمت
Idora	Идора	اداره
Davlat	Давлат	دولت

其次，自 19 世纪开始，来自俄语以及经由俄语来自其他欧洲语言的词汇也开始进入乌兹别克语。这些词汇与近代以来欧洲的政治制度、商业活动以及工业革命以来的技术术语有关。大多数术语对于乌兹别克语而言没有对等词，因此它们往往会被原封不动地借入。由俄语或者说经由俄语从欧洲语言吸收进乌兹别克语的词汇已经固定在词典里，形成了一个独特的词汇系统。一个多世纪以来两国人民之间的政治、经济和文化交流为语言影响通过书面和口头交流向两个方向传递铺平了道路。俄语对乌兹别克语的影响在词汇系统中尤为明显。来自俄语和欧洲语言的词汇适应了当地的口语，并经历了各种语音变化。

表 7-3　现代乌兹别克语中的俄语借词案例

拉丁文乌兹别克语	西里尔文乌兹别克语	俄语	中文词义
与科学、技术和工业相关的借词			
institut	институт	институт	学院
mashina	машина	машина	机器
avtobus	автобус	автобус	公共汽车
zavod	завод	завод	工厂
poyezd	пойезд	поезд	火车
televizor	телевизор	телевизор	电视
fabrika	фабрика	фабрика	制造厂
brigadir	бригадир	бригадир	工作组长
农业相关的借词			
damba	дамба	дамба	水坝
kombayn	комбайн	комбайн	联合收割机
traktor	трактор	трактор	拖拉机
衣食住行相关的借词			
kostyum	костюм	костюм	服装
peyzaj	пейзаж	пейзаж	景色

续表

拉丁文乌兹别克语	西里尔文乌兹别克语	俄语	中文词义
bufet	буфет	буфет	小卖部
gazeta	газета	газета	报纸
stol	стол	стол	桌子
botinkalar	ботинкалар	ботинки	皮鞋

在乌兹别克斯坦独立后，俄语词汇的使用明显减少。乌兹别克斯坦独立后，大部分俄语单词被阿拉伯－波斯语借词的对应词汇所取代。例如，编辑（редактор）、工程师（инженер）、公民（гражданин）等原先使用的是俄语借词，这些词在乌兹别克语的词典中已经被源自阿拉伯语的单词 muharrir，muhandis，fuqaro 所取代，尽管日常生活中上述俄语借词仍频繁使用。

再次，近年来乌兹别克斯坦社会的革命性变化也导致了语言词汇的丰富。乌兹别克斯坦共和国独立后，与美国、英国、法国、德国等西方国家建立外交关系，逐步开展合作。当然，这种关系也会反映在语言中。独立前，除俄语外的其他欧洲语言的词汇大多通过俄语进入乌兹别克语。近几年，由于乌兹别克斯坦能够直接与这些欧洲国家接触、交流并发展出了良好的合作关系，这些语言的词汇开始直接进入乌兹别克语及其方言。

表 7-4　现代乌兹别克语中的英语借词案例

拉丁文乌兹别克语	英语	中文词义
经济和政治领域的借词		
barter	barter	易货交易
broker	broker	经纪人
damping	dumping	倾销
diller	diller	经销商
kliring	clearing	清算

续表

拉丁文乌兹别克语	英语	中文词义
konsalting	consulting	咨询
provayder	provider	供货商
menejment	management	管理
nuvorish	nuvorish	暴发户
sammit	summit	峰会
brifing	briefing	简报
kongress	congress	国会
simpozium	sympozium	座谈会
parlament	parliament	议会
spiker	speaker	议长
reglamentlar	regulations	条例
grant	grant	拨款
dayjest	digest	文摘
impichment	impeachment	弹劾
工作职业的名称		
auditor	auditor	审计员
advayzer	adviser	顾问
advokat	attorney	律师
insayder	insider	内幕人士
xaker	hacker	黑客
体育运动领域		
bodibilding	bodybuilding	健美
armrestling	arm wrestling	摔跤
kikboksing	kickboxing	跆拳道
bouling	bowling	保龄球
snowboarding	snowboarding	单板滑雪

续表

拉丁文乌兹别克语	英语	中文词义
doping	doping	兴奋剂
golf	golf	高尔夫
dartlar	darts	飞镖
ristayl	freestyle	自由泳
skeyt	skate	滑冰
互联网和计算机技术领域		
veb-sayt	website	网站
fayl	file	文件
printer	printer	打印机
skaner	scanner	扫描仪
monitor	monitor	监视器
kseroks	xerox	复印
server	server	服务器
displey	display	显示器
interfeys	interface	界面
makros	makros	宏
multimedia	multimedia	多媒体
brauzer	browser	浏览器
rouming	roaming	漫游
E-mail	E-mail	电子邮件
noutbuk	notebook	笔记本电脑

因此我们可以看到，乌兹别克语在各种政治、经济和社会历史进程的影响下，通过借用外来词不断丰富自己的语言。外来词的借用与现代乌兹别克社会政治、经济和社会发展的阶段息息相关，而这背后的文化和社会因素也值得我们进一步探索。

◆ 四、吉尔吉斯斯坦的语言规划 ◆

（一）吉尔吉斯语地位规划

同乌兹别克斯坦一样，自 20 世纪 80 年代末起，吉尔吉斯斯坦采取了各种方式复兴民族的语言和历史文化，重新确立本民族语言在立法和日常生活中的地位。但是，相较于乌兹别克斯坦，吉尔吉斯斯坦在将吉尔吉斯语定位为国语的同时，经过多轮讨论，保留了俄语的官方语言地位。

独立前后，吉尔吉斯斯坦接连颁布法令，将吉尔吉斯语作为国家独立的重要象征进行建构。1989 年 9 月 23 日，吉尔吉斯共和国颁布《国语法》，规定吉尔吉斯语是国语，要确保吉尔吉斯语在国家和公共生活中所有领域得到全面和充分的使用，并且保证俄语作为族际交际语的地位。[1]1991 年，吉尔吉斯斯坦独立后，政府就语言法的颁布实施了《关于确保国家语言在吉尔吉斯斯坦领土上发挥作用的措施》，意在切实加强吉尔吉斯语的国语地位。

1993 年宪法第五条规定，吉尔吉斯语是国语，俄语是官方语言。同时保护本国人民所使用的其他所有语言的平等权利和自由发展。[2]2000 年 5 月，吉尔吉斯斯坦专门颁布了《官方语言法》，再次明确了俄语的官方语言地位，并对俄语在国家机关和社会生活中的使用范围作出规定。[3]2001 年，吉尔吉斯斯坦通过的宪法修正案，将俄语定位为官方语言。此后，尽管吉当局在 2004 年、2010 年、2013 年和 2015 年颁布不同版本的《国语法》，并且在 2007 年和 2010 年修订《宪法》，但吉尔吉斯语和俄语的官方语言地位没有更易，且两种语言

---

① "Закон Киргизской Советской Социалистической Республики О государственном языке Киргизской ССР.", https://online.zakon.kz/Document/? doc_id=30235295, [2023-07-22].

② "Конституция Кыргызской Республики.", https://online.zakon.kz/Document/? doc_id=30212746&pos=93；-50#pos=93；-50, [2023-07-23].

③ "Закон Кыргызской Республики Об официальном языке Кыргызской Республики.", http://cbd.minjust.gov.kg/act/view/ru-ru/443? ysclid=lkfhyna7o1617613986, [2023-07-23].

图 7-8　吉尔吉斯斯坦乌兹根古塔内部（摄影：郑豪）

在国家机构、社会生活中的通行范围基本重合。2009 年 9 月，在吉尔吉斯斯坦首部《国语法》诞生 20 周年之际，时任总统巴基耶夫签署总统令，将每年9 月 23 日定为国语日。① 从上述法律发展过程中可以看出，吉尔吉斯斯坦独立后将强化吉尔吉斯语的国语地位作为语言政策的核心，同时将俄语确定为官方语言，兼顾保障各民族语言的权利和发展。吉尔吉斯斯坦在回应俄苏时期遗留下的复杂民族混居局面和政治历史遗产时，采取了更为平衡的政策。

但值得注意的是，吉尔吉斯斯坦国内关于吉尔吉斯语和俄语地位的争论从未停歇。2001 年，议会就曾驳回了一项吉尔吉斯语熟练程度测试法草案，因为该草案的反对者坚称这是对俄语使用者和其他非吉尔吉斯族的歧视。到2017 年 10 月，经过漫长的争论，时任总理伊萨科夫签署一项法令，要求国家公务员和所有政府机构雇员的国语水平满足所需水平，并自 2018 年 3 月 1日起通过考试对其水平进行检测。②

2023 年 7 月 21 日，吉尔吉斯斯坦现任总统扎帕罗夫签署通过了新版《国语法》。尽管在其中俄语仍然保有官方语言地位，但这份不久前通过的《国语法》要求政府机关和社会生活领域必须使用吉尔吉斯语，取消了必要情况下可以使用官方语言的规定。此外，还要求电视和广播中国语播放的节目占比不得低于 60%。③ 该法引起了俄罗斯方面的反响，吉尔吉斯斯坦国内也不

---

① "Президент Кыргызской Республики Указ Об установлении Дня государственного языка Кыргызской Республики.", http://cbd.minjust.gov.kg/act/view/ru-ru/60261?ysclid=lkfk7jbl91822411804, [2023-07-23].

② "Правительство Кыргызской Республики Постановление Об установлении уровня знания государственного языка государственными гражданскими служащими и муниципальными служащими, занимающими административные должности, в объеме, необходимом для исполнения своих должностных обязанностей, и сроках его внедрения в деятельность государственных органов и органов местного самоуправления." http://cbd.minjust.gov.kg/act/view/ru-ru/11513?ysclid=lkfl6v71i2680726470, [2023-07-23].

③ "Конституционный Закон Кыргызской Республики О государственном языке Кыргызской Республики.", http://cbd.minjust.gov.kg/act/view/ru-ru/112618?ysclid=lkeq7x6mfr471905550, [2023-07-22].

乏对吉语和俄语使用状况的讨论。[①] 现阶段吉尔吉斯斯坦当局推动提升吉尔吉斯语国语地位的意向明确。而鉴于吉尔吉斯斯坦国内经济状况和与俄罗斯的密切关系，俄语的官方语言地位同样相对稳固。

（二）吉尔吉斯语的本体规划

尽管自独立以来，吉尔吉斯斯坦对吉尔吉斯语书写体系拉丁化改革的讨论从未停歇，但目前仍然沿袭了以西里尔字母为基础的书写体系。

表 7-5　西里尔字母拼写的吉尔吉斯语字母表 [②]

字母序号	1	2	3	4	5	6	7	8	9
字母表	Аа	Бб	Вв	Гг	Дд	Ее	Ёё	Жж	Зз
字母序号	10	11	12	13	14	15	16	17	18
字母表	Ии	Йй	Кк	Лл	Мм	Нн	Ң ң	Оо	Өө
字母序号	19	20	21	22	23	24	25	26	27
字母表	Пп	Рр	Сс	Тт	Уу	Үү	Фф	Хх	Цц
字母序号	28	29	30	31	32	33	34	35	36
字母表	Чч	Шш	Щщ	Ъъ	Ыы	Ьь	Ээ	Юю	Яя

1992 年 9 月 29 日，吉尔吉斯斯坦语言学家在比什凯克召开会议，提出要对吉尔吉斯语的书写形式进行拉丁化改革。但受国内党派矛盾等问题的影响，吉尔吉斯斯坦国语文字改革工作未能提上政府工作议程。[③] 据调查，20 世纪 90 年代中期，吉尔吉斯斯坦境内反对国语文字改革的人群比例远高于支持拉丁化改革的人群比例。后者主要是社会上层人士，他们认为国语拉丁化改革可以加快塑造新的国族认同，削弱俄语及俄罗斯文化影响。[④]

---

① "Это не вполне демократично: Лавров о законе, обязывающий госслужащих Кыргызстана владеть госязыком." , https://kun.uz/ru/79915745?ysclid=lkeylyo9u4608274648, [2023-07-23].

② Kyrgyz tili, https://omniglot.com/writing/kirghiz.htm, [2023-07-23].

③ 李郁瑜：《中亚文字改革：历史回顾与现实思考》，《西北民族论丛》，2020 年第 2 期，第 276 页。

④ Landau, J. M., Kellner-Heinkele B., Politics of language in the ex-Soviet Muslim States: Azerbayjan, Uzbekistan, Kazakhstan, Kyrgyzstan, Turkmenistan, and Tajikistan, University of Michigan Press, 2001, p. 126.

此后，吉尔吉斯斯坦国内关于拉丁化改革的提议从未停息。随着 2017 年哈萨克斯坦推行哈萨克语书写体系拉丁化改革以来，吉尔吉斯斯坦国内对该问题的讨论热度急剧上升。2017 年，吉尔吉斯斯坦反对派议员卡内别克·伊马纳利耶夫（Каныбек Иманалиев）提议有必要追随土库曼斯坦、乌兹别克斯坦和哈萨克斯坦的脚步，对吉尔吉斯语的书写体系进行拉丁化改革，"受制于国库紧张，目前我国没有财力支撑拉丁化改革，但是到 2030—2040 年代，我们必须这样做"。他还提议要为此进行一定准备，如创设拉丁字母表、培养拉丁字母教师等。[1] 不过，这一提议最终未得到持续的支持。

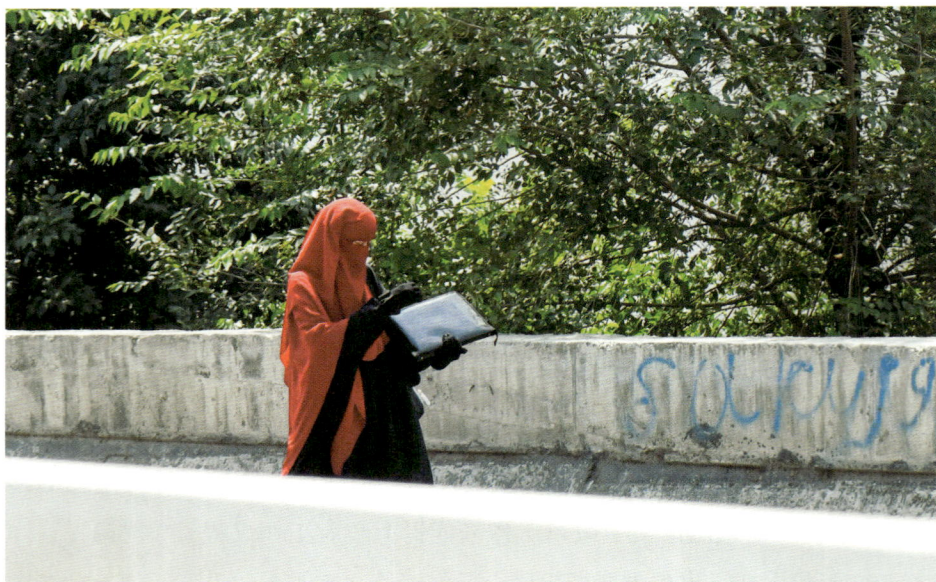

图 7-9　吉尔吉斯斯坦奥什街头掠影（摄影：郑豪）

2019 年，时任教育部长卡尼别克·伊萨科夫（Каныбек Исаков）在议会上再次提议进行国语拉丁化改革。[2] 吉尔吉斯斯坦历史学会会长乔罗特金

① "В парламенте Киргизии предложили перевести письменность на латиницу.", https://ria.ru/20170413/1492200511.html？ysclid=lkfnpub6ao547688600, [2023-07-23].

② "В Кыргызстане обсуждается переход на латиницу.", https://central.asia-news.com/ru/articles/cnmi_ca/features/2019/09/24/feature-02, [2023-07-23].

（Чоротегин）公开表示支持。此外，也有议员认为需要在平衡国际关系和国内收支的情况下，渐进地进行拉丁化改革。① 但是，时任总统索隆拜·热恩别科夫直言目前对该问题的讨论是没有意义的。使用西里尔字母，这并没有影响吉尔吉斯斯坦在国家文化和科学发展领域内取得成就。没有必要浪费时间进行不必要的讨论。不如把精力放在当下，利用现有的机会实现国家发展，达成目标。②

今年，吉尔吉斯斯坦又进行了一场针对国语拉丁化改革的讨论。2023年4月，议员埃米尔·托克托舍夫（Эмиль Токтошев）和卡米拉·塔利耶娃（Камила Талиева）提议，为保护吉尔吉斯语，需要改革吉尔吉斯语书写体系。不少议员对此表示支持，国家语言和语言政策委员会主任卡尼别克·奥斯莫纳利耶夫（Каныбек Осмоналиев）也直言，"只要做出转向拉丁字母的决策，语言学家即着手于此。"③ 但奥斯莫纳利耶夫的表态遭到现任总统扎帕罗夫的严厉批评，后者指示他不要对国家语言政策，特别是对吉尔吉斯语向拉丁字母过渡的问题发表不严谨的言论。奥斯莫纳利耶夫表态后，俄罗斯方面称因质量不达标，暂停从吉尔吉斯斯坦进口乳制品。④ 可见，吉尔吉斯斯坦国语的拼写体系问题深受国际政治影响。目前，已经有专门讨论和制定吉尔吉斯语拉丁化方案的非官方网站。⑤ 不过，受制于俄罗斯的压力和吉尔吉斯斯坦内部的意见分歧，吉总统一直对推进吉尔吉斯语的拉丁化改革保持克制。

---

① "В Кыргызстане обсуждается переход на латиницу.", https://central.asia-news.com/ru/articles/cnmi_ca/features/2019/09/24/feature-02, [2023-07-23].

② "Президент Киргизии выступил против перехода на латиницу.", https://iz.ru/922382/2019-09-17/prezident-kirgizii-vystupil-protiv-perekhoda-na-latinitcu?ysclid=lkfolxgzcw730272323, [2023-07-23].

③ "В Киргизии предложили перевести язык на латиницу.", https://ria.ru/20230419/yazyk-1866294778.html?ysclid=lkg0itn2ub72848362, [2023-07-23].

④ "Russia Suspends Dairy Products from Kyrgyzstan After Calls in Bishkek To Drop Cyrillic Script.", https://www.rferl.org/a/russia-kyrgyzstan-dairy-products-banned-cyrillic-latin/32373802.html, [2023-07-23].

⑤ https://www.qyrgyz.com/, [2023-07-23].

（三）吉尔吉斯语的习得规划

与乌兹别克斯坦相似，吉尔吉斯斯坦的国语也面临着其他语言在教育领域的竞争：在基础教育阶段，俄语、乌兹别克语等语言与国语存在竞争关系。在高等教育阶段，俄语至今仍占据主要位置。吉尔吉斯斯坦对吉尔吉斯语和其他语言的习得规划集中体现在三部"吉尔吉斯共和国国家语言法发展规划"中。

2001 年出台的《2000 年至 2010 年吉尔吉斯共和国国家语言法发展规划》旨在提升国语的语言功能，在社会各领域的公共活动中广泛使用国语。该规划要求相关机构合作推动提高国语作为教学指导语的教学质量、编写及出版国语教科书、鼓励用国语进行科学研究等。[1] 在教育领域，该规划要求自 2000 年 9 月起解决高等教育机构的国语发展问题；2000—2003 年定期开展研讨会，讨论吉尔吉斯语文及其他学科的吉语教学、书籍出版及资源分配等问题；2001 年起，研究国语作为文学语言及教学指导语的教学法及教学理论；截至 2001 年 1 月变更教育机构的办学许可，要求教育机构必须教授国语并用国语教授其他学科等。[2]

2014 年，吉尔吉斯斯坦通过了《2014—2020 年吉尔吉斯共和国国语发展规划》，该规划旨在推进《国语法》确立的国语在社会各领域的全面使用相关目标。在教育领域，规划要求在学前教育、基础教育、职业教育和高等教育等环节都扩大国语作为教学语言的范围，将少数民族语言学校整合为包括国语的多语学校。[3] 该规划还要求为各级各类学校编写和翻译国语教材；推进在高等教育机构的非吉语专业以国语授课，并发展吉语的词汇、语法，

---

① "Программа развития государственного языка Кыргызской Республики на 2000-2010 годы.", http://cbd.minjust.gov.kg/act/view/ru-ru/3398?ysclid=lkg7nbrwy0407547518, [2023-07-23].

② 萨尔娜：《吉尔吉斯斯坦语言政策及语言规划演变研究》，新疆师范大学硕士论文，2016 年，第 35-36 页。

③ "Национальная Программа развития государственного языка и совершенствования языковой политики в Кыргызской Республике на 2014-2020 годы.", http://cbd.minjust.gov.kg/act/view/ru-ru/63683? ysclid=lkg81skhjf147864392, [2023-07-23].

从根本上改善吉语教学；2014 年起，9 年级或 11 年级的毕业生需参加国语毕业考试，高等院校和职业学校学生需参加国语入学考试及毕业考试，将"吉尔吉斯语言及文学"科目纳入全国毕业考试考核范围。

2020 年，吉尔吉斯斯坦颁布《2021—2025 年吉尔吉斯共和国国家语言发展规划》，继续推进吉尔吉斯语在教育领域的广泛使用，要求在教育系统中以互动教学法和多媒体教学法推进国语使用，并创制国语术语数据库，增强吉语在科学领域和高等教育领域的应用。①

但是，上述国家语言发展规划因目标众多、预算不足，实际收效有限。三部国语发展规划表明，吉尔吉斯斯坦大力推进国语在教育系统中的应用，增强国语的竞争力。在互联网技术迅速推广的时代背景下，加大对优化语言术语体系或许能够为吉语在教育领域，尤其是高等教育领域的应用创造更好的条件。

◆ 五、吉尔吉斯斯坦的语言实践 ◆

（一）吉尔吉斯斯坦主要语种的使用状况

目前，吉尔吉斯斯坦的国语是吉尔吉斯语，俄语仍保留官方语言地位。吉尔吉斯语在语言学分类上属于突厥语族钦察语支，与哈萨克语、鞑靼语、巴什基尔语等语种接近。② 除吉尔吉斯语和俄语之外，吉尔吉斯斯坦境内使用较多的语言包括英语、乌兹别克语和塔吉克语等。

为考察吉尔吉斯斯坦境内语言使用情况，调研团在不同地区搜集了广告牌、店铺招牌、标语、宣传牌等多种类型的语言材料样本，其中比什凯克市

---

① "Программа развития государственного языка и совершенствования языковой политики в Кыргызской Республике на 2021-2025 годы.", http://cbd.minjust.gov.kg/act/view/ru-ru/157938?ysclid=lkg8pvsehg103704870, [2023-07-23].

② Comrie, B. The Languages of the Soviet Union. Cambridge University Press, Cambridge, 1981, pp. 43-44.

40 个、吉尔吉斯斯坦南部三城（奥什市、贾拉拉巴德市、乌兹根市）127 个，
共计 167 个样本。通过对前述样本的梳理，可以得出如下表格：

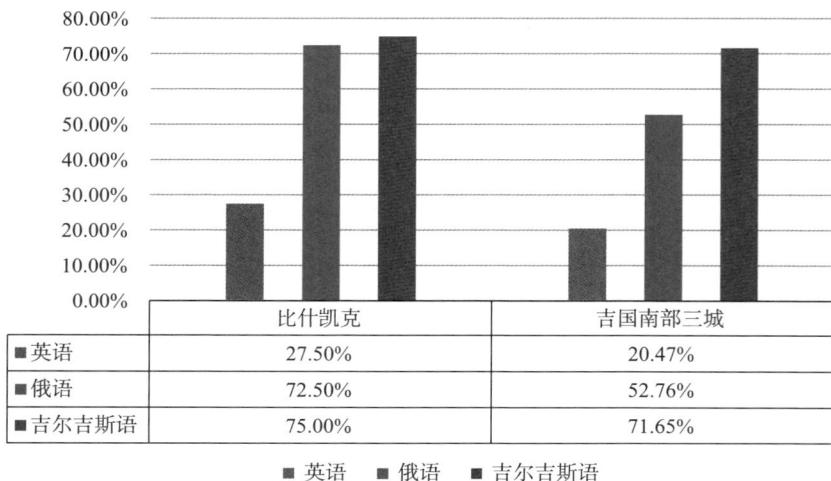

	比什凯克	吉国南部三城
■英语	27.50%	20.47%
■俄语	72.50%	52.76%
■吉尔吉斯语	75.00%	71.65%

■ 英语　■ 俄语　■ 吉尔吉斯语

图 7-10　吉尔吉斯斯坦主要语种使用的抽样调查结果

调研团考察发现，吉尔吉斯斯坦比什凯克市与南部三城公共文本空间中
俄语、吉尔吉斯语的使用频率基本相当。吉尔吉斯语在比什凯克市及南部三
城公共文本中的使用频率均在 70% 以上。就俄语而言，比什凯克市的使用频
率达到 70% 以上，南部三城的使用频率则在 50% 以上。此外，吉尔吉斯斯
坦公共文本空间中的英语使用频率在 20%—30% 之间。综合以上情况可以看
出，目前吉尔吉斯语在书面使用中的地位显著上升，同时俄语在吉尔吉斯斯
坦仍有深远影响力。

与乌兹别克斯坦类似，人口仅有约 680 万的吉尔吉斯斯坦在国防、能源、
电力、电信、传媒、高教等领域高度依赖俄罗斯。俄罗斯也是数十万乃至上
百万吉尔吉斯斯坦公民的海外就业市场。吉尔吉斯斯坦的基础教育和高等教
育领域至今仍依赖俄语知识体系来传播现代学科知识。

进入 21 世纪，吉尔吉斯斯坦一度积极向欧美开放，英语的地位随着欧
美媒体和非政府组织的大量进驻而显著提升。在互联网、消费品零售尤其

是化妆品和时尚产品领域，英语词汇大量进入吉尔吉斯斯坦国民的日常对话中。不可否认的是，借词的引入扩大了吉尔吉斯语的词汇量，但也有学者认为，"过度地借用会对吉尔吉斯语的艺术性和口语性造成极大的损害。不应该滥用借词，有必要找到吉尔吉斯语中的对等物、同义词，以保留吉尔吉斯语的原创性与美。"①

（二）吉尔吉斯语与俄语的关系

在吉尔吉斯斯坦，作为国语的吉尔吉斯语和作为官方语言的俄语之间存在着复杂的关系。作为独立国族，吉尔吉斯斯坦自 20 世纪 80 年代以来就不断尝试抬升吉尔吉斯语地位。但受限于国立和俄苏传统的深远影响，目前俄语在吉尔吉斯斯坦的地位与吉尔吉斯语相当，且吉尔吉斯语受俄语

图 7-11 吉尔吉斯斯坦奥什苏莱曼山博物馆（摄影：吕成敏）

---

① Сооронкулова Н А. "Английские заимствования в кыргызском языке. Причины заимствования," Вестник Кыргызско-Российского славянского университета, 2018, 18（1）: pp. 100-101.

的影响深刻。本节将根据调研材料分析以下三个问题：第一，吉尔吉斯语的特征；第二，吉尔吉斯族的母语观；第三，吉尔吉斯语与俄语的混用现象。吉尔吉斯语分为南北两大方言群。吉尔吉斯标准语以北部方言群为基础。北部方言群包括塔拉斯、比什凯克、伊塞克湖一带和纳伦、阿特巴什、科奇克尔等地的语言，其特点是受阿拉伯－波斯语的影响较小。南部方言群包括贾拉拉巴德、奥什、莱依列克、苏留克塔和萨雷塔什等地的语言。南部方言中尤其是费尔干纳盆地的方言受到了乌兹别克语影响较大，其特点包括：第一，标准语中的长元音被复合元音所取代，如"тоо"（山）在费尔干纳盆地读作"той"；第二，阿拉伯语和波斯语借词的发音也更倾向于原始发音。但各地区的吉尔吉斯语方言的互通程度较高，不同地域之间的交流一般不存在障碍。

吉尔吉斯语在 1927 年以前使用阿拉伯字母书写，1927—1940 年改用拉丁字母，从 1940 年起改用西里尔字母书写。随着识字率的提升，字母表的使用在潜移默化中支持着俄语对吉尔吉斯语的单向度影响：吉尔吉斯语不断接受俄语词汇的输入，能产性的构词范式不断增多，句法结构逐渐向俄语靠拢，也发展出了各类功能语体——科学语体、文学语体，公文事物语体，报刊政论语体等。

吉尔吉斯斯坦现今的教育体系继承自苏联时期。目前，吉尔吉斯斯坦全国约有 200 所俄语中学，约占全国学校总数的 11%。其余大多数中学也提供双语教学或单独开设俄语班。俄语学校往往是俄罗斯族和其他少数族裔家长的第一选择。因为这些学校的学生不仅可以学习俄语和英语，而且教学质量比仅提供吉尔吉斯语和乌兹别克语教学的学校有显著优势。

为深入了解吉尔吉斯斯坦的语言实践，此次调研团对吉尔吉斯斯坦民众进行了半结构化的访谈。通过访谈分析，我们初步总结出吉尔吉斯斯坦国民语言使用的三个特点：第一，吉尔吉斯族普遍掌握两种及以上的语言；第二，在生活场景中，吉尔吉斯语和俄语存在混合使用（аралаш）。第三，语言使用状况与地域、年龄、受教育程度和职业相关。下表列举了受访者的概况信息。

表 7-6　调研团在吉尔吉斯斯坦期间收集的部分受访人语言使用信息

序号	性别	年龄	职业	出生地	居住地	语言使用（按熟练度排序）
1	女	28	高校教师	比什凯克	奥什	俄语、吉尔吉斯语、英语、汉语
2	男	50	医院主管	比什凯克	比什凯克	俄语、吉尔吉斯语、英语、土耳其语
3	男	23	学生	比什凯克	比什凯克	俄语、吉尔吉斯语
4	女	22	学生	比什凯克	比什凯克	俄语、吉尔吉斯语
5	男	25	教育机构保安	楚河州	比什凯克	吉尔吉斯语、俄语
6	男	25	教育机构保安	楚河州	比什凯克	吉尔吉斯语、俄语
7	女	45	食品摊贩	贾拉拉巴德	贾拉拉巴德	俄语、吉尔吉斯语
8	男	35	鞋店店主	贾拉拉巴德	贾拉拉巴德	吉尔吉斯语、俄语
9	男	60	文具店店主	贾拉拉巴德	贾拉拉巴德	吉尔吉斯语、俄语
10	女	50	服装店店主	贾拉拉巴德	贾拉拉巴德	吉尔吉斯语、俄语
11	男	42	高校教师	奥什	奥什	俄语、吉尔吉斯语、汉语
12	女	45	高校教师	比什凯克	比什凯克	俄语、吉尔吉斯语、英语
13	男	40	高校教师	比什凯克	比什凯克	俄语、吉尔吉斯语、英语

　　吉尔吉斯斯坦的城市地区通行俄语和吉尔吉斯语，而农村地区则以吉尔吉斯语为主。在提供上述信息后，受访者被问及他们在日常生活中何时以及如何使用某种语言，并评价自己的语言使用情况，以及他们将哪种语言视为自己的"母语"。吉尔吉斯斯坦的人口普查显示，绝大多数吉尔吉斯族表示吉尔吉斯语是他们的母语。与学界相符，受访者对"母语"概念的理解具有较大的主观性，即母语未必等于掌握程度最高的语言。[①]例如，上述 13 位受访者（均为吉尔吉斯斯坦的吉尔吉斯族）无一例外地认为是吉尔吉斯语。但是显然有些受访者的俄语要掌握得更好，甚至个别受访者的吉尔吉斯语极不

---

① Shibuya Kenjiro. "'Mother Tongue' and Statistics: Survey on 'Mother Tongue' in the Ex-Soviet Region and Russia," *Language and Society*, Tokyo, 2007, no. 10.

熟练，并且只能够听说，而不会读写。例如，受访者 11 号、12 号、13 号都认为自己是双语使用者，并表示吉尔吉斯语是自己的"母语"，但承认他们掌握得并不好：相比之下，他们的俄语读写能力更强。反之，即便有受访者的俄语能力极为优秀，但他们也不会认为俄语是他们的母语。

有学者认为，在比什凯克市，吉尔吉斯语处于相对弱势地位。尽管大多数父母仍然使用吉尔吉斯语作为主要交流工具，但存在不将吉尔吉斯语传承给孩子的趋势。这也许是因为"吉尔吉斯人天生对俄语抱有一种优越感，他们将俄语视为国际交流和社会进步的工具"。[1] 这种趋势导致许多儿童和青少年只有机会在学校学习一些吉尔吉斯语，而在家中则与父母用俄语沟通。这

图 7-12　奥什市一家名为"多语通"（Polyglot）教育培训机构的俄文广告[2]（摄影：吕成敏）

---

①　Korth, B. *Language Attitudes Towards Kyrgyz and Russian. Discourse, Education and Policy in Post-Soviet Kyrgyzstan*, Peter Lang, Bern, 2005, p. 138.
②　这一则广告以俄文刊登。除了提供英语、阿拉伯语、俄语、韩语、中文、吉尔吉斯语、德语、土耳其语、日语教学课程，该机构还提供学前培训、珠心算、数学、计算机等面向儿童的课程。

一现实使得他们将吉尔吉斯语视为学校的教学科目，而非在家庭、朋友和其他日常活动中使用的语言。

　　值得注意的是，吉尔吉斯族在交际中普遍存在吉尔吉斯语和俄语混用的现象。当我们询问调查对象"您在家中或工作场所使用哪种语言？"时，最常见的回答是吉尔吉斯语的"аралаш"或俄语的"вперемешку"或"смешанно"。这三个词都表示"混合"。也就是说，即便在同一场景，他们也会混合使用两种语言。例如，在同一场合，受访者1号在与亲戚交谈时，使用语言的方式如下——她说，"与亲戚交流时，如果是我自己的亲戚，我会使用俄语；但与我丈夫的（长辈）亲戚，我用吉尔吉斯语交谈。我和我丈夫以及他同辈的亲戚主要使用俄语"。此外，受访者11号解释说，"使用何种语言取决于我们以何种方式和对谁说话"。例如，关于报纸和电视节目的语言——"我们打开电视、翻开报纸，无论是什么语言的节目我们都会看。我们经常看俄语电视剧，有时也会看传统的吉尔吉斯语节目，两种语言是平等的"。

　　俄语的重要地位并不意味着吉尔吉斯斯坦的吉尔吉斯族不重视掌握吉尔吉斯语。例如，受访者13号解释道，"如果你是吉尔吉斯族，那么我们的要求和内心的期待则完全不同了。这种情况下，你必须掌握吉尔吉斯语。这是必不可少的。"当被问及为什么吉尔吉斯族人掌握吉尔吉斯语被他们认为是如此重要的事时，受访者12号认为，"我们必须学习自己的母语，否则生活则会变得没有意义"。此外，也有一些人会有意识地选择吉尔吉斯语。例如，毕业于俄语学校的受访者1号表示，她希望先送儿子去俄语教学的幼儿园，然后去吉尔吉斯语教学为主的中小学，这样他就能同时掌握俄语和吉尔吉斯语。值得注意的是，在上述所有情况下，受访者在强调掌握吉尔吉斯语的必要性时，通常不会指出任何具体的理由，至少人们不会从实用性原则去证实吉尔吉斯语的重要性。吉尔吉斯语被视为构成吉尔吉斯族的基本要素。受访者称，吉尔吉斯语能力不足的吉尔吉斯族被称为"киргиз"或"чала кыргыз"，前者是"吉尔吉斯人"的俄语发音，后者是吉尔吉斯语，表示

图 7-13　落日余晖下的苏莱曼山与奥什市（摄影：刘弋鲲）

"半吉尔吉斯人"（чала 表示不纯的、不完全的）。两者都被用来调侃吉尔吉斯语掌握水平不足的吉尔吉斯族。

此外，在族际交流场合，一般使用的语言是俄语。例如，我们的受访者 1 号居住在吉尔吉斯族占多数的地区。即便如此，她也认为在工作中如果碰到非吉尔吉斯族人，跟他们讲吉尔吉斯语甚至是不礼貌的，因为交流沟通最重要的是使用双方都听得懂的语言。对于非吉尔吉斯族，受访者一般没有期望过他们能使用吉尔吉斯语。受访者 13 号所解释的："对于其他民族的人们，我们不能指望他们仅仅因为居住在吉尔吉斯斯坦，就能掌握吉尔吉斯语。如果他们会吉尔吉斯语固然好，但我们不能因为他们不懂吉尔吉斯语就与他们把关系闹僵甚至是歧视他们。"受访者 12 号也认为，"我认为其他民族不是非要掌握吉尔吉斯语。他们理应首先学习自己的民族语言。但是，如果他们也会吉尔吉斯语，那我会感到很高兴"。

（三）吉尔吉斯语中的借词与吉－俄语码转换现象

前文已较为充分地讨论吉尔吉斯语与俄语的复杂关系。本节主要关注吉尔吉斯语中的俄语借词特征和两种语言混用时出现的转码现象。俄语借词在吉尔吉斯语中的特点是保留了俄语的拼写和发音，但有时会进行一些调整，以适应吉尔吉斯语的语音规则。这些借词通常与现代生活、技术、政府机构、教育、医疗、媒体等密切相关。值得注意的是，吉尔吉斯语中的俄语借词存在因进入时间不同而呈现的差异。十月革命前进入到吉尔吉斯语的俄语词数量不大，但因大多通过口语形式借入，因此它们大多经历了语音变化，以更接近吉尔吉斯语的发音习惯。

表 7-7　十月革命之前进入吉尔吉斯语的俄语借词案例

序号	吉尔吉斯语	俄语	词义
1	бөтөлкө	бутылка	瓶子
2	түрмө	тюрьма	监狱
3	тыраж	тираж	发行量
4	ирет	ряд	一排
5	үстөл	стол	桌子
6	ыштат	штат	编制人员
7	чот	счет	账单
8	меш	печь	烤炉
9	семент	цемент	水泥
10	мүнөт	минута	分钟
11	борум	форма	形式
12	обулус	область	州

　　这一时期进入吉尔吉斯语的俄语词汇往往会根据吉尔吉斯语的元音和谐律变化发音。为了满足这一点会出现诸如以下的语音变化：第一，元音变化（例1、2、3）；第二，词首增加元音（例4、5、6）；第三，词尾元音脱落（例10、11）；第四，辅音连缀时增加元音等，例如在"область"一词的连续辅音 бл 中插入元音（例12）；第五，辅音交替（例7、8、9、11）。这一

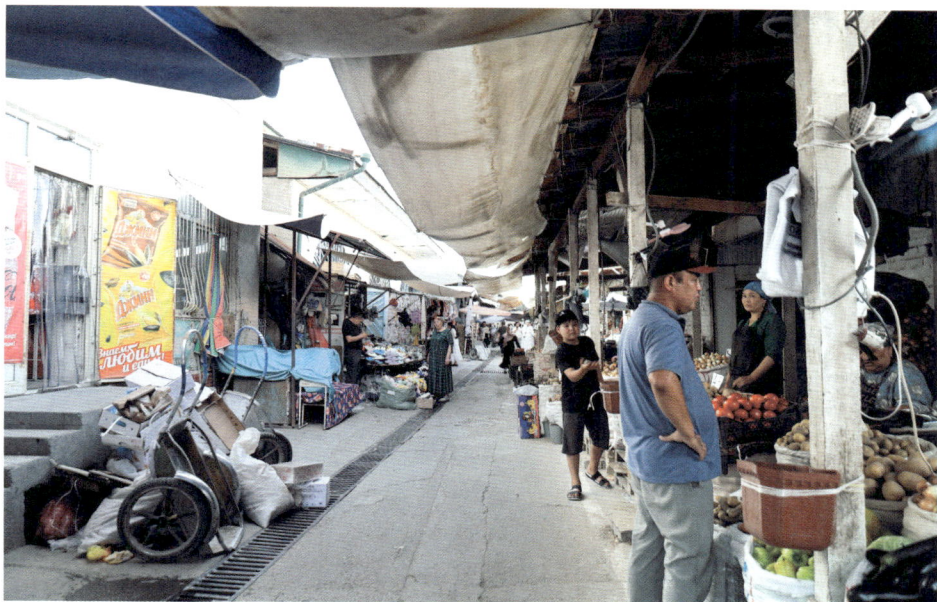

图 7-14　吉尔吉斯斯坦贾拉拉巴德中央巴扎（摄影：李羽姗）

部分词汇进入吉尔吉斯语后经过漫长的语音变化，已经成为吉尔吉斯语固有词不可分割的一部分。十月革命后进入吉尔吉斯语的词汇大多是用来表示吉尔吉斯斯坦社会中出现的新概念，特别是科学术语。由于这些词大多通过书面语言传播，因此它们在吉尔吉斯语中的使用方式与俄语中的发音和书写方式基本相同。

　　此外，即使在与同一人的对话中，我们也经常观察到吉尔吉斯语和俄语之间的"语码转换"。语码转换指的是"在同一言语交流中将属于两种不同语法系统或子系统的语段并置在一起"[1]。一般来说，出现这种现象的原因与交谈者的关系亲疏、交谈的主题、与受众之间的社会和文化距离等因素有关。即便是在吉尔吉斯族之间的对话中，也时常存在语码转换现象。例如：

---

[1]　John Gumprez. *Discourse Strategies*. Cambridge: Cambridge University Press, 1982, p.59.

1. 整句的语码转换

Көбүнчө орусча жаңылыктарды, россиянын каналдар орусча да. У них просто лучше да, новости сейчас, поэтому.

译文：我经常看俄语新闻，俄罗斯的频道都是俄语的。因为他们现在的新闻好多了。

2. 小句的语码转换

ну если вот эти газета, книги көбүнчө орусча, русский, телевизор тоже.

译文：嗯，如果这些报纸、书籍都是俄文的，还有俄语的电视频道。

3. 小句和词汇的语码转换

Смотря кандай с кем как всегда да, аралаштыруу.

译文：（语言的）混合使用，总是取决于如何进行、与谁进行（交谈）

4. 副词和其他插入性成分的语码转换

（…）Кээ бирөөлөр ойлойт да, шаарга келсем значит орусча сүйлөш керек деп ойлойт да（…）

译文：（……）有人认为，当他们来到首都时，这意味着他们必须说俄语（……）

Сүйлөгөндө кыргызча эле сүйлөйбүз, только кагазды орусча толтурабыз да.

译文：当我们说话时，我们只用吉尔吉斯语，只是填文件时用俄语。

上述四种类型展示的是吉尔吉斯斯坦吉尔吉斯族平时使用语言的普遍情况。吉尔吉斯语和俄语语码混用不仅发生在街头巷尾朋友之间的普通的交谈中，而且时常出现在一些正式的会谈场合。语码转换能反映出交谈双方的社会和文化距离，混合使用语言有时具有增进亲近感的功能。然而，在推广作为国语的吉尔吉斯语的过程中，有学者认为这种现象是一种阻碍，需要设法避免。例如，2011 年，国家语言委员会主席向吉尔吉斯斯坦议会主席提出，要求议会议员用纯吉尔吉斯语发表演讲，不得出现吉－俄混用的情况。这是因为许多议员通常会以吉－俄混合的方式在电视上发表演讲。

第八章
中国在乌兹别克斯坦与吉尔吉斯斯坦的形象建设研究

眺望远方（摄影：李雨姗）

党的二十大报告明确提出，需要"加快构建中国话语和中国叙事体系，讲好中国故事、传播好中国声音，展现可信、可爱、可敬的中国形象。加强国际传播能力建设，全面提升国际传播效能，形成同我国综合国力和国际地位相匹配的国际话语权。深化文明交流互鉴，推动中华文化更好走向世界"。[①] 中国形象的建设和国际传播对于我国继续推动"一带一路"倡议的实施、提升国际影响力、增强国际话语权意义重大。

国家的海外形象对于一国同世界各国进行友好往来，展开经贸合作，推动人文交流有着重要意义。"一带一路"倡议为包括我国在内的世界各国带来了新的发展机遇，促进与沿线国家的民心相通则是推动这一倡议不断深化落实的关键环节。因此，如何传播好中国声音、建设好中国形象、使中国故事深入世界各国人民内心是将"一带一路"倡议从"大写意"转向"工笔画"要探讨的重要问题。

本章将聚焦我国在乌兹别克斯坦与吉尔吉斯斯坦的形象建设，从"中国标准""中国平台"及"中国内容"三个角度切入，探讨我国在乌、吉两国的形象建设现状及现存问题。此外，本章将简要介绍土耳其在乌、吉两国形象建设的一系列案例，为我国在乌、吉两国以及中亚地区的形象建设工作提供参考。

◆ 一、乌、吉两国的"中国标准" ◆

随着全球经济的快速发展，产业和商业标准的重要性日益凸显。标准化在政府监管、产业规范、技术进步和公共安全等方面发挥着关键作用。一国的标准化水平也反映了其产业核心竞争力的强弱。冷战后的全球化尽管使欧美国家的部分产业链转移到了亚非拉国家，但欧美国家仍通过产业标准和专

---

① 举中国特色社会主义伟大旗帜 为全面建设社会主义现代化国家而团结奋斗——在中国共产党第二十次全国代表大会上的报告．（2022-10-25）[2023-09-07]. https://www.gov.cn/xinwen/2022/10/25/content_5721685.htm.

利保护等手段建立"护城河",确保全球化条件下自身的经济利益。在"一带一路"倡议的背景下,我国提出了标准合作建设的理念,其重点就是推动中国标准"走出去",以提高我国在国际标准制定方面的竞争力和影响力。本节将结合实地调研经验,梳理"中国标准"在乌、吉两国的使用现状,探讨我国标准"走出去"的可行路径。

根据本次调研所收集资料,目前"中国标准"在乌、吉两国尚处于"走出去"的起步阶段,主要集中于新能源汽车和清洁能源等新兴领域。中国标准在乌兹别克斯坦的重要应用案例包括:安格连—帕普铁路隧道项目、即将开建的乌兹别克斯坦 2025 年第四届亚洲青年运动会塔什干奥林匹克城项目、上海建工承建的塔什干新城三座银行总部大楼项目,以及在新能源汽车领域的标准合作等等。

安格连—帕普(Angren-Pop)铁路隧道项目启动于 2013 年,并于 2016 年实现全隧贯通,该项目全程使用中国标准,项目主隧道卡姆奇克隧道长

图 8-1　乌兹别克斯坦采购的中国中车集团列车(摄影:郑豪)

19.2 千米，在乌兹别克斯坦乃至中亚地区都排名第一，被誉为"总统一号工程"。① 该项目的核心隧道卡姆奇克隧道曾因其技术难度令诸多欧美企业望而却步，而中标该项目的中铁隧道集团大力攻坚，为技术难题制订专项方案，并与国内高校联合科研解决难题，切实将中国技术与中国标准带到该项目的施工中。②

上海建工集团股份有限公司承建的三座银行项目位于塔什干新城核心区域。该项目于 2019 年 6 月开工，是乌兹别克斯坦自 2016 年后建设的首批超高层项目，全部建成后将成为首都塔什干地区新地标。这三座银行总部大楼均采用中国的设计施工规范，项目营建过程中也将大量中国的工程机械和电气设备引入乌兹别克斯坦市场。此外，由于塔什干市地处地震带，此前乌兹别克斯坦政府并不鼓励兴建高层建筑，因此并不存在超高层建筑方面的标准规范。在项目早期策划阶段，上海建工曾尝试推动中国超高层建筑的标准规范转换为乌兹别克斯坦标准。受疫情影响，目前此项工作仍在推进之中。

乌兹别克斯坦亚青会奥林匹克城项目于 2022 年 11 月宣布投标结果，中工国际中标。该项目计划造价 2.89 亿美元，其中 15% 由乌方自筹、85% 拟使用中国进出口银行商业贷款，由乌方提供主权担保。③2023 年 5 月，中国进出口银行正式与乌兹别克斯坦政府签署了亚青会奥林匹克城建设项目贷款协议。据悉，该项目将使用人民币贷款支持，全面采用中国标准和设计方案。④

---

① "一带一路"上的"总统一号工程". （2022-08-24）[2023-09-07]. http://switzerlandemb.fmprc.gov.cn/web/ziliao_674904/zt_674979/dnzt_674981/qtzt/zggcddwjw100ggs/xsd/202208/t20220824_10750757.shtml.

② 中乌共建"一带一路"中亚第一长隧标记中国技术. （2017-04-27）[2023-09-07]. https://www.yidaiyilu.gov.cn/p/11872.html.

③ 中工国际中标乌兹别克斯坦 2025 年"亚青会"奥运城项目. [2023-09-07]. http://uz.mofcom.gov.cn/article/jmxw/202211/20221103367228.shtml, 上网日期：2023 年 8 月 13 日。

④ 中国进出口银行同乌兹别克斯坦政府签署亚青会奥林匹克城建设项目贷款协议. （2023-05-22）[2023-09-07]. https://www.yidaiyilu.gov.cn/p/319612.html.

除了前述几项工程项目外，我国与乌兹别克斯坦在电动汽车领域的标准合作同样亮眼。2020 年 10 月，乌兹别克斯坦标准化计量和认证管理局宣布，在国际合作框架下，接收了 51 项来自中国汽车技术研究中心（CATARC）的电动汽车及其零部件的中国标准。[①]2021 年 7 月，中国 – 乌兹别克斯坦电动汽车标准培训会暨结业仪式成功举行，与会乌方人员表示希望未来与中方加强合作，共同制定电动车标准。[②] 另据乌兹别克斯坦统计局数据，2022 年乌兹别克斯坦共进口电动汽车 2180 辆，其中 1941 辆来自中国。[③] 根据调研团随机街头访谈，中国的主流电动汽车品牌目前在乌兹别克斯坦已有较高知名度和认可度。乌兹别克斯坦司机重视电动汽车在运行和保养方面的成本优势，也对中国电动汽车在内饰和前沿科技应用方面的成就青睐有加。

相较而言，中国标准在吉尔吉斯斯坦的应用主要集中于电力领域。例如，新疆特变电工股份有限公司承担的吉尔吉斯斯坦境内多处输变电项目中，特变电工均会在合作协议中注明使用中国标准。[④] 此外，另一个案例是上海釜乾集团有限公司投资建设的吉尔吉斯斯坦巴雷克奇风电场项目。2017 年，中国能建新疆院与上海釜乾集团有限公司正式签署该项目的勘察设计合同，该项目是吉尔吉斯斯坦国内首个风电项目，项目建设将完全参照中国风电行业标准建设。[⑤]

---

① "Chinese standards have been received in the framework of international cooperation", Oct 26, 2020, https://www.standart.uz/en/news/view?id=2464, [2023-08-13].

② 中国 – 乌兹别克斯坦电动汽车标准培训会暨结业仪式成功举行.（2021-07-16）[2023-09-07]. http://www.catarc.org.cn/xinwen/show-3096.html.

③ "Uzbekistanis spent $69.8 million on electric vehicle imports in 2022", Jan 30, 2023, https://stat.uz/en/press-center/news-of-committee/34193-o-zbekistonliklar-2022-yilda-elektromobillar-importiga-69-8-mln-aqsh-dollari-sarflagan-3, [2023-08-13].

④ 中国标准挺进中亚推动各国繁荣发展.（2017-05-16）[2023-09-07]. https://www.cqn.com.cn/zj/content/2017-05/16/content_4297533.htm.

⑤ 中国能建新疆院签订吉尔吉斯斯坦首个风电项目合同.（2017-12-28）[2023-09-07]. http://www.sasac.gov.cn/n2588025/n2588124/c8398115/content.html.

图 8-2　乌兹别克斯坦的中国品牌汽车（摄影：郑豪、刘弋鲲）

综上所述，中国标准在乌、吉两国的应用案例以单个工程承包项目为主，包括高端商业综合体、交通设施、体育场馆等。目前在前沿的技术密集型领域，乌、吉两国或延续苏联和俄罗斯标准，或接受欧美标准。值得注意的是，土耳其商业机构在两国开展运营也多遵循欧美标准。而在部分技术标准复杂性小的领域，由于采用何种标准对最终产品影响较小，中国标准已经能够被当地业主接受。尽管如此，电动汽车和风电项目的案例反映出，我国技术领先的部分新兴领域能够有效推动中国标准的"走出去"。因为欧美国家及俄罗斯在这些领域并不占据优势，我国标准成为更优选择。相信随着我国的不断发展与"一带一路"倡议的持续推进，更多的中国标准能够成为中国－中亚合作的"新名片"，惠及中吉乌三国人民。

◆ 二、乌、吉两国的"中国平台" ◆

中国标准的走出去需要由政府、企业、科研院所等机构形成合力。如上所述，目前中国在乌、吉两国推动标准的主体是企业。此外，随着中国经济的蓬勃发展，中文教学的市场需求在中亚国家也逐渐扩大，孔子学院在乌、吉两国近年来迅速发展。本节将着重分析上述两类机构在建设中国平台中的作用。

（一）中国在乌、吉两国企业的平台作用

中资企业是我国建设海外形象的重要平台。具体而言，海外中资企业在中国形象建设方面有两点优势：首先，企业能够依靠其经济效益的延伸，扩大我国与对象国的利益交汇点，以持续的商业往来促进双方深入了解，增进当地民众对我国发展状况、语言文字乃至文化风俗的认识，同时为当地友华人士与我国的交流往来搭建平台，营造当地对华友好氛围。其次，中资企业能够通过彼此合作，在当地筹建商会、企业园区、商业共同体等不同类型的机构或机制，并依托此类平台发挥集群作用，推动各合作企业在当地经济效益的增长，支持中国形象的建设。

乌、吉两国中资企业对于我国在当地建设海外形象无疑有着重要意义。调研团通过与中企负责人及当地民众交流，也对中资企业在中国形象建设方面的"平台"作用有了更加深刻的认识。这些企业不仅搭建了当地员工与民众认识中国的桥梁，同时也为更多中企进入乌、吉两国提供了机遇。

上海建工集团在乌兹别克斯坦的超高层建筑项目在建设中国海外形象方面起到了表率作用。目前其项目部聘任有当地管理人员 30—40 人，一般侧

重于雇佣具备工程所需专业技能或掌握中文的当地员工，部分核心员工甚至同时兼具两项技能，且有留学中国的经历。例如，该公司前雇员 T 女士就在中国鞍山师范学院完成了本科学业，并凭借其娴熟的中文翻译技能从几十名竞争者中脱颖而出，成功被聘用为项目部翻译。在后续工作过程中，她逐步提升了工作能力，进而成为项目部谈判组的核心成员之一，出色地完成了项目的一系列重要谈判工作。尽管目前已经离开上海建工公司，但 T 女士此后仍因其过往工作经历以及对中国的熟悉程度，被新公司派到上海长期工作。此外，上海建工集团同样为其他当地雇员了解中国提供了良好条件，工作表现优秀的员工常常能够得到前往中国交流学习的机会。总而言之，上海建工集团作为一家驻乌中企，不仅仅在当地承担了经济角色，同时也为以莉亚为代表的、对中国已有认识的当地员工提供了进一步接触中国的机会，由此推动了当地友华社群的发展。

在乌兹别克斯坦，相似的案例还有 P 园区。作为一家 2009 年就进入当地经营的民营企业，P 园区在过去 14 年间已积累了丰富的属地化管理运营经验，同时也成为当地员工及民众接触中国的重要渠道。每年，P 园区均会派出当地员工到中国进修研学，部分员工甚至由此萌生了赴华留学的想法。调研团了解到，该园区一位负责签证工作的年轻女性员工在进修之后，下决心自学中文，后来离职到中国开启新的事业。另有一位曾在园区办公室工作的员工此前是园区邻近村落的农家妇女。她也获得了来华进修的机会。尽管学习基础薄弱，但她刻苦努力，在工作之余坚持参与园区组织的汉语学习班，由此得以进入我国高校学习。总体来说，P 园区同样为其雇员以及当地民众提供了接触中国的平台。值得重视的是，P 园区更加注重为"零中国经验"且往往出身基层社区的当地员工提供了解我国的机会。

在吉尔吉斯斯坦，G 公司最初于 2012 年开始运作，目前已雇用了超过 500 名当地员工。在这一过程中，G 公司成为我国在吉尔吉斯斯坦的一张名片，促进了本地雇员和矿区邻近村落居民对中国的认识，为营造当地友华氛围提供了良好的平台。该公司现任后勤保障部部长 A 女士早年曾担任过乡村卫生所护士。2012 年加入公司前，A 女士曾担任所在村落幼儿园的园长。在加入该公司后，尽管她再次从基层工作人员做起，但由于工作能力突出，很快得到管理层的着重培养。她历任吉方员工食堂管理员和办公室副主任，并于今年升任 G 公司后勤保障部部长。该公司总经理评价道，A 女士主管吉方员工食堂期间，不仅将员工的餐饮工作安排得井井有条，还显著节省了餐饮开支。值得注意的是，A 女士在多年的工作过程中已经熟练掌握了汉语口语，但尚未掌握中文读写技能。由此可见，阿拉贝雅的汉语并非通过正规教学机构学习所得，而是通过在 G 公司期间与中方员工长期深入交流所掌握的能力。这点恰恰说明了，中资企业的海外运作不仅能够将当地员工连接到中国经济体系中，同时也是当地员工接入中国文化体系的重要途径。

在乌、吉两国运作的中资企业不仅为当地提供了发展机会，同时也为更多当地民众了解中国、更多当地友华人士进一步接触中国提供了平台。应当认识到，中资企业之所以能够为我国的海外形象建设提供助力，与他们在当地的经济作用密不可分。换言之，由于中资企业能够为当地民众创造就业、提供更有竞争力的工作条件，同时为地方拉动经济增长、投资公共设施，能够围绕企业本身塑造小规模经济圈，才能够依托经济基础层面的优势，成为中国形象在乌、吉两国的建设平台。中国形象的海外建设离不开中国经济的海外延伸，反之，中国企业的海外经济效益也离不开中国海外形象的提升。

与此相应，值得有关部门注意的是，如果仅单方面投入国际传播和文化推介，而不将其与企业的海外运营有机结合，可能会面临事倍功半的境地。调研团在塔什干最大的休闲娱乐综合体"梦幻城"考察期间，曾与在当地中式奶茶店兼职的乌兹别克族青年 K 先生交流。K 先生的父母早年曾在中国新疆地区经商，他本人也在中国生活多年，汉语表达地道，发音非常标准。返回乌兹别克斯坦后，他在某国际学校就学，学习掌握了流利的英语。目前，K 先生已经暂时休学，并且在雅思机构兼职担任英语教师。调研团成员与 K

先生交流时发现，他并不愿意从事汉语教学工作。K 先生认为，由于乌兹别克斯坦的孔子学院受到中国政府补贴，能够以较低的学费提供汉语教学，因此私人汉语教学机构目前几乎难以盈利。它们不仅无法为教师开出具有市场竞争力的薪资，同时也无法将学费降至孔子学院的同等水平。反观当地的雅思培训机构，不仅能够提供更有竞争力的薪资，且教学工作相对更加轻松。所以，尽管 K 先生有着突出的汉语能力，却不愿从事汉语教学工作。这一案例说明，若无经济基础支撑，那么即便是熟悉我国情况或具备高水平中文技能的海外人士也不会从事与我国相关的工作。正因如此，我国在乌、吉两国的海外形象建设应当进一步强化与中资企业经营以及国内外产业链的衔接，推动当地中资企业及其他机构统合形成海外形象建设机制，共同营造对象国的友华氛围。

（二）乌、吉两国的汉语教育

除乌、吉两国的中资企业外，我国在当地推动成立的孔子学院也是我国海外形象建设的重要平台。目前，孔子学院是我国在海外规模最大的汉语教学体系，也是在各国展示中国历史文化传统的重要窗口。本节关注乌、吉两国开设的 6 所孔子学院，探讨这一非营利性国际汉语教学机构在两国的运作现状，以及该机构在建设中国海外形象方面的机遇与挑战。

2004 年 6 月，乌兹别克斯坦塔什干国立东方研究大学孔子学院完成签约，拉开了我国在全球合作开办孔子学院的序幕。近二十年来，孔子学院成为汉语推广和中外文化交流的重要平台，为各国汉语学习、汉学发展和民间交流、民心互通提供了广阔平台。2013 年"一带一路"倡议提出后，中国新疆师范大学、上海外国语大学等高校同乌兹别克斯坦、吉尔吉斯斯坦合作开设了 3 所孔子学院。截至目前，乌兹别克斯坦、吉尔吉斯斯坦两国已开设 6 所孔子学院。

中国－中亚五国峰会后，中国与乌、吉两国的经贸和文化交流日益密切，两国汉语教育，尤其是孔子学院提供的汉语教育成为双边交流的重要桥梁。因此，本次调研以乌兹别克斯坦塔什干国立东方研究大学、吉尔吉斯斯坦国

立民族大学、奥什国立大学等三所高等教育机构为实地调研对象，深入调研
了相关机构的汉语教育和运行情况。

表 8-1　乌兹别克斯坦、吉尔吉斯斯坦孔子学院开设情况[①]

国家	孔子学院名称	所在城市	承办机构	合作机构	设立时间
乌兹别克斯坦	塔什干国立东方研究大学孔子学院	塔什干	塔什干国立东方研究大学	兰州大学	2004-06-15
	撒马尔罕国立外国语学院孔子学院	撒马尔罕	撒马尔罕国立外国语学院	上海外国语大学	2013-09-09
吉尔吉斯斯坦	比什凯克国立大学孔子学院	比什凯克	比什凯克国立大学	新疆大学	2007-10-26
	吉尔吉斯国立民族大学孔子学院	比什凯克	吉尔吉斯国立民族大学	新疆师范大学	2007-10-26
	奥什国立大学孔子学院	奥什	奥什国立大学	新疆师范大学	2013-01-23
	贾拉拉巴德国立大学孔子学院	贾拉拉巴德	贾拉拉巴德国立大学	新疆大学	2016-04-18

1. 乌兹别克斯坦的汉语教育机构及现状

（1）塔什干国立东方研究大学汉学系和孔子学院

本次调研的塔什干国立东方研究大学（Ташкентский Государственный
Университет Востоковедения）下设汉学系（Факультет Китаеведения）和孔
子学院（Институт Конфуция）两个汉语教育机构，是乌兹别克斯坦历史最
为悠久、实力最为雄厚的汉语教育机构。1991 年 7 月，塔什干国立大学[②]的

---

① 努尔扎旦姆·阿卜力米提：《"一带一路"背景下中国与中亚国家民心相通研究》，新疆大学硕士
论文，2020 年，第 25-26 页。

② 前身为成立于 1918 年的塔什干人民大学，1920 年改名为图尔克斯坦大学，1923 年改名为国立
中亚大学，下设东方研究院，汇集著名东方学家、历史学家和民族志学者，具有悠久的东方学
研究历史。参见：奥莉娅·菲茹扎、杜永军、郭伟、魏藏：《培养沟通世界人才搭建国际合作平
台——访塔什干国立东方大学校长曼纳诺夫·阿卜杜拉西姆·穆塔罗维奇》，《世界教育信息》，
2019 年第 10 期，第 7-8 页。

图 8-3　调研团与塔什干国立东方大学汉学系教师合影（摄影：刘弋鲲）

东方系独立为塔什干国立东方研究大学。①2004 年 6 月，塔什干国立东方研究大学孔子学院签约成立，其主要任务是向中学和大学阶段的乌兹别克学生教授汉语，为乌兹别克斯坦提供汉语教师培训，编写汉语教材，加深乌兹别克人民对中国历史、文化、文学等方面的了解。同年 9 月，乌兹别克斯坦总统签署关于在塔什干国立东方研究大学开设汉学系的"PP- 2228"号决议，以发展汉学和培养受高等教育的汉语言方向人才。②

目前，汉学系下设两个教研室，一为汉语言文学教研室（Кафедра «Китайской филологии»），教研室主任为萨约拉·纳扎罗娃（С. А. Назарова），在编教师 28 名；另一个为历史、文化、政治、经济教研室（Кафедра Истории, Культуры, Политики и Экономики Китая），教研室主任

① 奥莉娅、菲茹扎、杜永军、郭伟、魏葳：《培养沟通世界人才搭建国际合作平台——访塔什干国立东方大学校长曼纳诺夫·阿卜杜拉西姆·穆塔罗维奇》，《世界教育信息》，2019 年第 10 期，第 7 页。

② 同上，第 9-10 页。

为卡扎克巴耶夫（Х. И. Казакбаев），在编教师 24 名。[①] 本科阶段设置语言学与语言教学（汉语）、历史（按国家和地区）、政治学、世界经济（中国）、外国经济与区域研究五个专业方向。硕士阶段设置文学研究、语言学（东方语言）、外国经济区域研究三个专业方向。

据悉，塔什干国立东方研究大学现有 600 余名本科生修习汉学系的汉语课程，其中，汉学系学生有 300 余人；其他院系学生，如国际关系学院、历史学系和哲学系等，有约 300 人。汉学系学生，除来自乌兹别克斯坦本国之外，还有约 5% 的学生来自原苏联国家。

近年来，汉学系的主要课程仍围绕语言学展开，包括汉语综合课、汉语口语、汉语精读、汉语听力、汉语写作、中国文学、汉语语法、词汇学等课程，使用的教材有《新实用汉语课本》《新目标》《汉语教程》《汉语会话301》《汉语口语》等。[②] 在教学实践层面，汉学系主任伊莫姆纳扎罗夫（К. У. Имомназаров）指出，本科阶段，低年级学生分俄语班和乌语班授课，高年级学生则统一以中文授课。本科生教材普遍使用翻译至乌语的中文教材。汉学系在课程设置和师资方面仍面临一些困难，例如课程设置仍然偏重语言教学，历史文化、当代国情和古典文学相关的课程相对欠缺。目前乌兹别克斯坦有能力教授文言文的专家较少，因此研究方向上存在局限。

据统计，汉学系毕业生的就业方向大致集中在政府机构、文教机构、中资企业、旅游业、服务业、新闻出版业等领域。伊莫姆纳扎罗夫主任称，塔什干国立东方研究大学设有就业中心，中资企业在招聘时会联系相关部门推荐优秀毕业生。以今年校招为例，4 月份，共有 26 家中资企业，包括吉扎克州经济开发区的中资企业和 P 园区等单位均前往汉学系招聘。除直接就业外，

---

① 信息来源：2023 年 6 月 26 日 14:00—15:00 塔什干国立东方研究大学访谈纪要及宣传册；《培养沟通世界人才搭建国际合作平台———访塔什干国立东方研究大学校长曼纳诺夫·阿卜杜拉西姆·穆塔罗维奇》。

② 夏之芳：《乌兹别克斯坦汉语教学历史、现状与发展对策研究》，上海师范大学博士论文，2021年，第 114 页。

今年还有 20 位毕业生利用中方提供的奖学金前往中国合作院校进行深造。

塔什干国立东方研究大学汉学系与该校的孔子学院虽然是性质不同的机构，但双方有密切的科研合作和师生交流活动，汉学系主任伊莫姆纳扎罗夫曾任孔子学院院长 14 年，且双方经常共同举办研讨会和各类学生活动。汉学系同孔子学院的最大区别在于汉学系是具有授予学士和硕士学位的高等教育机构，而孔子学院是面向社会的中文培训机构。2019 年，共有 18 名塔什干国立东方研究大学的教师和 8 名中国志愿教师在孔子学院教授汉语。当年接受汉语教育的学生共计 8000 余人。[①]2020—2023 年，孔子学院每年学生数量约为 200 人，平均就读人数较此前有所下降，这可能受到了疫情防控的影响。随着中乌两国文化交流的日益密切和经贸联系的日益深化，纳扎罗娃认为之后就读于孔子学院和汉学系的学生数量都将逐步恢复。据悉，2022 年，塔什干国立东方研究大学成立了乌兹别克斯坦－中国研究中心，今年秋季，汉学系和孔子学院将搬入同一栋办公楼。可以预见的是，塔什干国立东方研究大学的汉语教育机构间将进行更加深入的沟通和更加密切的交流，培养更多熟练掌握中文、了解中国国情的学生。

（2）撒马尔罕外国语学院孔子学院和乌兹别克斯坦其他汉语教育机构

2013 年，借鉴塔什干国立东方研究大学孔子学院成功运营的经验，中国上海外国语大学与撒马尔罕国立外国语学院签署协议，合作建立了撒马尔罕国立外国语学院孔子学院。撒马尔罕国立外国语学院孔子学院的特色定位是打造成古丝绸之路重要的汉语人才培养基地、撒马尔罕州汉语教育中心和当地民众了解中国文化的重要窗口，成为"一带一路"研究和国别研究重要的实践基地，成为当地中资企业双语人才储备库。[②] 在此基础上，撒马尔罕孔

---

① 奥莉娅、菲茹扎、杜永军、郭伟、魏葳：《培养沟通世界人才搭建国际合作平台——访塔什干国立东方大学校长曼纳诺夫·阿卜杜拉西姆·穆塔罗维奇》，《世界教育信息》，2019 年第 10 期，第 9-10 页。

② 上海外国语大学孔子学院工作处：http://www.oci.shisu.edu.cn/4778/list.htm，上网日期：2023 年 7 月 9 日。

图 8-4　塔什干国立东方大学汉学系办公室藏书（摄影：刘弋鲲）

子学院积极打造"汉语＋"系列课程，将当地旅游业、纺织业等主导产业与汉语技能相结合，培养在就业市场上具有特殊优势的复合型人才。

　　除上述两所孔子学院外，乌兹别克斯坦还有开设汉语教学或汉语课程的各级教育机构。截至目前，乌兹别克斯坦共有 6 所国立大学和 2 所军事学院开设汉语教学，另外还有 3 所中学、1 所幼儿园、1 个汉语中心和 2 所孔子学院从事汉语教学活动[①]，其中规模较大的五所汉语机构分别是本次调研团拜访的塔什干国立东方研究大学、世界语言大学、塔什干第 59 中学、塔什干第

---

① 孙雍：《乌兹别克斯坦塔什干孔子学院发展研究》，兰州大学硕士论文，2020 年，第 5 页。上述机构详细情况如下：塔什干国立东方研究大学、世界语言大学、世界经济与外交大学、塔什干国立经济大学、撒马尔罕国立外国语学院、费尔干纳大学、近卫军军事技术学院、武装力量学院、塔什干国立东方研究大学附属中学、塔什干师范大学附属中学、塔什干第 59 中学、塔什干第 506 幼儿园、中华民族文化中心、塔什干国立东方研究大学孔子学院、撒马尔罕国立外国语学院孔子学院。其中，塔什干国立东方研究大学、撒马尔罕国立外国语大学和世界语言大学是仅有的三所开设汉语作为第一外语的专业的高校。

506 幼儿园和塔什干中华民族文化中心。在高校中，约 800 名学生以汉语为第一外语，1000 多名学生以汉语为第二外语。[①] 塔什干第 59 中学则是本次调研中被多家单位提及的汉语教育机构。塔什干国立东方研究大学汉学系同塔什干第 59 中和塔什干第 18 中合作授课。华为乌兹别克斯坦办公室也同第 59 中有汉语教学合作，通过捐赠电脑等设备，帮助建设实验室、语音室等教学环境，助力乌兹别克斯坦当地中等教育机构的汉语教学。

2. 吉尔吉斯斯坦的汉语教育机构及现状

（1）吉尔吉斯斯坦国立大学的吉－中系和孔子学院

本次调研的吉尔吉斯斯坦国立大学（Кыргызский национальный университет）下设吉—中系（Кыргызско-Китайский факультет）和孔子学院（Институт Конфуция）两个相互独立的教学机构。在"一带一路"倡议提出后，该校于 2017 年新设立了"一带一路"研究中心，是目前吉尔吉斯斯坦最具活力的汉语教育机构之一。

1999 年，吉尔吉斯斯坦国立大学成立跨文化交流和语言学中心；2006—2009 年改称吉－中教育中心（Кыртызско-Китайский образовательный центр）；2009 年，上述中心升格吉—中系，即吉尔吉斯斯坦国立大学的正式实体教学科研单位，这是吉尔吉斯斯坦国立大学中文教育建制化的重要标志。吉－中下设两个教研室（汉语翻译理论和实践与跨文化交际）和两个教学项目（中国研究和中国语言文学）。共设有四个本科专业，分别是学制四年的语言学（汉语）、语言学教育（汉语）、中国研究和学制五年的翻译与翻译研究（中文）。吉－中系另设两个硕士专业，分别是语言学（俄语、汉语）和中国研究，致力于培养具有汉语知识的高素质人才。[②] 学术事务副校长巴扎尔巴耶夫（Э. Б. Базарбаев）指出，目前吉－中系拥有 600 余名在校学生和 60 名在

---

① 姜岩等：《中国与乌兹别克斯坦：友好合作 30 年》，《欧亚经济》，2022 年第 5 期，第 2 页。

② Общие сведения о факультете, обновлен 06.12.2022, https://www.knu.kg/ru/index.php?option=com_content&view=article&id=5885:2014-02-05-12-17-28&catid=926:2014-02-05-12-16-16&Itemid=88, [2023-07-09].

职教师。

据吉尔吉斯斯坦国立大学"一带一路"研究中心主任尤苏波夫（Р. У. Юсупов）介绍，吉尔吉斯斯坦青少年有较强的学习汉语的意愿，吉尔吉斯斯坦的汉语教学在全亚洲和前苏联国家中能够名列前茅。2015—2016学年，吉－中系共有1300余名学生学习汉语，但这一数字受疫情影响大幅下降，至今仍未恢复到疫情前的水平。

同塔什干国立东方研究大学汉学系相似，吉尔吉斯斯坦国立大学吉－中系也吸引了一些外国留学生慕名求学。在读学生中，大约有20名外国留学生。吉－中系主任阿帕耶娃（С. Х. Апаева）指出，乌兹别克斯坦、哈萨克斯坦、塔吉克斯坦等独联体国家是吉－中系留学生的主要来源国。吉－中系的教学质量和吉尔吉斯斯坦较低的学费和生活成本是促使留学生前来求学的重要因素。

据2022年度资料显示，70%的吉－中系毕业生在毕业后出国深造，16%的毕业生在吉尔吉斯斯坦国内就业，6%的毕业生在境外就业。吉尔吉斯斯坦国内就业的毕业生，大多就职于政府机构、国际组织和跨国公司。也有毕业生独立创业，开办汉语培训机构。[①] 在座谈中，阿帕耶娃主任认为，疫情对吉尔吉斯斯坦就业市场冲击较大，但吉－中系毕业生因自身素质过硬，仍能找到合适职位。在疫情之前，吉－中系有大约72%—73%的本科毕业生前往世界各地，尤其是中国深造。在中国深造的硕博士生中，硕士生基本能完成毕业论文，顺利毕业。例如，有毕业生在吉－中系毕业后，前往中国深造并取得硕士学位，现在供职于吉尔吉斯斯坦驻俄罗斯大使馆。而部分博士生则存在论文撰写困难的窘境，只有少部分人获得过中国高校的博士学位。新冠疫情期间，吉尔吉斯斯坦约有54%的企业倒闭，就业形势不佳。在这样严峻的形势下，吉－中系毕业生还是能够找到大公司的工作岗位。例如，毕业

---

① Кыргызско-китайский Факультет. https://www.knu.kg/ru/images/stories/2022/12_2022/06/kkf/ruk/prez_kkf_2022.pdf, [2023-07-09].

生 A 现在在北京的阿迪达斯工作，还有很多毕业生在中国从事翻译相关工作。

目前，吉－中系仍在汉语教学中面临亟待解决的问题。首先，师资力量无法满足吉－中系本科生系统学习汉语、深入了解中国的需要。一方面，师资专业水平不高，学历参差不齐；另一方面，本地师资力量薄弱，教学方法有待提升。其次，教材施用存在问题，教材本身所编撰的部分内容与时代脱节，且缺乏辅助性教材和配套教材。[①] 为提高专业人才培养质量，吉－中系需要解决上述诸问题，提升师资团队专业性，提高教学质量，调动学生学习主动性，真正培养有助于两国友好交流的人才。

除吉－中系外，吉尔吉斯斯坦国立大学的另一个汉语教育机构——孔子学院——在 2009 年正式落成。孔子学院在推广各级汉语教学方面取得了显著成果，同吉尔吉斯斯坦第 69 中、第 95 中和第 62 中合作开设了孔子课堂；面向社会的汉语培训中心更是覆盖各级教育

---

① 阿丽娜：《吉尔吉斯斯坦民族大学汉语教学现状调查》，哈尔滨师范大学硕士论文，2022 年，第 31-32 页。

图 8-5　吉尔吉斯斯坦奥什国立大学孔子学院（摄影：郑豪）

机构和政府机构。①

不过，吉－中系主任阿帕耶娃认为，作为高校内部机构，吉尔吉斯斯坦国立大学的吉－中系和孔子学院之间在培养对象、培养目的、院系建制等方面有本质区别。"孔子学院的任务是传播汉语和中国文化。它只是一个授课机构和培训中心，不从事学术活动，不能授予学位，没有办法对学生进行全方位的培养。而吉－中系是高等教育机构，为学生提供全方位的教学培养，学生不仅需要学习汉语，还要了解中国的经济、法律、文化等方面的知识。"受疫情影响，孔子学院的建设和发展出现了停滞，孔子学院内的中国志愿者、教师数量减少。2023 年初，志愿者的数量甚至下降到了仅有 1 人。这说明，吉尔吉斯斯坦国立大学孔子学院的培养诸环节深受中方政策和派出机构人员储备的影响。

（2）吉尔吉斯斯坦奥什国立大学孔子学院

奥什国立大学孔子学院（Кыргызско-Китайский факультет ОшГУ）建立于 2013 年。2016 年，根据奥什国立大学章程，孔子学院重组为吉－中系（Кыргызско-Китайский факультет）②，成为全球第一所可以授予本科学历的孔子学院。2015 年 12 月，该机构获批成为俄语区国家第一所"示范孔子学院"。

奥什国立大学孔子学院下设汉语与中国研究教研室（Кафедра Китайского Языка и Китаеведения），从事语言学教育和国际汉语教学研究。该机构下设语言学（Лингвистика）、中国研究（Китаеведение）和语文学（Филология）三个本科专业，以及翻译与翻译研究、中国研究两个硕士专业。截至 2017 年底，奥什国立大学孔子学院共有三个孔子课堂，设有高中部和本科部，志愿者教师 15 人，公派教师 23 人，本土教师 9 人。③ 截至 2022 年，奥什孔院共有 634 名本科生和 7 名拥有汉语硕士学位的本土教师。7 位本土教师均在

---

① 汉语学习在吉尔吉斯斯坦经历了哪些发展阶段？（2023-04-21）[2023-09-07]. https://new.qq.com/rain/a/20230421A07V9D00.

② 吉方一般将其称为"吉－中系"，中方和孔子学院教师一般将其称为"孔子学院"，本文遵循中方惯例，称其为"奥什国立大学孔子学院"。

③ 李希：《中吉民间交流视野下的孔子学院影响研究——以吉尔吉斯斯坦奥什国立大学孔子学院为例》，新疆师范大学硕士论文，2018 年，第 40 页。

吉尔吉斯斯坦当地高校取得本科学历，并分别在新疆师范大学、云南师范大学、天津外国语大学取得汉语硕士学位，与孔院教师一职匹配度很高。

奥什国立大学孔子学院广泛吸引了来自吉尔吉斯斯坦南部三州（奥什州、巴特肯州和纳伦州）的学生，北部伊塞克湖州也有学生慕名求学。除吉尔吉斯斯坦本国生源外，因该校所在地奥什距离吉尔吉斯斯坦、乌兹别克斯坦和塔吉克斯坦三国边境均较近，也有乌、塔两国留学生前来求学。据最新数据，2014 年至今，奥什国立大学共有留学生 513 人。

具体到课程设置、教材选用等教学环节，奥什国立大学孔子学院以语言类课程（如汉语精读、汉语精译等）为核心课，同时开设中国文化等通识课程。孔子学院院长托克托逊（А. К. Токтосун）指出，目前该学院仍缺乏中国历史、中国经济等领域的专业型、学术型课程。与塔什干国立东方研究大学将低年级学生分俄语班和乌语班开展教学不同的是，奥什国立大学孔子学院坚持以中文授课，要求学生从零基础迅速适应语言环境。在教材方面，奥什国立大学致力于推动本土教材乃至校本教材的编撰。2013 年孔子学院成立时，

图 8-6　吉尔吉斯斯坦奥什国立大学孔子学院图书馆（摄影：郑豪）

因缺乏吉尔吉斯语教材，奥什国立大学孔子学院的吉方教师团队向国家汉办等中方负责机构申请翻译出版中－吉文教材和练习册。在访谈中，孔子学院院长和吉方教师同样强调了更倾向于使用吉尔吉斯语教材。这表明，孔子学院需要根据对象国国情，甚至是在州、市的具体情况，调整教材、教辅材料和教学方式，以更好地发挥孔子学院作为汉语教学和文化交流平台的作用。

除汉语和汉学课程，奥什国立大学孔子学院还以兴趣班、社团等丰富形式开设了中国文化课堂。其中武术社团和"龙吟"民乐团创立最早，已经是奥什国立大学孔子学院的招牌项目，是推介中国传统文化的重要平台。因吉尔吉斯斯坦人民普遍喜爱中国功夫电影和中华武术，孔子学院成立之时，武术社团应运而生。至今，每年都有 100 余名校内外人士参加武术班学习少林拳等中华武术。[①] 除已成为孔院品牌项目的社团外，在孔子学院教学楼内，还专设中华文化学习体验区。二层的多功能教学区可以展示中国茶艺和古筝。三层的吉尔吉斯－中国文化区以剪纸等中国传统艺术形式呈现吉尔吉斯族史诗《玛纳斯》等民族文化主题。四层的多功能教学区打造了国画和书法的练习区。奥什国立大学孔子学院内随处可见学生的书画和剪纸等作品，营造了浓郁的中国传统文化氛围，在潜移默化中影响着在此求学的学生和到此参访的社会人士，从多角度拓宽了吉尔吉斯斯坦人民认识中国的途径。

除了主要面向校内师生的文化活动外，奥什国立大学孔子学院还通过与中学合作办学、举办中国文化活动和大型孔子学院开放日活动，向当地青少年和广大社会人士介绍中国传统文化和社会发展现状。目前孔子学院在奥什市的三所中学开办孔子学堂，即开设汉语课程。这一规模相较 2017 年增加了两所。[②]

颇具特色的是，奥什孔院创新应用了中国家访制度，在孔子学院首次

---

① 同上，第 14 页。

② 关于 2017 年奥什国立大学孔子学院与中学的合作情况，参见李希：《中吉民间交流视野下的孔子学院影响研究——以吉尔吉斯斯坦奥什国立大学孔子学院为例》，新疆师范大学硕士论文，2018年，第 48 页。

开展了家访活动。奥市孔院的家访团队由班主任和相关授课教师组成，家访时间约为 1 至 2 天。调查研究显示，吉尔吉斯斯坦家长对家访工作的态度最为积极，但并不十分清楚家访的具体内容。在家访中，中国教师一般与家长就孔子学院运行情况、课程设置、奖学金制度及学生择业就业等话题进行交流，而吉尔吉斯斯坦家长主要关心学生的在校表现。在家访过程中，除就学业情况进行交流外，中国教师还会向吉尔吉斯斯坦家长赠送符合当地风俗习惯和带有中国文化元素的礼品，吉尔吉斯斯坦家长还会带领中国教师参观当地村庄、感受当地民风。[①] 尽管吉尔吉斯斯坦家长可能没有主动了解过中国文化和社会现状，但家访能够使吉尔吉斯斯坦家长通过中国教师之口加深对中国的认知。因此，奥市孔院的家访活动已不再是单一的教育教学方式，而成为重要的中吉文化交流、民心相通渠道。

在接受奥什国立大学孔子学院的本科教育后，毕业生的去向大致分为三类：继续深造、求职和创业。就深造而言，家境较好的学生选择前往中国攻读硕士学位；家庭条件一般的学生则会优先考虑攻读本校硕士。在赴中国深造的毕业生中，90% 的学生（也包括孔子学院的在职教师）都能获得中方提供的各项奖学金，包括中国政府奖学金、孔子学院奖学金和国际汉语教师奖学金，每年共计有 50—60 个名额。院长提到，这一类学生中较为出色的一位正在中央民族大学攻读中国史硕士学位。

关于毕业后直接进入职场的毕业生，托克托逊院长尤其生动细致地介绍了一个近期的案例。孔子学院的一位学生毕业后赴俄罗斯某中俄石油公司工作，被派往西伯利亚地区，为负责石油勘探的中国专家担任翻译。工作三月后，她获得了 1 万美元的收入。毕业生有不少前往俄罗斯工作，因此托克托逊院长自豪地称，"从莫斯科到远东都有我们的毕业生"。此外，还有在入职跨国公司后被派往如菲律宾、阿联酋和土耳其等国家的案例。他们在上述国

---

① 郭卫东、刘敏、张全生：《孔子学院家访活动探究——以吉尔吉斯斯坦奥什国立大学孔子学院为例》，《新疆师范大学学报（哲学社会科学版）》，2018 年第 6 期，第 118-121 页。

图 8-7　奥什国立大学孔子学院排练室习武的学童（摄影：郑豪）

家担任翻译和司机等，工作内容往往与汉语有一定联系。受欧盟对俄罗斯制裁的影响，吉尔吉斯斯坦成为中俄贸易重要的中转站，因此贸易和物流行业成为吉尔吉斯斯坦缺口大、发展前景好的一大行业。近两年来，奥什国立大学的两名毕业生合作创业，成立了物流公司。而他们掌握的汉语技能大大增强了其企业在行业中的竞争力。

尽管，院长指出大多数毕业生都前往在吉中资企业工作，孔院数据也显示自 2017 年至今共计 158 人在中资企业工作，但是院长所举个案中的毕业生均未就职于中资企业。这在一定程度上说明，前述境外就业和创业的毕业生的收入水平和社会地位可能优于入职中资企业的毕业生。

不过，奥什国立大学孔子学院也在教学设备和教学方法等领域面临一定问题，这直接影响了学生学习汉语和接触中国文化的积极性。为解决这些问题，既需要孔院教师因地制宜编写课程大纲，优化教学模式，如以中国武术课、古典舞课提高学生上课主动性；又需要孔院教师，尤其是本土教师提高自身专业素质，增强教学本领，主动了解并在课堂上讲授中国文化，将语言学习变得更加生动。

综上所述，奥什国立大学孔子学院作为隶属高校院所、中吉合办的教学机构，在教学体系上更为完整、在教学内容上更具特色，也较好地融入当地教学环境。据负责学术方面的孔子学院副院长阿布迪库洛夫（M. O. Абдыкулов）称，近期奥什国立大学将落实吉尔吉斯斯坦高等教育产学研相结合的要求，而孔子学院正是落实该政策的关键机构之一。目前校领导希望孔子学院在相关政策的指导下，实现"汉语＋专业技能"的发展方向，以培养会说汉语的工程师等人才。鉴于中吉两国经贸合作和人文交流的不断深化，奥什国立大学孔子学院有望培养更多中吉两国之间友谊的桥梁。

（3）吉尔吉斯斯坦其他汉语教育机构

截至 2020 年底，吉尔吉斯斯坦共有 4 所孔子学院，23 个孔子课堂项目和近 47 个下属汉语教学点。吉尔吉斯斯坦也成为亚洲孔子课堂最多的国家，注册学员总数超过 2.5 万人。[①] 除前述吉尔吉斯斯坦国立大学孔子学院和奥什国立大学孔子学院外，吉尔吉斯斯坦还有两所孔子学院，即比什凯克人文大学孔子学院和贾拉拉巴德国立大学孔子学院。比什凯克人文大学建立于 1979 年，2004 年设立吉－中系（Кыргызско-китайский факультет），同时创立中亚地区第一个汉语水平考试中心。[②] 在此基础上，2007 年比什凯克人文大学同新疆大学签约共建孔子学院。截至 2019 年，比什凯克人文大学孔子学院已设有 9 个孔子学堂、10 个汉语教学点和 2 个面向社会的汉语培训中心，组织举办了 300 余场教育、文化和体育活动。[③] 接受汉语教育的总人数逾 3 万人，有近 500 名孔子学院学员赴中国深造。[④] 贾拉拉巴德国立大学孔子学院成立于

① 洪勇明：《吉尔吉斯斯坦中文教育现状调查及发展趋势》，《伊犁师范大学学报》，2022 年第 3 期，第 20-21 页。

② 任芳萱：《吉尔吉斯斯坦四所高校汉语教学现状分析与研究》，渤海大学硕士论文，2019 年，第 7 页。

③ "Институт Конфуция."，https://www.bhu.kg/structure/institutes/confucius-institute, [2023-07-09].

④ 马亚男：《比什凯克人文大学孔子学院中国文化传播现状分析及策略研究》，新疆大学硕士论文，2019 年，第 6 页。

2016 年。截至 2020 年，共与 2 所私立中学、4 所公立中学和 4 所小学开展合作设立孔子课堂。[1] 此外，吉尔吉斯国立师范大学也开设了汉语教学课程。[2]

图 8-8　奥什街头标有中文"诊所"广告（摄影：郑豪）

① 李小瑞：《在吉汉语教师跨文化交际案例分析——以贾拉拉巴德国立大学孔子学院汉语教师为例》，新疆大学硕士论文，2020 年，第 2、14 页。
② 任芳萱：《吉尔吉斯斯坦四所高校汉语教学现状分析与研究》，渤海大学硕士论文，2019 年，第 7 页。

近十年来，吉尔吉斯斯坦汉语教学现状被吉尔吉斯斯坦国立大学"一带一路"研究中心主任尤苏波夫（Р. У. Юсупов）形容为"衰退后的复兴"。他认为，吉尔吉斯斯坦的"汉语热"经历了两次衰退。第一次衰退在 2016 年，因中国驻吉尔吉斯斯坦大使馆遭遇恐袭，在吉中资企业和中吉合资企业的业务受到影响，投资转向东亚、东南亚地区。这导致 2017 年选择学习汉语的人数大大减少。第二次衰退是新冠疫情的负面结果。受制于线上教学模式，各高校汉语专业生源急剧下降。例如，吉尔吉斯国立大学吉 – 中系的招生人数从 200—300 名降至 40—50 名。① 尽管受到两次事件的影响，但是中吉长期睦邻友好、不断深化合作的大方向从未改变。因此，2023 年以来，特别是中国 – 中亚五国峰会召开以来，吉尔吉斯斯坦的汉语学习情况已有所好转。具体而言，参加 2023 年 3 月的汉语水平考试（HSK）的考生人数从疫情期间的 30—50 人猛增至 300 余人，基本恢复到疫情前的水平。这表明，吉尔吉斯斯坦民众，尤其是青少年，已经意识到学习汉语在就业等方面具有优势。

3. 乌、吉两国汉语教育机构中的中国形象

为获取关于乌、吉两国中国形象、中国故事的一手材料，调研团与塔什干国立东方研究大学、吉尔吉斯斯坦国立大学和奥什国立大学孔子学院等三所汉语教育机构展开深度访谈。总的来说，上述机构中师生对中国、中国文化和中国商品的评价积极正面，对中乌、中吉之间关系的预期积极，但部分师生仍存在对中国的偏见和认知的局限。

就对中国的整体印象而言，塔什干国立东方大学汉学系主任纳扎罗娃表示系内师生对中国的印象都非常好。在中国政府各项奖学金资助下，本次调研的三家汉语教育机构都有很高比例的毕业生前往中国交换或留学。这为破除他们对中国的刻板印象，深入了解中国社会经济发展现状和包容多元文化

---

① 受新冠肺炎疫情影响，网课教学模式大大减少了汉语专业生源，直接导致很多学校无法招收到汉语专业学生。据称，比什凯克国立大学、吉尔吉斯国立民族大学曾经每年招收 200—300 名汉语专业学生，最近几年每年仅招收到 40—50 名。参见：汉语学习在吉尔吉斯斯坦经历了哪些发展阶段？（2023-04-21）[2023-09-07] https://new.qq.com/rain/a/20230421A07V9D00.

氛围具有显著作用。

此外，乌、吉两国学生还通过纸媒、网络社群、视频平台、商品等渠道了解中国的社会文化生活。纳扎罗娃主任指出，今年汉学系有一名毕业生，其学位论文关注中国电视剧中反映出的中乌家庭观念和生活习俗，探讨中乌文化中的异同。但中国文化在乌、吉两国的接受程度有限。目前乌兹别克斯坦电视频道上有一些乌语配音的中国电影，但收视率并不高。

与影音文化形成较鲜明对比的是，乌兹别克斯坦和吉尔吉斯斯坦两国青年群体，尤其是高中生和大学生，大多对中国品牌有所感知。以奥什国立大学孔子学院招生活动为例，奥什市和周边地区的高中生被问及"是否知道淘宝和拼多多"时，将近80%的学生都举手说知道，并且有部分是淘宝和拼多多等电商平台的用户。吉尔吉斯斯坦国立大学师生也普遍使用淘宝等电商平台购买商品。选择该平台的原因通常是价格便宜和运输便捷。就运输而言，中国到吉尔吉斯斯坦的物流大多从广州集合装车，通过铁路、公路或飞机运输至比什凯克，再分发给各地买家。

目前中国商品在乌、吉两国的销量和口碑较佳。但目前的状况经历了近30年的商品形象重构过程。苏联时期，中国产的"友谊"牌衬衫，质量过硬，中亚地区人民排队购买，因此当时吉尔吉斯斯坦人认为"中国制造"是高质量的代名词。到20世纪90年代中亚五国独立后，民众购买力跌入谷底，商贩将来自中国的质量差的服装和日用品贩售至中亚。久而久之，乌、吉两国民众形成了中国商品质量较差的刻板印象。近10年来，随着两国人民生活水平提高和购买力增强，以及部分中国品牌在乌、吉两国提供了质量过硬的产品和优质售后服务，中国商品在乌、吉两国的口碑显著提升。特别是2018年以来，李宁、361°和安踏等中国运动品牌甫一进入中亚，就在吉尔吉斯斯坦、哈萨克斯坦等国开拓了广阔市场。尽管产品的价格相对中国市场略贵，但当地百姓的购买意愿仍非常强烈。此外，中国手机品牌，如小米、VIVO、OPPO，也在中亚地区广受好评。

托克托逊院长指出，中国商品遍布世界，因此在乌、吉两国绝对不乏中

图 8-9　乌兹别克斯坦纳曼干路边的中国企业广告（摄影：郑豪）

图 8-10　比什凯克的外卖员与街头的中国手机品牌广告（摄影：郑豪）

国商品和中国品牌的存在。加之俄乌冲突后，在中亚市场上，中国商品正在填补当地俄罗斯商品减少带来的空间。吉尔吉斯斯坦国立大学吉－中系学者用"塞翁失马，焉知非福"一语来形容现状，认为这是物美价廉的中国商品深耕中亚市场的绝佳机会。而这需要中国品牌抓住机遇，布局中亚国家，以投放广告、保证产品质量和售后服务等方式，增进中亚人民对中国商品和中国品牌的好感、信任和购买意愿。

综上所述，调研团深度访谈的三家汉语教育机构总体上对中国持有正面印象，对中国影音作品和商品抱有好感。这与孔子学院的文化宣传工作、在乌在吉中企的运营息息相关，更与"一带一路"倡议下中乌、中吉关系健康发展密不可分，因此，在中亚地区讲好中国故事、塑造中国形象，一定要抓住中国－中亚关系发展的历史性机遇，依托既有平台开展各方面交流交往，并不断拓宽联系渠道、搭建新型平台。

（三）中亚汉语教育探讨

中国同乌兹别克斯坦、吉尔吉斯斯坦曾共享丝绸之路的文化交流与商贸繁荣，"一带一路"倡议提出以来，中国同乌、吉两国之间的各方面合作与交流日益频繁，汉语教育机构取得长足进展，致力于为中乌、中吉交往培养专业人才。其中，孔子学院和各高校成为人才培养的主阵地。中国－中亚五国峰会后，为适应中乌、中吉关系发展新局面，两国的汉语教育机构亟待改变文化宣传思路、革新人才培养路径、拓宽毕业生就业渠道。

首先，尽管两国青少年对中国和中国文化有好奇和兴趣，但他们具有自主选择所学专业、所学语言的权利。因此，中国文化面临着同美国、俄罗斯、德国等文化的竞争，汉语在专业市场上也面临着同英语、俄语等语言的竞争。因此，孔子学院等机构更应承担起引介中国文化，尤其是当代文学和影音作品的职能，将对中国文化和中资企业发展前景的宣传工作落脚在社会基层。

其次，在教材等教学用具和教学语言环境的选择上，孔子学院的中方负责人和中方教师应当更加积极地与在地高校沟通，响应乌、吉方教师团队的合理需求，将人才培养做到在地化、特色化。就该方面而言，奥什国立大学孔子学院满足吉方对吉语教材和汉语教学环境的需求，并且通过家访和宣讲活动将孔子学院的人才培养情况真正带到基层，这是人才培养成效提升和中国文化推广的有益途径。

最后，乌、吉两国的汉语教育机构所培养的汉语人才都面临着择业就业问题。目前，除赴中国深造的学生外，大部分学生就职于中资企业或其他跨国企业，担任翻译、司机等；尽管如此，据访谈，在乌、在吉中企仍缺乏掌握语言和专业技能的对口人才。因此，目前乌、吉两国汉语教育机构在人才培养方面应当注重择业就业导向，让汉语人才真正应用于中乌、中吉经贸合作和文化交往领域，肩负起沟通联结中乌、中吉人民友谊的职责。

综上所述，乌、吉两国的汉语教育机构已成为中乌、中吉两国人民民心相通、共谋发展的重要交流交往平台。当前，在全球发展倡议、全球安全倡议、全球文明倡议"三大倡议"引领下，孔子学院等汉语教育机构应当把握中国－中亚峰会带来的新机遇，优化人才培养模式，为打造中国－中亚命运共同体提供专业人才和智力支持。

◆ 三、中国文化内容在乌、吉两国的传播现状 ◆

（一）乌、吉两国中资企业的"中国故事"

上文已经探讨过乌、吉两国中资企业在我国海外形象建设过程中发挥的"平台作用"。但同时应当指出，中资企业本身也能够作为一种"中国故事"，或者说，作为中国形象的具体内容在当地产生影响。调研团在乌、吉两国调研期间了解到，多家中资企业通过创造就业机会、投资慈善事业、兴建公共设施、组织员工活动、宣传中国故事等不同方式，切实履行了企业社会责任，受到当地民众及政府的广泛欢迎，成为中国形象传播的鲜活名片。

P园区不仅为更多中资企业进入乌兹别克斯坦创造了便利条件，也通过多种渠道落实了企业社会责任，有效增进了企业与当地民众之间的情感纽带。2011 年，P 园区慈善基金会正式成立，至今已向社会各界捐助近 400 万美元。2017 年，在中国驻乌使馆的帮助下，P 园区主导投资并建设了中国文化主题公园"乌中友谊公园"，又在公园中设立了一所幼儿园。眼下，P 园区投资的这座公园不仅成了当地民众休闲娱乐的去处，同时也承担了锡尔河州政府举办的多场大型活动及体育赛事，实实在在地增进了中乌两国之间的友谊。

在吉尔吉斯斯坦，中资企业同样是"中国故事"最为重要的讲述者。以民营企业 K 公司为例，该公司成立于 2008 年，目前主营矿业采掘。K 公司带动了当地 200 多人就业，拉动了当地的经济增长。K 公司所经营的矿区多位于吉尔吉斯斯坦偏远山区。多年来，K 公司通过长期的宣讲使当地民众逐渐了解了中资企业的环保理念，并通过兴建学校校舍、体育馆、道路、水渠、公路桥梁、水井和民众房舍等方式，将企业的发展与所在地社区的利益深度融合。

位于吉尔吉斯斯坦南部的 A 公司也有着类似的情况。该公司成立于 2005 年，并于 2007 年在吉尔吉斯斯坦南部某县兴建了一座水泥厂。十余年来，N 公司为当地创造了大量就业岗位，有效增加了当地政府的税收，对地方经济发展作出了突出贡献。与此同时，该公司对于当地员工及民众的社会生活也贡献颇多。为满足当地员工工作之余的文娱需求，改善员工的生活习惯，A 公司不仅设立了小规模种植与养殖区，组织开展篮球、乒乓球、羽毛球等不同体育活动，切实丰富了厂区员工的业余生活。此外，A 公司还有效带动了周边经济的发展。据厂区负责人介绍，目前厂区与周边城镇及乡村的多家商户、农户建立了稳定联系，定期向他们采购厂区的食品和生活物资。同时，厂区也允许本地员工在厂区内开设小规模生意以补贴家用。通过拉动地区就业、改善本地员工生活与塑造周边经济圈的不同形式，A 公司已经深刻嵌入到当地社会之中。据负责人说，该厂目前受到周边城镇民众的极大信赖与支持，由此也得以规避了企业海外运营中的一些风险。总之，这座中吉合资的水泥厂已经悄然将中国故事带入到吉尔吉斯斯坦民众的日常生活中，真正对我国海外形象的提升起到了作用。

通过上述案例可知，中资企业不仅仅能够为中国形象建设提供平台，其自身也是中国形象的一项内容。具体而言，中资企业讲好"中国故事"的路径包括但不限于创造就业岗位、投资慈善事业、援建公共设施、开展公益宣讲等等。总而言之，在海外落实企业社会责任往往意味着中资企业"讲好中国故事"。

（二）中国运动服饰（李宁）在乌、吉两国的影响

李宁公司是我国著名的体育用品制造商和品牌。该公司成立于 1990 年，总部位于中国北京。公司以其创始人、著名体操运动员李宁的名字命名。自创立伊始，该公司就积极推动品牌的国际化发展，目前已在全球范围内开设了众多门店及销售渠道，建立了广泛的品牌推广网络，并与 NBA、CBA 等国内外体育组织发展了合作关系。不过根据李宁公司 2022 年财报，中国市场仍是该公司主要营收来源，而海外营收则只占全年营收的 1.8%。[①] 从时间线上看，李宁品牌于 2013 年进入吉尔吉斯斯坦，于 2020 年开始在乌兹别克斯坦开展业务[②]。

调研团结合前期研究与实地考察情况了解到，李宁品牌在乌、吉两国的运营主要由其当地分销商 Адмикс Спорт 公司负责。该公司注册地位于俄罗斯克拉斯诺达尔市。不过据调研团成员与乌、吉两国李宁门店店员交谈得知，该公司总部位于吉尔吉斯斯坦比什凯克市，目前乌兹别克斯坦境内的业务由总部管理。李宁品牌眼下在吉尔吉斯斯坦共拥有 16 家门店，分布于比什凯克市（12 家）、奥什市（3 家）及贾拉拉巴德市（1 家）。在乌兹别克斯坦，因该品牌经营时日尚短且受到了疫情影响，眼下门店大多集中于首都塔什干

---

① "LI NING COMPANY LIMITED 2022 Annual Report.," p. 16.

② 根据李宁品牌在乌、吉两国 Instagram 官方账号的注册信息显示，吉尔吉斯斯坦李宁品牌账号注册于 2013 年，乌兹别克斯坦李宁品牌账号则注册于 2020 年；经与当地李宁店员交流，确认了这两个时间点正是李宁品牌进入乌、吉两国的时间。参见：https://www.instagram.com/lining.admix. kg；https://www.instagram.com/lining.st.uzbekistan/.

市（6家），不过据当地李宁店员介绍，他们正计划在撒马尔罕市开设新门店。因此有理由认为，李宁品牌在乌、吉两国的运营规模可能会进一步扩大。

作为一家来自我国的体育用品品牌，李宁能够在乌、吉两国站稳脚跟，与当地民众的认可息息相关。目前，李宁品牌在互联网社交平台 Instagram 平台开设的吉尔吉斯斯坦官方账号已积累超过 20 万粉丝，乌兹别克斯坦官方账号也已积累了 2.7 万粉丝。此外。在考察期间，调研团成员也曾多次与两国专业人士及普通民众沟通，了解他们对于李宁品牌的熟悉程度。总体而言，乌、吉两国熟悉我国情况的专业人士均认为该品牌在当地的发展势头良好。他们指出，由于耐克、阿迪达斯等国际知名厂商的定价极高，目前还难以被收入水平有限的当地民众接受。而李宁品牌在两国受到欢迎，主要则是由于它以相对适中的定价迎合了当地民众对中高端体育用品日渐增长的需要。此外，这些专业人士也指出，李宁这一中国品牌在乌、吉两国的传播无疑改善了部分民众对中国产品"廉价但质量差"的刻板印象，但更多的民众则不清楚它的中国品牌身份。事实上，调研团成员在与当地李宁门店部分顾客交谈时也发现，尽管他们对该品牌并不陌生，甚至是店里的常客，但并不清楚李宁是来自中国的体育用品品牌。

如此一来，是否就应认为李宁品牌在乌、吉两国的运营全然无益于中国形象与中国文化的推广呢？这种观点似乎有待商榷，毕竟李宁品牌是目前为数不多进入乌、吉两国大众视野的中国消费品牌，相较于我国在当地其他行业的企业单位，天然具有推广我国大众文化的优势。不过也需认识到，李宁品牌目前在乌、吉两国的运营主要依靠当地分销商，因此推广中国文化及中国形象不会是当地宣发策略中的重心。实际上在调研团走访乌、吉两国李宁门店期间，也注意到当地门店中销售的产品与我国国内市场存在一些差异，例如在我国市场销售的具有"中国"或"中国李宁"字样的短袖 T 恤就不在其列，反倒是李宁为某美国 NBA 球星打造的个人产品线成了乌、吉两国门店产品陈列的重点之一。对于有关部门而言，宜重视大众消费品企业客观上在建设我国海外形象方面的潜力。

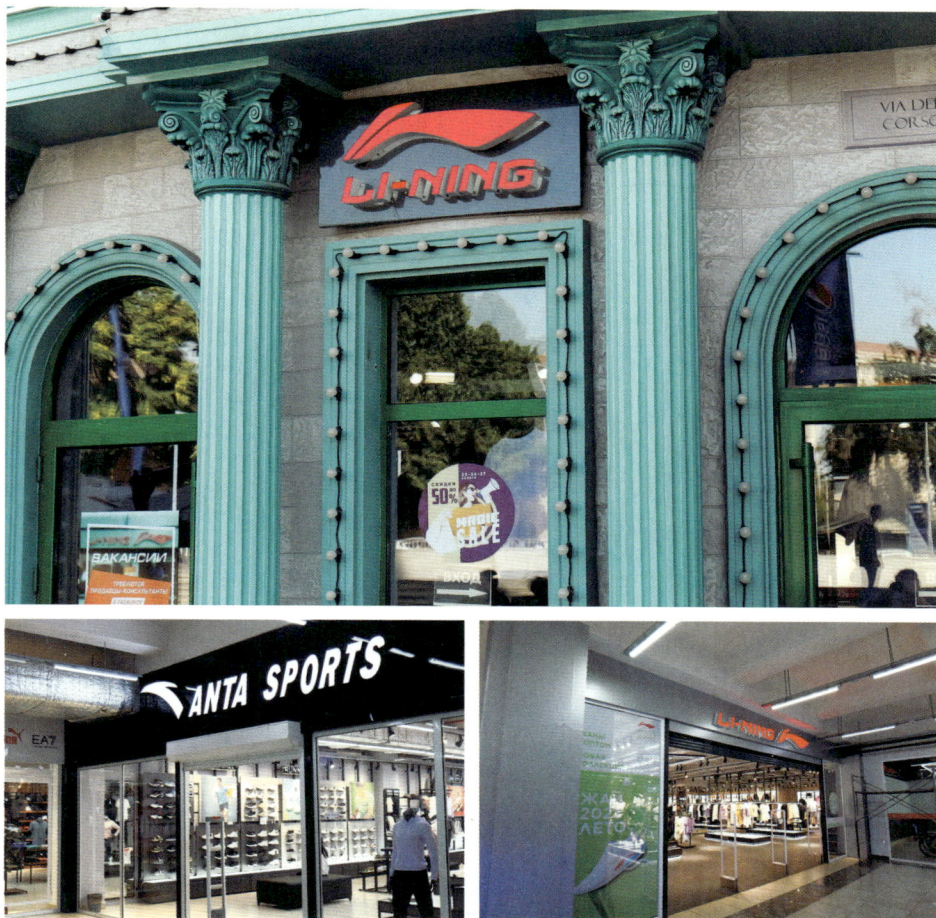

图 8-11　乌、吉两国的李宁和安踏门店（拍摄地点：上图为塔什干，下两图为比什凯克）（摄影：刘弋鲲）

（三）中国影视作品在乌兹别克斯坦的传播

近年来，影视作品的海外传播被视为国际传播和海外中国形象塑造的重要途径。调研团注意到，随着中国与乌兹别克斯坦两国在经贸和文化等领域的交流不断深入，中国电影也逐渐引起了乌兹别克斯坦观众的关注。本节将以乌兹别克斯坦线上和线下的影视作品传播渠道为焦点，探讨中国影视作品在乌兹别克斯坦传播的状况。

中国电影在乌兹别克斯坦的传播途径主要有三种：一是通过乌兹别克斯坦的电视台播出，二是在当地的电影院上映，三是在乌兹别克斯坦互联网的电影网站上进行播放。乌兹别克斯坦电视台中播放的中国电影主要通过中乌两国之间的文化交流项目来实现放映和推广。两国政府在促进文化交流、加深民间友好方面作出了很多努力。2018 年 4 月 24 日晚，"2018 中国电影日"暨中国新疆电影展活动在塔什干市纳沃伊电影院拉开帷幕。①2022 年 8 月，由北京广播电视局主办的"北京优秀影视剧海外展播季·乌兹别克斯坦"文化交流会活动开幕式在北京举办。2022 年 9 月，在中国国家电影局支持下，中国驻乌兹别克斯坦使馆联合中国电影资料馆和乌兹别克斯坦电影署在第 14 届"丝绸之路明珠"塔什干国际电影节的"上合组织国家日"框架内隆重举办"中国电影日"活动，在都灵理工大学塔什干分院展映《流浪地球》《你好，李焕英》《刺杀小说家》等口碑较好、票房成功的优秀电影，向乌当地民众特别是青年一代真实、立体、全面地展现文化繁荣、开放包容的中国形象。②中国电影资料馆为影片精心配制了乌兹别克语字幕。此次活动以电影为媒介，在世界舞台上充分展现了中国文化的魅力所在，向世界各国人民讲述了积极向上、感人至深的中国故事，打破语言隔阂，以共同的价值追求唤醒世界人民的共鸣。中方精选的电影作品受到了电影节艺术委员会的高度认可，吸引了众多中国文化爱好者的关注，提高了中国电影在当地观众中的知名度和认可度。

但整体而言，目前在乌兹别克斯坦上映的中国电影数量相对较少，但在乌兹别克斯坦具有一定规模的受众。例如，《流浪地球 2》在中国大陆上映后不久便登上乌兹别克斯坦荧屏。③乌兹别克斯坦线下电影院上映的从外国引

---

① 乌兹别克斯坦中国电影节开幕.（2018-04-24）[2023-08-07]. http://uz.china-embassy.gov.cn/chn/dszl/dshd/201804/t20180425_1927258.htm。

② "中国电影日"闪耀乌兹别克斯坦塔什干国际电影节.（2022-09-23）[2023-09-07]. http://uz.china-embassy.gov.cn/sgxx/202209/t20220923_10770272.htm。

③ 国家电影局召开电影《流浪地球 2》座谈会.（2023-03-08）[2023-08-13]. https://www.chinafilm.gov.cn/xwzx/gzdt/202303/t20230309_672584.html。

图 8-12 吉尔吉斯斯坦电影院上映的电影海报（摄影：郑豪）

进的电影中，美国电影占据最大的份额。其中，超级英雄类和动作冒险类电影十分受欢迎。截至 2023 年 7 月，乌兹别克斯坦各大线下电影院已上映《变形金刚：超能勇士崛起》《蜘蛛侠：纵横宇宙》《碟中谍 7：致命清算》《闪电侠》等等最新上映的电影。以上电影在中国基本同步上映。中国电影仅有《熊出没·伴我"熊芯"》一部动画片在映，为俄语配音无字幕版本。而同期国内该电影已下映。除此之外，在映电影还有来自俄罗斯、芬兰、法国、加拿大、泰国、印度尼西亚、吉尔吉斯斯坦的电影，涵盖恐怖、喜剧、侦探、惊悚等电影类型。部分美国电影为英语配音、无字幕版本；部分电影为英语字幕配原声。在乌兹别克斯坦线下电影院中，动作、冒险、恐怖、喜剧最受欢迎的电影类型。其引进的美国电影基本包含以上题材，由于无须翻译和配音，院线上映速度较快。因此，美国电影普遍较受欢迎，也有更大竞争力。

乌兹别克斯坦互联网的电影网站收录相对较多中国影视作品。Uzmovi（http://uzmovi.com/）是乌兹别克斯坦使用率排名前列的电影网站。据

Similarweb 公司的统计数据显示，该网站 2023 年月均访问量约为 23 万次。网站用户的 IP 地址 68% 来自乌兹别克斯坦，来自土耳其、哈萨克斯坦、俄罗斯的用户占比分别为 5.5%、5.19%、4.15%。经调研团成员对该网站相关数据的整理，截至 2023 年 6 月 15 日，该网站共有 146 部中国发行的电影，均为乌兹别克语配音、无字幕版本。其中评价前三名的电影是 3187 次点赞的枪战游戏主题电影《硬汉枪神》、1666 次点赞的功夫喜剧电影《功夫瑜伽》以及 1269 次点赞的 2016 年的历史动作片电影《长城》。最早的一部电影为 1978 年著名影星成龙主演的《蛇形刁手》，网站中其他较早的电影也多由成龙主演。由此可见，成龙主演的作品至今在乌兹别克斯坦仍广受青睐。此外，包括诸如宫廷、抗战、功夫、西游记、古装探案等具有中国文化特色元素的电影也普遍有着较高的评价。

Uzbeklar（https://uzbeklar.biz/）是乌兹别克斯坦电影爱好者自发建立的电影网站。根据 Similarweb 公司的统计数据，截至 2023 年 6 月，该电影网站为乌兹别克斯坦排名第四的电影网站。在该网站检索"中国"相关关键词时，网站共展示了 221 个检索结果。然而，其中的部分电影仅仅是含有中国元素而非中国电影。因此，除去 99 部被错误归类的电影，该网站共有 122 部中国电影。这些电影涵盖 1987 年至 2023 年期间中国拍摄的动作、冒险、动画、传记、喜剧、犯罪、剧情、家庭、奇幻、历史、悬疑、爱情、科幻、惊悚、战争等类型电影。上述电影均为乌兹别克语配音、无字幕版本。

2023 年 3 月至 2023 年 6 月，该网站总点击量为 31.53 万。82.65% 的用户来自乌兹别克斯坦，9.9% 来自土耳其，1.96% 来自吉尔吉斯斯坦。该网站的用户涵盖各年龄段，其中 25—34 岁的群体最多，占到 36.43%。其次为 35—44 岁人群和 18—24 岁人群，占比分别 21.68% 和 20.48%。尽管该网站有着较大的点击量，中国电影的观影次数却普遍较低。点击量前三的电影为 2020 年成龙主演的《急先锋》（22 次）、2001 年周星驰主演的《少林足球》（18 次）、成龙主演电影《长城》（15 次）。该网站较受欢迎的中国电影多有着明显的中国元素，如功夫、武术、长城、古装等。"叶问"系列电影在该网站上基本均有上映。根据网站中的电影不难看出，在乌兹别克斯坦较受欢迎的中国演员为甄子丹、成龙、吴京、周星驰等动作片影星。

根据以上调研数据可知，中国电影在乌兹别克斯坦电影网站中的所占观影份额并不高，对比美国、俄罗斯、韩国、印度等影片的观影次数较少。乌兹别克斯坦电影网站中，美国电影数量约为 3000 部，印度电影有 700 余部，俄罗斯电影有 200 余部，韩国电影有近 200 部，土耳其电影有近 200 部。[①]中国电影数量与韩国、土耳其电影数量基本持平。近年来随着中国电影产业的发展，中国电影引进的数量也在快速增长。随着中乌两国交流的不断加深以及双边政府间合作的推进，中国电影在乌兹别克斯坦的传播将趋于深入。同时，不难看出，中国电影在通过非官方渠道引进乌兹别克斯坦时，民众会对中国电影进行筛选和配音。

综上所述，中国电影在乌兹别克斯坦有一定规模的受众，一些优秀作品有一定的市场影响力，但相比欧美、韩国和俄罗斯电影，在乌兹别克斯坦的市场份额相对较小。这一现象一方面与中国电影工业的发展阶段有关，另一方面也受目前中乌两国文娱传播领域合作较少的现状有关。

（四）乌、吉两国网络社区的"中国形象"

网络社区是互联网时代一个国家民众获取信息、表达观点和分享情感的重要场所。得益于网络社区的相对开放、内容丰富，且用户身份隐蔽性相对较强，人们倾向于在其中就各种社会热点话题发表自己的看法。因此，网络社区的信息是观察一国民众对特定议题认知的重要窗口。研究乌、吉两国网络社区中的"中国形象"可以了解当前两国民众对中国的认知，知晓他们关注的侧重点，以及中国在两国的宣传和形象建设有哪些优势和不足之处。上述信息将服务于进一步提升双边经贸合作与人文交流的水平。

---

① "Uzbeklar"网站中美国电影为 2848 部，印度电影为 765 部，俄罗斯电影为 244 部，韩国电影为 191 部，土耳其电影为 164 部。"Uzmovi"网站中美国电影为 3019 部，印度电影为 533 部，俄罗斯电影为 248 部，土耳其电影为 187 部，韩国电影为 182 部，法国电影为 154 部。

图 8-13　塔什干地铁荣耀 5G 手机广告（摄影：李羽姗）

　　本节将网络社区分为视频平台、社交平台和电商平台三类，重点关注各个平台的使用和其中的"中国"话题，探讨不同平台"中国"话题的现状及特点。在研究中，我们甄别用户国别归属的方式主要通过该用户使用的语言。诚然，有些乌、吉两国用户同样使用俄语，而俄语用户很难甄别其国别，但使用乌兹别克语、吉尔吉斯语的用户则几乎均为乌兹别克斯坦人和吉尔吉斯斯坦人。鉴于互联网平台的私密性，本节的研究无法做到绝对全面，只能开展与主题相关的初步探索。

　　在视频平台方面，调研团队根据乌、吉两国的实际情况，选取了Youtube 和 Tiktok 进行分析。Youtube 是全球最大的视频网站之一，目前拥有 25 亿的用户。[①] 以乌兹别克语和吉尔吉斯语关键词检索，可查阅到一些与中国相关的视频。在乌兹别克斯坦，该国主要媒体、铁路局等机构均在YouTube 上有账号。由于权威新闻媒体账号关注量大，且往往视频总量大、制作精美、内容权威，所以权威媒体成了乌、吉两国网络空间中中国形象最

---

① Datareportal, "Youtube Users, Stats, Data & Trends", May 11, 2023, https://datareportal.com/essential-youtube-stats?rq=YouTube, [2023-08-13].

重要的来源。例如，乌兹别克斯坦最大新闻媒体 Kun.uz 有关中国的诸多视频往往点击量在 10 万左右，其中有一部分甚至超过了 25 万。此外，一些乌兹别克斯坦博主在上面分享自己在中国的见闻，介绍中国的事物，例如如何使用中国的淘宝等。乌兹别克斯坦主要媒体均在 YouTube 平台开设账号。一些乌兹别克斯坦博主以视频形式分享自己在中国的见闻，介绍中国的事物，例如中国的城市景观、中国文化的特点、中国汽车、手机和电商平台使用的介绍等。

在吉尔吉斯斯坦，同样有大部分人口使用 Youtube。使用吉尔吉斯语进行宣传的某西方媒体 Youtube 账户拥有 194 万关注者，其发布的一条关于中吉乌铁路的视频拥有 20 万播放量，而吉尔吉斯斯坦的总人口仅约 680 万。这足以体现 Youtube 在该国的受欢迎程度。Youtube 上的吉语视频涵盖了国际政治、国内新闻、民族音乐、历史文化等多方面的内容。

在乌兹别克斯坦，Tik Tok 的下载量已进入乌兹别克斯坦 app 下载排行的前五名，受众群体多为中青年。大部分中国相关短视频每条的点击量在 300 次以内。播放量较高的为习近平主席出访乌兹别克斯坦新闻（约 5 万次）。该软件中，中国相关的视频主要涉及两国政治交往、中国社会发展（尤其是网购和扫码支付的便利性）、中国热门货品销售状况等相关视频。在吉尔吉斯斯坦，该软件的普及程度较乌兹别克斯坦更低。中国相关内容的短视频点击量在 100 次以内，主题主要涉及两国政治交往、汉语学习、中吉两国地理关系介绍等相关内容。

鉴于当前中国与中亚国家之间的友好关系，乌、吉两国视频平台上新闻媒体对中国的报道整体上是积极的。例如，乌兹别克斯坦铁路局的官方账号就有许多报道中国与乌兹别克斯坦铁路方面合作的新闻，乌兹别克斯坦外交部的官方 Youtube 账号也常常有关于"一带一路"倡议的视频。

在社交平台方面，Instagram 是乌兹别克斯坦和吉尔吉斯斯坦人民较为常用的社交平台。两国的主流媒体一般也会在该平台上开设账号。例如，乌兹别克斯坦最大的新闻媒体 Kun.uz 在 Instagram 上有 486 万订阅者。在 Instagram 上搜索乌兹别克语的"中国"（Xitoy），可以找到约 4—5 万的帖子。

以"中国"为标签的帖子有 3.7 万篇，其中有约 80% 是乌兹别克斯坦本地代购商发布的中国商品广告，其他则主要是乌兹别克斯坦人在中国旅行或参加活动拍摄的照片。以"中文"为标签的帖子有约 700 篇，内容主要为中文学习的图片或在中国旅行的图片。排名第三的标签为"中国家具"，里面几乎全部为以家具为主的中国商品广告。而搜索吉尔吉斯语的"中国"（Кытай）可以找到约 2 万的帖子。以"中国"为标签的有 1.2 万，其中相当一部分也是中国商品的广告，但比例相对乌兹别克语较少。排名第二的标签是"中国商人"，其中几乎全都是中国商品的广告。

Whatsapp 和 Telegram 是当地人使用较为频繁的聊天软件，主要应用于和家人、朋友和同事之间的日常聊天，不具备明显的公共文化性质。因此，虽然在两国使用广泛，但是不必作为本研究的重点。脸书（Facebook）和推特（Twitter）是在全世界被广泛使用的社交平台，VK（Vkontakte）是俄罗斯常见的社交平台，但是相对来说，这三个社交平台在乌、吉两国的使用不如Whatsapp 和 Telegram 广泛，且与中国相关的信息较少。例如，在 Facebook上，以乌兹别克语中的"中国"（Xitoy）为关键词检索，仅有 3 个公开小组和 1 个非公开小组，且人数很少，几乎没有评论和互动。以吉尔吉斯语中的"中国""中国人"（Кытай、кытайлык）为关键词检索，相关帖文数量则较乌兹别克斯坦更少，转评赞等互动情况近乎为 0。发布中国相关信息的账号，多为学术机构（如奥什国立大学孔子学院）和电商人员。

在电商平台方面，乌兹别克斯坦的这一领域尚处于起步阶段。Uzum 公司是乌兹别克斯坦主要的电商平台。该公司的模式为自营式电商企业，提供乌兹别克斯坦首都塔什干的部分商品一日达配送服务。该公司配备独立的物流系统和金融系统，其发展势头不可小觑。虽然并不占据主流位置，但淘宝和拼多多两家中国电商平台在乌兹别克斯坦、吉尔吉斯斯坦均有用户。甚至有乌兹别克语账号发布 Youtube 视频，教授订阅者如何在淘宝上采购商品。在吉尔吉斯斯坦各城市的巴扎，调研团了解到有店主通过拼多多进货。他们甚至在 Whatsapp 上建立自己的拼多多拼单群。但通常，从中国电商平台网

图 8-14　乌兹别克斯坦电商平台 Uzum market 广告（摄影：刘弋鲲）

购的商品到达两国需要将近一个月时间。中国电商平台在当地有着"支付便利、产品多样、运送快捷"的普遍认知。然而由于本身电商普及率不高、品牌宣传力度不够、难以吸引当地商家、商品物流无法保障时效等等众多限制因素，中国的电商品牌市场份额仍较低。

综上所述，在三类平台中，涉及中国形象相关内容最多的当属视频平台 Youtube。因此，调研团对 Youtube 上对乌、吉两国涉华视频内容进行了初步分析。Youtube 平台具有形式公开、内容多样、用户互动性强等特征。相较其他生活化和个人通讯导向的网络社区来说，Youtube 上涉华内容较多，且用户对视频的评论相对而言更能表现立场。因此，在研究乌、吉两国网络社区中的中国形象时，Youtube 视频内容及评论内容具有一定的参考价值。

YouTube 平台中乌兹别克语的中国相关视频主要涵盖以下三类：中国相关的时政新闻、中国的社会经济和科技情况介绍、在华乌兹别克斯坦人拍摄的生活视频等。其中，围绕与中乌关系以及国际事件中的中国行为等主题相

图 8-15　乌兹别克斯坦安集延巴扎的花店员工（摄影：郑豪）

关的视频主要由乌兹别克斯坦主流媒体账号发布。中国社会经济和科技相关视频主要涉及华为、小米等科技产品的发展情况以及中国的电商平台和电子支付方式的便利性等。以上两种类型的视频点击量相对较高，报道整体上积极正面。在华乌兹别克斯坦博主所拥有的订阅量规模较小，其拍摄的生活视频播放量也都不大。最后，Youtube 上存在一些背景不明的自媒体账号，他们通过搬运 TikTok 视频或自制视频的方式介绍中国的国情、历史文化和具体各领域政策。出于吸引流量目的或某种政治动机，此类视频中存在部分传播关于中国的不实信息和负面刻板印象的情况。此类视频往往有着较高的点击量，评论和讨论数量也较多。

　　截至 2023 年 6 月，调研团成员在该平台的乌兹别克语视频中检索到一万次以上点击量的中国相关视频 200 余条。调研团对每条视频的评论情况进行统计及分析，并就其中点赞数排名前 20 的评论进行翻译整理。通过梳理评论区内容，不难看出视频中的叙事口径对于观看者往往有着很强的引导性。在中国科技产品的宣传性视频评论区中，民众普遍展示出了对于购买渠道以及购买此类产品的兴趣。对于言论有失偏颇的视频，使用乌兹别克语的评论者对于视频中给出的信息往往不会进行质疑和查证，而是选择相信并人云亦云地跟评。由此可见，YouTube 平台的视频在乌兹别克斯坦公众中起到了一定的舆论塑造作用。

而 Youtube 上使用吉尔吉斯语与中国相关的视频则大多来源于权威新闻媒体，较少有个人制作和发布涉及中国的视频。吉尔吉斯斯坦对中国的报道较为正面，中吉乌铁路是此类报道中的热门话题。该国某影响力较大的西方媒体账号在 2022 年 9 月发布题为一条涉及中吉乌铁路的视频[①]。截至 2023 年 7 月，该视频共有 58 万点击量，其评论区主要为吉尔吉斯语评论。评论者对中吉乌铁路的建设普遍持积极态度。

中吉乌铁路在两国的网络空间中是非常热门的话题。各大新闻媒体、官方机构、热门博主都发布过关于中吉乌铁路的视频，表达对中吉乌铁路修建的期待。在 2023 年 5 月中国 – 中亚五国峰会前后，Youtube 上集中出现了一批介绍中吉乌铁路的乌兹别克语视频。以某个观看量超过 21 万的视频为例，该视频由权威媒体发布，形式为采访与叙述并存的新闻。乌兹别克斯坦观众对这一视频反响热烈，截至 2023 年 8 月 14 日，乌兹别克斯坦观众共计在该视频下发布评论 389 条。其中，有许多观众表达了积极意见："这条铁路对两国均有益处""这条铁路对于从中国经乌兹别克斯坦到欧洲和波斯湾国家的货运非常重要。"但也有部分观众对可能的风险表示担忧。[②]

吉尔吉斯斯坦民众对中吉乌铁路的热情则明显更高。截至 2023 年 8 月 14 日，Youtube 平台上共能查询到有关中吉乌铁路的吉尔吉斯语视频 53 条，其中观看量最高的视频共计 59 万次观看。从发布时间来看，几乎每一年都有相关主题的视频发布。近两年这一主题的热度尤其高涨。一些中吉乌铁路相

---

① 视频原标题为 Кытай сүрөгөн, Орусия ооздуктаган темир жол，https://www.youtube.com/watch?v=e8ObXDD9cig，上网日期：2023 年 8 月 13 日。

② www.youtube.com/watch? v=eucXD5KYlUI，上网日期：2023 年 8 月 13 日。

关视频的点击量甚至达到约 60 万次。与乌兹别克斯坦不同的是，吉尔吉斯斯坦对中吉乌相关视频的报道口径几乎都是正面的，评论区的评论也更加积极与热情："愿中吉友谊天长地久。""我们能很快地发展起来了。"但是值得注意的是，吉尔吉斯斯坦观众在评论时，他们更倾向于将铁路建设的推动归功于吉尔吉斯斯坦的政治人物，强调本国在该项目推进过程中的作用，而非注重该铁路对于中吉乌三国乃至整个区域的意义。

综上所述，目前对乌、吉两国网络社区的初步调研反映，中国形象在乌、吉两国网络社区相对积极正面，两国民众整体上对中国持有友好态度。但不可否认的是，目前涉华议题在两国的网络社区并非重要议题。同时，需要注意的是，以 Youtube 为代表的网络社区可以通过流量控制等方式在特定时间节点塑造和引导两国公众舆论。

四、土耳其在乌兹别克斯坦与吉尔吉斯斯坦的形象建设个案

在土耳其的外交战略中，中亚地区具有重要地位。有学者指出，自埃尔多安执政以来（2003 年至今），土耳其逐渐重视对中亚地区的投入，持续构建所谓"突厥语诸国"的文化亲缘性，以经贸和文教手段扩大对哈萨克斯坦、吉尔吉斯斯坦、乌兹别克斯坦和土库曼斯坦四国的影响力。土耳其当局认为，土耳其语、哈萨克语、乌兹别克语、吉尔吉斯语与土库曼语均属于突厥语族，土耳其与中亚各国的大多数民众均信仰伊斯兰教，因此各国主体民族之间存在历史和文化上的亲缘关系。而经贸投资和公共外交则是土耳其持续构建上述亲缘关系的重要抓手。本节将以土耳其在乌、吉两国的若干商业和文化项目为例，呈现土耳其经营其海外形象的方式，探讨目前的成效。

（一）土耳其在乌、吉两国的形象建设渠道

根据调研团观察，土耳其当局在乌、吉两国建设其海外形象的渠道主要包括官方机构通过双边合作设立的科教文卫项目和企业投资项目两类。前者

主要由土耳其合作与协调署（Türk İşbirliği ve Koordinasyon Ajansı Başkanlığı，以下简称为 TİKA）和土耳其宗教事务局（Diyanet İşleri Başkanlığı）两个官方机构负责协调推进。土耳其合作与协调署隶属于土耳其文化与旅游部，成立于 1992 年，总部位于土耳其安卡拉市。该机构在成立之初即以面向从原苏联独立的所谓"突厥语国家"提供援助为宗旨。目前该机构在全球 150 个国家推动了超过 3 万个项目，其业务主要聚焦于发展合作。根据经济合作与发展组织（OECD）的数据，2020 年土耳其官方发展援助已经增长至 80 亿美元。

1991 年末独立后，土耳其是与乌兹别克斯坦和吉尔吉斯斯坦最先建立外交关系的国家之一。乌、吉两国也成为 TİKA 成立之初最早开展业务的国家。1993 年 4 月，土耳其与吉尔吉斯斯坦两国外交部门签订合作协议。同年，TİKA 在吉尔吉斯斯坦首都比什凯克开设了协作办公室（Coordination Office），该机构也成了土耳其对吉尔吉斯斯坦展开援助的核心部门。到 2023 年为止，吉尔吉斯斯坦境内已有超过 1000 个 TİKA 资助的项目落地[1]，大多集中于文化、教育及医疗领域。TİKA 在乌兹别克斯坦的运作则始于 1994 年 5 月。截至 2020 年，该机构共在乌推动实施了 800 个项目，总投资金额为 5240 万美金，这些项目集中于医疗、农业、中小企业发展及教育机构现代化等领域[2]。

土耳其宗教事务局成立于 1924 年，替代了奥斯曼土耳其时期由谢赫伊斯兰（Sheikh al-Islam）[3] 及其下属办公室承担的职能。这一宗教机构最初仅在土耳其境内运作，主要目标在于限制国家管控外的宗教活动。20 世纪 60 年代，土耳其劳工开始进入德国以及其他欧洲国家以填补劳动力缺口，由此催生了

---

① TİKA, "TİKA Continues to Support the Development of Kyrgyzstan", https://www.tika.gov.tr/en/news/tika_continues_to_support_the_development_of_kyrgyzstan-74931, [2023-08-13].

② KUNUZ, "Uzbekistan and TİKA to develop a 3-year cooperation program", https://kun.uz/en/news/2020/07/29/uzbekistan-and-tika-to-develop-a-3-year-cooperation-program, [2023-08-13].

③ 在奥斯曼帝国时期，谢赫伊斯兰是伊斯兰教神职人员体系中地位最高的一等，具有签发伊斯兰教令、确认新任奥斯曼苏丹的权力，同时也负责管辖各类宗教事务。

图 8-16　塔什干的"梦幻城"（摄影：李羽姗）

宗教事务局在海外运作的需求。为了适应这一需要，1971 年，土耳其宗教事务局下属宗教服务署（Din Hizmetleri Genel Müdürlüğü）成立了外事服务部门，该部门又于 1976 年升格为外交关系署（Dış ilişkiler Genel Müdürlüğü）下辖的独立单位。1975 年 3 月，土耳其宗教事务局基金会（Türkiye Diyanet Vakfı）成立，旨在为宗教事务局的运营提供必要的政府外资金①。

1991 年后，土耳其宗教事务局正式进入中亚地区开展活动，由外交关系署下辖的欧亚国家部以及 1995 年成立的欧亚伊斯兰委员会负责具体实施。从路径上看，土耳其宗教事务局在中亚地区的运作主要聚焦于宗教建筑、宗教教育和宗教出版三个方面。②此

---

① M. Murat Yurtbilir, "Trajectory of Turkish Soft Power in Central Asia", in Soft Power in Central Asia：The Politics of Influence and Seduction, 2021, Lexington Books：Maryland, p. 137.
② 曾向红，王子寒：《埃尔多安执政以来土耳其的中亚政策评析》，《西亚非洲》，2023 年第 1 期，第 142-143 页。

外，宗教捐助也是其活动的一部分。从具体国别来看，目前哈萨克斯坦和吉
尔吉斯斯坦是宗教事务局在中亚地区活动的重点国家。受卡里莫夫时期乌兹
别克斯坦与土耳其关系波动的影响，在乌兹别克斯坦的运营则比较有限[①]。在
吉尔吉斯斯坦，宗教事务局基金会最早于 1993 年便已捐助设立了奥什国立大
学神学院。2008 年，宗教事务局基金会派出 12 名宗教教士前往吉尔吉斯斯
坦提供宗教服务；同年，该基金会还出版了两部共计 3 万册的吉尔吉斯语宗
教宣传手册，并投放至吉尔吉斯斯坦。[②]2009 年，该基金会又资助 1900 多名
吉尔吉斯斯坦学生赴土耳其进行宗教学习。[③]2018 年，宗教事务局基金会出
资建设了能够容纳 3 万名信众的比什凯克伊玛目萨拉赫西中央清真寺，吉土
两国领导人共同出席了剪彩仪式。[④]

（二）土耳其在乌、吉两国的形象建设案例

1. 塔什干梦幻城项目

梦幻城（Magic City）是一座位于乌兹别克斯坦首都塔什干市中心的商
业休闲综合体，是该市阿里希尔·纳沃伊国家公园（Alisher Navoiy National
Park，以下简称纳沃伊公园）改造项目的一部分，距市中心的埃米尔帖木儿
广场（Amir Temur xiyoboni）直线距离仅 3 公里。

阿里希尔·纳沃伊国家公园的改造决议于 2017 年 9 月 4 日在乌兹别克
斯坦国会获得通过，旨在将其改造为一座"现代化、高科技的文化休闲公
园"[⑤]。该项目计划投资 6000 万美元，由 Stargate Systems 有限责任公司出资

---

① M. Murat Yurtbilir, "Trajectory of Turkish Soft Power in Central Asia", p. 138.

② Şenol Korkut, "The Diyanet of Turkey and Its Activities in Eurasia after the Cold War", Acta Slavica
Iaponica, Tomus 28, pp. 132.

③ 曾向红、王子寒：《埃尔多安执政以来土耳其的中亚政策评析》，第 144 页。

④ "Erdoğan inaugurates Central Asia's largest mosque in Kyrgyzstan", https://www.dailysabah.com/
religion/2018/09/02/erdogan-inaugurates-central-asias-largest-mosque-in-kyrgyzstan, [2023-08-13].

⑤ "Национальный парк будет перестроен, он закрывается с понедельника" https://www.gazeta.uz/
ru/2017/09/16/park/, [2023-08-13].

或从海外银行贷款投资。据独立调查组织 UzInvestigations 指出，Stargate Systems 有限责任公司的股东包括时任塔什干市长的贾洪吉尔·阿尔蒂霍贾耶夫（Jahongir Artikhodjaev，占股 49.38%）、乌兹别克斯坦 AKFA 集团主席阿布罗·加尼耶夫（Abror Ganiyev，占股 14.94%）以及注册于苏格兰的有限合伙企业 Preston Impex LP（占股 35.68%）①。

根据纳沃伊公园的改造决议，该项目共有三个融资阶段，计划在 2017 年第四季度至 2020 年第四季度间完成。该项目将划出公园中 20.79 公顷的土地用以改造，这部分公园改造后将具备每日接待 1 万人的能力，其中将建设包含水族馆、露天剧场、电影院、娱乐公园、商场、城堡在内的多种休闲场所。该项目第一阶段占地 9 公顷，第二阶段则将对剩余近 12 公顷土地进行改造。值得留意的是，改造决议中规定该项目完成后将长租给 Stargate Systems 有限责任公司，租期为 49 年，到期后整个项目将完整移交给乌兹别克斯坦政府。②

目前尚不清楚这一改造项目的具体动工时间。不过 2020 年 1 月乌兹别克斯坦总统米尔济约耶夫造访纳沃伊国家公园时，该项目已经初具规模。此时这一改造项目已得名"梦幻城"（Magic City），出资方则改为土耳其 Polin 集团。③按照当时的规划，梦幻城项目第一阶段将于 2020 年 9 月竣工，第二阶段则将于 2021 年 9 月完成。实际上，这一项目至 2021 年 6 月才开始部分

① "Revolving doors, Invisible hands: How the state and private sector are merging in thenew uzbekistan", https://uzinvestigations.org/blogs/revolving-doors-invisible-hands-how-the-state-and-private-sector-are-merging-in-the-new-uzbekistan, [2023-08-13].

② "Постановление Кабинета Министров Республики Узбекистан О мерах по созданию в городе ташкенте современного и высокотехнологичного парка культуры и отдыха.", https://lex.uz/docs/3332461, [2023-08-13].

③ "Loyiha qiymati, investitsiya kiritayotgan «Poling group» va «Disney»cha attraksionlar – prezident borib ko 'rgan «Magic city» haqida", https://kun.uz/uz/news/2020/01/11/loyiha-qiymati-investitsiya-kiritayotgan-poling-group-va-disneycha-attraksionlar-prezident-borib-korgan-magic-city-haqida, [2023-08-13].

向公众开放[①]，而该项目的核心设施之一——梦幻水族馆（Magic Aquarium），直到 2022 年 3 月 20 日才正式开业。[②] 相关报道称，这一水族馆的顺利完工得益于"AKFA 集团和 Polin Aquariums 公司的巨大努力"。[③]

Polin 集团是一家位于土耳其的家族企业。其创始人恩维尔·帕克什（Enver Pakiş）于 1972 年成为一名建筑师。由于认识到复合材料的潜力，他于 1976 年创立了 Polin 公司，使用复合材料承担各类建筑的设计与建设工作。1989 年，Polin 公司开始生产水上滑梯，此后不久便进入到水上乐园领域。1995 年，该司完成首个国际交钥匙工程承包项目。1999 年，该司开始运营其独立水上乐园品牌。在这一过程中，Polin 公司的业务同样拓展到了土耳其之外的国家和地区，例如欧洲各国及俄罗斯。2010 年，该司开设了首个海外办公室，而目前他们在全球共有 22 个海外办公室。2016 年，Polin 控股公司成立。2018 年初，Polin 集团完成重组，由创始人的两个儿子：巴热什·帕克什（Barış Pakiş）和巴沙尔·帕克什（Başar Pakiş）分别担任总裁与 CEO。

尽管眼下无从了解 Polin 集团在梦幻城项目中的持股比例，但依据本次调研团的实地考察情况来看，这一集团的参与很有可能为梦幻城带入了更为显著的土耳其元素。在梦幻城中心区域有一座巨大的景观水池，水池内安装有前沿的音乐喷泉设备。其西侧主要由一座城堡式建筑以及数个游乐摊位组成，东侧则是两栋双层小楼，分别归属于两家土耳其餐厅：Basri Baba 和 Ramiz 餐厅。值得注意的是，两家餐厅的菜单均使用土耳其语标注菜名，一般还附有俄语译名，但均未加入乌兹别克语译名。此外，两家餐厅都将土耳其国旗悬挂在十分显眼的位置，这种情况在整个梦幻城项目中只此一例。除去前述两家餐厅陈列的土耳其国旗及乌兹别克斯坦国旗外，整个梦幻城中并

---

① "На месте Национального парка открылся Magic City", https://www.gazeta.uz/ru/2021/06/01/magic-city, [2023-08-13].

② "В Ташкенте открылся Magic Aquarium", https://www.gazeta.uz/ru/2022/03/20/magic-city, [2023-08-13].

③ "Polin Aquariums reveals Magic Aquarium", https://blooloop.com/water-parks/news/polin-aquariums-magic-aquarium/, [2023-08-13].

没有出现其他国家的国旗。

2. 阿塔图尔克公园

阿塔图尔克公园（Atatürk Park）位于比什凯克市南部，始建于 1957—1958 年，最初为吉尔吉斯苏维埃共和国科学院的植物园。1967 年，这座植物园改名为"友谊公园"（Парк Дружбы）[①]。1995 年，这座公园改以凯末尔·阿塔图尔克的名字命名，并在公园北门门口树立了这位土耳其国父的雕像。一年之后的 1996 年，公园中设立了苏联阿富汗战争纪念碑，并在其周围石碑上刻下了吉尔吉斯斯坦参战老兵的名字。

根据公园北门梳理的石碑可知，土耳其合作与协调署（TİKA）于 2015 年出资重修了这座公园。此外 2018 年 5 月，比什凯克市政厅与所谓"突厥语世界城市联盟"（Türk Dünyası Belediyeler Birliği）签署了《比什凯克阿塔图尔克公园修复项目谅解备忘录》，决定于当年再次对阿塔图尔克公园中的部分设施进行维修与重建；该项目共投资 50 万美元。[②] 总而言之，作为比什凯克市最大的公共文化场所之一，阿塔图尔克公园一直以来受到土耳其政府重视，因此能够得到及时修缮与维护。

3. 吉尔吉斯 – 土耳其友谊国立医院

吉尔吉斯 – 土耳其友谊国立医院（Kirgiz-Türk Dostluk Devlet Hastanesi）位于比什凯克城西的伏契克大街（Fuchik Street），是土耳其与吉尔吉斯斯坦两国依据 2018 年签订的《土耳其共和国和吉尔吉斯斯坦共和国政府关于在比什凯克开设、联合运营和转让吉尔吉斯斯坦 – 土耳其友谊国立医院及在土耳其对吉尔吉斯共和国公民进行医学和医学专业培训的协议》开设的医疗机构。实际上，土耳其政府最早于 2016 年就已拨出款项用以建设这所医院，而建设工作则于 2017 年完成。由于前述协议直到 2021 年才在两国议会得以通

---

① "Фрунзе：Кафе 'Бермет'"，https://foto.kg/galereya/1042-frunze-kafe-bermet.html, [2023-08-13].

② "Union Of Turkish World Municipalities（TDBB）2018 Activity Report"，https://kloop.kg/blog/2020/02/25/park-atatyurka-v-bishkeke-rekonstruiruyut-na-turetskij-grant/, [2023-08-13].

图 8-17　比什凯克的吉尔吉斯－土耳其友谊医院（摄影：刘弋鲲）

过，所以这所医院迟迟未能向公众开放①。

　　该院由土耳其合作与协调署（TİKA）和土耳其卫生部出资建设，因此医院门口设立的 TİKA 纪念碑上有吉土双语的如下文字：吉尔吉斯－土耳其友谊医院是由土耳其合作与协调署赠送的、土耳其人民（Türk Halkinin）给予吉尔吉斯人民的礼物。

　　吉尔吉斯－土耳其友谊国立医院占地 1.2 万平方米，共有 72 张床位，提供心脏病学、心血管外科、普通外科、介入放射学和肠胃科等领域的诊断和治疗，另外设有医学实验室、2 个手术室、4 个重症监护病房，包括 CVS 重症监护室、冠心病重症监护室、普通重症监护室和中级重症监护

---

① "The Agreement on the Bishkek State Hospital of Kyrgyz-Turkish Friendship is ratified", https://mfa.gov.kg/en/Menu---Foreign-/News/News-and-Events/The-Agreement-on-the-Bishkek-State-Hospital-of-Kyrgyz-Turkish-Friendship-is-ratified, [2023-08-13].

室。① 可能是考虑到中亚地区民众的饮食结构和高发疾病类型，该医院的核心医疗项目是心血管疾病的治疗。该院曾在 2020 年短暂开放，以协助吉尔吉斯斯坦抗击新冠疫情。②2021 年，这所医院正式开业，吉尔吉斯斯坦卫生与社会发展部部长宣布将会有 30 名土耳其医生入驻该院开展医疗工作。③

本次调研团队至该院考察后发现，这所医院的内部装潢明确展现出其作为土耳其援建项目的特点：医院正门贴有吉尔吉斯斯坦与土耳其两国国旗，就诊大厅中央则分别悬挂着土耳其现任总统埃尔多安与吉尔吉斯斯坦现任总统扎帕罗夫的照片。这所医院不仅有土耳其籍医生任职，且医院前台及护士同样能够流利使用土耳其语进行交流。调研团成员与担任该院急诊室医生的 M 博士交流后得知，他于三个月前刚刚来到这所医院任职。这位医生的桌面上摆放着一本土耳其出版的俄语教材，同样佐证了这一点。同时，这位医生还能够使用土耳其语及英语进行交流。此外，在与该院某位行政负责人沟通时，我们得知他能够使用英语、俄语、土耳其语、阿塞拜疆语以及吉尔吉斯语交流。总而言之，该院具备成熟的人员配置，医护人员均具备多种语言能力。院中土耳其籍医生可能会进行定期轮换。

4. 吉尔吉斯 – 土耳其玛纳斯大学

吉尔吉斯 – 土耳其玛纳斯大学（Kirgizistan-Türkiye Manas Üniversitesi）于 1995 年 9 月 30 日，依据土耳其与吉尔吉斯斯坦两国协议设立。④ 两国当局批准该协议后，这所大学于 1997—1998 学年正式开始教学活动。⑤ 该校共

---

① https://kirgizturkdostlukhastanesi.saglik.gov.tr/TR-786898/tarihcemiz.html#, [2023-08-13].

② "Kırgız-Türk Dostluk Devlet Hastanesi, COVID-19 hastalarını kabul edec", https://www.trthaber. com/haber/dunya/kirgiz-turk-dostluk-devlet-hastanesi-covid-19-hastalarini-kabul-edecek-489975.html, [2023-08-13].

③ "Kırgız-Türk Dostluk Hastanesi Hasta Kabulüne Başladı", https://www.tika.gov.tr/tr/haber/kirgiz_turk_ dostluk_hastanesi_hasta_kabulune_basladi-65161, [2023-08-13].

④ https://manas.edu.kg/docs/KTMU-kelishim.pdf; https://manas.edu.kg/docs/ktmu_yeni_anlasma_resmi_ gazete_tr.pdf, [2023-08-13].

⑤ "KTMÜ Hakkında", https://manas.edu.kg/tr/manas, [2023-08-13].

有 2 个校区，其中较大校区以吉尔吉斯斯坦最为知名的作家钦吉兹·艾特马托夫命名，位于比什凯克南部，占地 84.14 公顷[①]。

目前这所大学下设 11 个院系、41 个教研室、4 所研究中心、1 家中学以及 1 所职业学校，共设高等职业教育项目 10 个，本科学位项目 41 个，硕士学位项目 27 个，博士学位项目 12 个。2022—2023 学年，该校本部有教职工 402 名，包括 125 名海外教师。该校开设的语言预科班另有教职工 84 名，其中 45 名海外教师。目前，该校有学生 6150 名，其中本科生 4201 名，硕士生 309 名，博士生 89 名，语言预科班学生 1551 名，国际学生占学生总数的 14.3%。值得注意的是，该校的教学语言为土耳其语和吉尔吉斯语。此外也有一些项目提供俄语、英语和汉语教学。调研团成员参访该校神学院期间也注意到，神学院中的标语及教材一般都使用吉、土两种语言，但课表却完全使用土耳其语。此外，这所大学中的多数路牌、标语均使用吉、土两种语言，也有少数建筑物上存在俄语标志。

吉尔吉斯斯坦－土耳其玛纳斯大学与土耳其在吉各机构有着密切合作。以土耳其合作与协调署（TİKA）为例，该机构近年来与吉尔吉斯斯坦－土耳其玛纳斯大学共同开办了多场讲座及培训，同时与该校农学院合作建设了一座蔬菜大棚。[②]另外在校际合作方面，在吉尔吉斯斯坦－土耳其玛纳斯大学的共计 275 所合作高校中，有 120 所是土耳其高校[③]。

土耳其宗教事务局同样是该校的重要合作伙伴。2011 年，为了满足校内神学院学生职业教育的需求，吉尔吉斯斯坦－土耳其玛纳斯大学决定在校内建立一座清真寺，并将其命名为阿布都卡里姆·萨图克·博格拉汗清真寺。清真寺位于钦吉兹·艾特马托夫校区西部，紧邻该校神学院，能够容纳

---

① "KTУ 'Манас' в цифрах", https://manas.edu.kg/ru/about_manas/ktmu_at_a_glance, [2023-08-13].

② "TİKA Continues to Support the Development of Kyrgyzstan", https://www.tika.gov.tr/en/news/tika_continues_to_support_the_development_of_kyrgyzstan-74931; "Manas Üniversitesi, TİKA, TRT ve GZT İş Birliğiyle Medya Eğitimleri Veriliyor", https://manas.edu.kg/tr/news/3533, [2023-08-13].

③ "List of higher educational institutions, organizations and research centers with which bilateral agreements have been signed.", http://manasbis.manas.edu.kg/uib/wp.php?lang=_en, [2023-08-13].

图 8-18　比什凯克的吉尔吉斯－土耳其玛纳斯大学（摄影：李羽姗）

至多 5000 人同时礼拜，由土耳其宗教事务局基金会、TİKA、土耳其商会和商品交易所总会（Türkiye Odalar ve Borsalar Birliği）等组织与个人共同出资建设。①

5. 伊玛目萨拉赫西中央清真寺

伊玛目萨拉赫西中央清真寺位于比什凯克市中心，由土耳其宗教事务局基金会投资 2500 万美元于 2012 年开始建造，清真寺主体与周围建筑于五年后完工②。该清真寺室内占地约 35 公顷，清真寺本身占地 7500 平方米，能

---

① "Abdulkerim Satuk Bugrahan Mosque"，https://manas.edu.kg/en/theology/theology/mosque，[2023-08-13].

② "Turkish foundation completes Central Asia's largest mosque in Kyrgyz capital Bishkek"，https://www.dailysabah.com/turkey/2017/06/25/turkish-foundation-completes-central-asias-largest-mosque-in-kyrgyz-capital-bishkek，[2023-08-13].

够容纳 9000 人。整个清真寺的室内和室外花园可容纳多达 2 万人同时礼拜，因此也被认为是中亚地区最大的一座清真寺。园区内还设有大型停车场、教室、餐厅等服务设施。从建筑风格上，这座清真寺带有奥斯曼建筑的痕迹，与 1987 年竣工的安卡拉科贾泰佩清真寺十分相似。清真寺有四个宣礼塔，每个宣礼塔高 68 米。

2018 年，土耳其总统埃尔多安与时任吉尔吉斯斯坦总统的热恩别科夫一起出席了清真寺的剪彩仪式。有趣的是，埃尔多安在剪彩仪式上表示，希望这座清真寺能够恢复"安纳托利亚和中亚之间的历史纽带"，他甚至声称土耳其与吉尔吉斯斯坦是"一个民族，两个国家"，同时也是"一个乌玛（共同体）"。① 埃尔多安的这段谈话，清晰反映出土耳其利用文教项目塑造共同身份的外交策略。

6. 吉尔吉斯－土耳其国际医院

吉尔吉斯－土耳其国际医院（Kyrgyz-Turk International Hospital）是一所位于吉尔吉斯斯坦奥什市的私立医院，开业于 2019 年 4 月。此外据报道称，这所医院的建设是 2019 年"奥什市——突厥语世界文化之都"项目框架下的一部分 ②。目前该医院共设有 13 个科室，包括骨科与创伤科、急诊室、放射科实验室、神经科、全科外科、耳鼻喉科、眼科、妇科、儿科、泌尿科、心血管科、理疗与康复科、内科，其中心血管科是该医院的特色科室，具备实施心脏搭桥手术的能力。此外，该医院另有 1 间实验室、4 间手术室、家庭病房、13 张复苏床位和 55 张固定床位。该医院总共有 60 名员工，其中既有本地医生也有土耳其医生。

调研团成员考察发现，该院挂号处工作人员主要使用俄语、吉尔吉斯语和英语交流，此外该院部分行政人员及医护人员能够使用土耳其语交流。如

---

① "Erdoğan inaugurates Central Asia's largest mosque in Kyrgyzstan", https://www.dailysabah.com/religion/2018/09/02/erdogan-inaugurates-central-asias-largest-mosque-in-kyrgyzstan, [2023-08-13].

② "Modern Kyrgyz-Turkish clinic opened in Osh", http://en.kabar.kg/news/modern-kyrgyz-turkish-clinic-opened-in-osh/, [2023-08-13].

果有需要可以选择土耳其或者吉尔吉斯斯坦的医生。据本地中资企业反馈，中企管理层人员如突发疾病，一般也倾向于赴该医院就医。

（三）土耳其在中亚的形象建设探讨

调研团从上述土耳其在乌、吉两国开展的经贸和文教项目中归纳如下两点观察。首先，无论是由政府还是企业主导，乌、吉两国境内的土耳其项目均会刻意在实体空间内植入语言、标志、图像等不同类别的土耳其符号，例如餐厅中的土耳其国旗、公园中的阿塔图尔克雕像，亦或是大学校园内的土耳其语路牌。而科教文卫机构中普遍使用的土耳其语同样可以被视为土耳其符号的一部分。无论是在土耳其援建的高校还是医院，在其中工作的本地员工均被要求学习和掌握土耳其语。而来自土耳其的教师和医生也往往需要掌握英语、对象国语言甚至俄语。通过提高本国符号在吉、乌两国空间中的出现频次，土耳其将有效增进对象国民众对本国的认识，借此扩大本国的国际影响力，并作为塑造共同历史文化亲缘性的基础。

其次，土耳其派驻乌、吉两国的官方机构和企业单位注重"平台化"与"集群化"发展。具体而言，土耳其在两国的官方机构与企业单位之间往往能够形成联动，而项目之间则能够形成"抱团取暖"之势。以吉尔吉斯斯坦－土耳其玛纳斯大学为例，尽管该校并不是土耳其合作与协调署（TİKA）或土耳其宗教事务局投资建设的高等院校，却成了这两个土耳其政府机构设立新项目的场所，事实上形成了土耳其在吉尔吉斯斯坦建设本国形象、扩大本国影响力的"平台"。此外，吉尔吉斯斯坦－土耳其玛纳斯大学还与吉尔吉斯－土耳其友谊国立医院建立了合作，凸显出土耳其在吉项目之间的"集群化"合作特点。土耳其私人资本在乌兹别克斯坦投资的 Magic City 项目同样呈现出"平台化"的特征，容纳了两家有土耳其投资的餐饮企业。当然，需要注意的是，此种高调的操作方式与土耳其目前在国际体系及地区关系中的特殊地位直接相关，不易为其他国家所复制。

图 8-19　乌兹别克斯坦浩罕至塔什干火车上俯瞰费尔干纳盆地（摄影：郑豪）

◆ 五、中国形象在乌、吉两国的建设路径与未来展望 ◆

本章从标准、平台与具体内容三个层面出发，对我国在乌、吉两国形象建设的现状进行了探析；同时，结合调研团在乌、吉的实地探访经验，本章考察了土耳其在两国的形象建设情况，并期待这一案例研究能够为我国未来的海外形象建设工作提供参考。总体而言，随着"一带一路"倡议的有序推进，乌、吉两国民众了解中国的渠道不断增加，我国在当地的形象更加生动立体；但与此同时也需认识到，我国在乌、在吉的海外形象建设仍有进一步提升的空间。

从标准层面来看，在部分技术标准复杂性较低的领域，我国标准已受到乌、吉两国认可；但在技术密集型领域，相较欧美标准及俄罗斯标准而言，我国标准受到的认可依然较为有限。值得注意的是，在电动汽车及新能源等新兴技术领域，当地政府与民间对我国标准的认可正在增长。因此应当指出，鼓励我国新兴技术领域企业借助"一带一路"倡议的契机进入乌、吉两国，将为中乌、中吉未来的双边技术交流与合作拓宽道路。

我国目前在乌、吉两国的海外形象建设平台以中资企业及孔子学院为主。从具体路径上看，中资企业主要通过自身的经济效益在乌、吉两国形成影响，推动当地友华氛围的发展；而孔子学院则是通过教育及宣传手段，更加直观地加深当地民众对我国的了解。不可否认，中资企业与孔子学院均为当地社会认识中国做出了重要贡献，但目前这两类平台之间的协作仍然较少，限制了它们在建设我国海外形象方面的作用。相较而言，土耳其在乌、吉两国的形象建设就更为系统，形成了由 TİKA 这一机构牵头协调、政府机构与民间企业相互配合的"集群化"运作模式，大大增强了土耳其在乌、吉两国的影响。尽管土耳其的案例有其特殊性，但"集群化"的运作特点仍然值得借鉴。调研团在考察期间发现，中资企业与孔子学院之间主要存在人才供需不匹配的问题，前者亟须通晓基本汉语、同时具备专业能力的人才，而后者通常以汉语语言及中国文化作为培养重点。若能增强海外孔院与中资企业之间的协调与合作，想必能够有效改善这一现状。同时，以鲁班工坊为代表的教育合作项目同样具备进一步丰富我国海外形象建设平台的可能，但其潜力是否能够得到充分拓展，仍然有待后续观察。

从具体内容层面来看，我国文化内容在乌、吉两国的传播已有一定建树。以李宁品牌为代表的中国品牌，目前正在两国有序开拓市场，日渐受到当地民众的认可。中资企业通过在当地支持慈善事业及公共建设，切实落实企业社会责任，也成为改善我国形象的立体名片。同时，中国电影在乌兹别克网络社区中的呈现，也折射出我国音像作品在当地进一步传播的潜力。尽管如此，目前我国文化内容在乌、吉两国的传播同样存在障碍，这一障碍主要体现为：当地民众对文化内容背后的"中国属性"缺乏了解。当然，苛求在乌、在吉企业与机构突出"中国身份"并不可行，但是适当地在文化内容中加入中国元素，或许能够对我国在当地的形象建设起到更为积极的作用。

附录 1

乌、吉两国法律动态简报 [①]

◆ 一、外商投资法 ◆

乌兹别克斯坦的投资法于 2020 年生效。[②] 其中规定，外商投资企业的一切外币费用，必须从本企业的外汇收入和其他获准的外汇来源中支付。此外，《投资法》规定，外国投资者有权自其终止投资活动后自由汇出所产生的收益和资产。目前，外国投资者汇回利润没有实际问题。

吉尔吉斯斯坦于 2022 年修订《投资法》，其中规定如果《投资法》或吉尔吉斯共和国税法或非税支付法发生修订，符合法定要求的投资者和被投资方有权在稳定协议签署之日起 10 年内选择对其最有利的纳税条件，包括增值税，但不包括其他间接税，以及按吉尔吉斯共和国法律规定的方式支付的非税款项（公共服务费用除外）。

[①] 本简报信息主要来源主要包括中华人民共和国商务部对外投资指南、2022 年乌兹别克斯坦投资和对外贸易部《乌兹别克斯坦投资指南》（Investment Guide Uzbekistan）、2023 年吉尔吉斯斯坦商业和贸易部《商业和投资说明》（Trade and Investment Factsheets）、2023 年大成德同（Dentons）报告《在乌兹别克斯坦经商》（Doing business in Uzbekistan）、2023 年安永报告《在乌兹别克斯坦经商：税收和法规入门指南》（Doing business in Uzbekistan: An introductory guide to taxes and regulations）、2023 年卡利科娃律师事务所（Kalikova & Associates）报告《在吉尔吉斯共和国经商：法律视角》（Business in the Kyrgyz Republic: Legal Aspects）以及贝克·麦肯锡 2021 年报告《在乌兹别克斯坦经商》（Doing Business in Uzbekistan）。本简报仅供参考。

[②] 乌兹别克斯坦法律在线，见 https://lex.uz/ru/docs/4664144。

（一）十年程序保护

乌兹别克斯坦《投资法》还规定，投资者可以在投资之日起的十年内受到保护，不受立法中某些不利变化的影响。"不利变化"包括：

- 引入新的手续，使将收入汇出乌兹别克斯坦的程序复杂化，或减少可汇出的收入数额；
- 对投资数额实行限制，包括提高外国参与企业的外国投资的最低数额；
- 对法人法定章程资本中的股权参与进行限制；
- 对外国个人投资者申请和延长签证的程序实行新的手续；
- 或对外商投资规定其他附加条件。

（二）本土竞争力与"外商投资企业"（EWFI）

为了促进自给自足的国家政策，乌兹别克斯坦试图鼓励外国投资者生产可用于出口或替代本应进口的货物。要被视为"外商投资企业"，公司的外国投资份额必须不低于其法定资本的 15%。其权益包括：拥有至少 500 万美元外国货币投资的"外商投资企业"自其注册之日起 10 年内享有与大多数税收相关的税收优惠。生产政府重点商品和服务的外商投资企业免征土地税和水使用税；外商直接投资在 30 万美元至 300 万美元之间的，期限为 3 年；外商直接投资在 300 万美元至 1000 万美元之间的，为 5 年；外商直接投资额在 1000 万美元以上的，可享受 7 年优惠。（之前在纳沃伊自由经济区的政策）从事石油和天然气勘探工程的外国公司及其外国承包商和分包商，免征所得税、土地税、财产税、土地税，免征与进口设备和服务有关的海关税费（不包括增值税和海关规费）。

此外，根据总统特别决议和投资协议的缔结，外国投资公司可以获得额外的免税和其他优惠。根据公司项目对政府的重要性以及投资的数量和性质等因素，额外的利好可能包括：免征从量税、关税、协助办理签证和工作许可等。

（三）投资规划

乌兹别克斯坦最近通过了 2020—2022 年的最后一个投资规划，包括各个经济部门的项目（如能源、纺织、建筑、农业等）。[①]预计中央和非中央投资总额为 928.7 万亿索姆，其中包括 375 亿美元的外国投资。与许多外国投资者的看法相反，列入投资规模并不会自动赋予特定项目税收、货币兑换或其他奖励。相反，列入投资方案的项目只是有资格获得政府酌情决定的奖励。

（四）特殊经济区

乌兹别克斯坦的《特殊经济区法》于 2020 年生效，其中包括 20 个自由经济区，8 个和医药有关，近 60 个特别工业区。[②]

吉尔吉斯斯坦设有 5 个自由经济区，分别是：比什凯克自由经济区（位于比什凯克市）、纳伦自由经济区（位于纳伦州）、卡拉阔尔自由经济区（位于伊塞克湖州）和玛依玛克自由经济区（位于塔拉斯州）和莱列克自由经济区（巴特肯州）。目前，在 4 个自由经济区中，初步成型并给地方经济发展带来一定促进作用的仅有比什凯克自由经济区。根据现行规定，外资企业在自由经济区经营期间，免缴进出口关税及其他税费；对在自由经济区注册的外资企业输入经济区内的货物免征增值税、消费税及其他税费。当其向境外出口商品时，须向经济区管理委员会缴纳出口报关货值 0.1%—2% 的"提供税收优惠服务费"。自由经济区生产的产品在出口到吉尔吉斯斯坦境外时不受出口配额和许可证的限制。此外，若使用上述进口商品生产的产品在吉尔吉斯斯坦国内附加值符合吉法律关于"充分加工"的标准要求（如机械设备或音像设备需高于 40%），则其原产地便可被视为吉尔吉斯斯坦，从而能够

[①] 乌兹别克斯坦商业和对外贸易部，见 https://invest.gov.uz/mediacenter/news/an-investment-program-for-the-next-three-years-was-adopted/。

[②] 乌兹别克斯坦法律在线，见 https://www.lex.uz/docs/4737514。

免关税和其他税费，自由出口到欧亚经济联盟其他国家。

吉尔吉斯斯坦无特别工业区。

◆ 二、数字经济 ◆

（一）"数字税"

自 2020 年 1 月 1 日起，非乌兹别克斯坦居民必须为居住在乌兹别克斯坦的个人客户（或使用当地银行账户支付购买价格，在乌兹别克斯坦注册网络地址或使用乌兹别克斯坦电话号码订购）提供的一些数字服务支付当地增值税。这些服务包括：通过互联网提供软件、电子书、音乐和其他数字内容、域名和托管服务、流媒体服务、在线贸易平台、在线广告服务等，但不包括如互联网接入服务和通过电子邮件提供咨询服务等。

自 2022 年 1 月 1 日起，对于不在吉尔吉斯斯坦注册的域名或 IP 地址且不导致永久性机构（PE）的电子形式服务提供者，应征收 12% 的增值税（VAT）。[①] 吉尔吉斯斯坦政府拟修改税法，将通过电子方式销售给吉尔吉斯斯坦居民的商品纳入征收增值税的数字服务范畴。

以下情况下的企业可能需要缴纳电子商务税，税率为净利润的 2%：基于在吉尔吉斯斯坦注册的域名或 IP 地址提供电子形式服务；根据吉尔吉斯斯坦关于电子商务的法律规定，作为销售者和 / 或交易平台运营者的活动。

（二）虚拟注册

自 2022 年 4 月 15 日起，乌兹别克斯坦 IT 园区（IT 公司的域外自由经济区，2019 年成立）的居民有权拥有虚拟办公室作为其邮政 / 法定地址。[②]

[①] 普华永道，见 https://taxsummaries.pwc.com/kyrgyzstan/corporate/significant-developments。

[②] 乌兹别克斯坦电子技术公园，见 https://it-park.uz/。

为吸引信息技术企业，2013 年吉尔吉斯斯坦设立高新技术园区，并对外招商，为编程人员和 IT 公司提供了一个开放的平台。

（三）个人信息

乌兹别克斯坦于 2019 年通过《个人数据法》，对个人数据的跨境传输做出规定。个人数据可能会被转移到提供充分数据保护的国家。该法没有定义"充分"一词。自 2021 年 4 月 16 日（修正案通过）起，数据所有者和运营商必须将个人数据存储在乌兹别克斯坦境内的数据库中。

◆ 三、转移定价 ◆

自 2022 年 1 月 1 日起，乌兹别克斯坦规定有受控交易的汇报义务：出于税收目的，受控交易应按市场条件进行。受控交易有两种类型：（a）关联方之间金额超过 50 亿苏姆（223,000 美元）的交易（在某些特定情况下为 5 亿苏姆）；和（b）石油、油品、贵金属、有色金属和其他部分产品的跨境交易（其全部清单由国家海关委员会批准）或者其中一方在指定的外部司法管辖地设立的交易。这些交易可能发生在关联方和不相关方之间。

受控外国公司（根据所持有比例对未分配利润征税）系指，如果当地税务居民（公司或个人）持有外国公司超过 50% 的股份（自 2023 年 1 月 1 日起超过 25%），通常将被视为拥有"受控外国公司"，除非该公司：（a）被认为是一家活跃的外国控股公司，且不在指定外部管辖区；或者（b）公司的有效企业所得税税率不低于 15%，且位于与乌兹别克斯坦签订了避免双重征税协定的国家。

吉尔吉斯斯坦于 2022 年修改《税法》和《社会保险法》，但对转移定价无规制。

◆ 四、劳工制度 ◆

乌兹别克斯坦于 2019 年引入"统一国家劳动系统"[①] 的跨部门硬件软件综合系统。这个新系统将允许记录个人的劳动活动,以及现有和新增的工作岗位。消息称:"目前,组织机构中的人事管理问题主要以纸质形式进行,这使得员工的工作经验难以可靠地核算,尤其是在申请年龄养老金时。这为就业信息失真创造了条件,增加了行政成本。"

2023 年 1 月 1 日,新劳动法扩大了适用范围。尤其对聘用、集体解雇标准、社会伙伴关系、远程工作、借调、正式调查和集体劳资纠纷、专业培训、再培训和高级培训等问题进行规范。

乌兹别克斯坦就业和劳动关系部长谢尔佐德·库德比耶夫(Sherzod Kudbiyev)称,1350 万经济活跃人口中只有 40% 的人正式工作,其余 60%(810 万人)在非正规部门工作。美国国际劳工事务局(ILAB)于 2022 年更新了童工或强迫劳动生产的全球商品清单,移除了乌兹别克斯坦的棉花。该组织拨款给美国劳工团结中心(Solidarity Center)和国际劳工组织以在乌兹别克斯坦进行劳工监督。[②]

◆ 五、可再生能源与能源多样化 ◆

2019 年 5 月,乌兹别克斯坦通过了《可再生能源法》,旨在通过发展和监管可再生能源部门,帮助乌兹别克斯坦实现经济多元化,并减少对化石燃料能源的依赖。

[①] "乌兹别克斯坦引入统一国家劳动系统",见 https://kun.uz/en/news/2019/08/19/uzbekistan-to-introduce-national-labor-system。

[②] 美国劳工部,见 https://www.dol.gov/newsroom/releases/ilab/ilab20221004;国际劳工组织,见 https://www.ilo.org/global/about-the-ilo/newsroom/news/WCMS_838396/lang--en/index.htm。

可再生能源发电的电价将通过竞争性招标程序确定。国家对投资者、可再生能源生产商和可再生能源设备生产商的支持可以采取以下形式：

- 税收、海关和"其他奖励和优惠"；

- 协助创新技术的创造和应用；（成立专门公司负责装配）。

- 国家保证可再生能源设备接入国家统一电网。（政府将向人们支付每千瓦 0.088 美元，并将其转移到国家能源系统中；从 2023 年 4 月 1 日起，所有同意安装太阳能电池板的房主将免征财产税和土地税）

可再生能源生产商在 10 年内豁免：可再生能源设备的财产税；所有名义容量在 0.1 兆瓦以上的设备占用土地的土地税。这些免税措施自相关设备开发之日起生效。

可再生能源生产的能源销售放权。乌兹别克斯坦立法一般要求发电公司生产的电能必须出售给电能的统一购买者——乌兹别克斯坦国家电网公司。反过来，电能的单一购买者与地区电力网签订合同，将电能分配给最终消费者。而《可再生能源法》允许地方电网直接与可再生能源生产商签订电力能源购买合同，前提是获得统一电力能源购买者和当地市政当局的同意。

2018 年，吉尔吉斯斯坦政府颁布《吉尔吉斯斯坦——绿色经济国家》规划，旨在改变能源进口格局。

◆ 六、私有化与公私合作 ◆

乌兹别克斯坦外国投资者的参与方式包括：

- 投资国有企业，增加国有企业的法定资本，将国有企业转为国有股份、参股所有制，并将增加的法定资本的部分股份出售给外国投资者；

- 在外资参与设立的投资基金、证券公司和投资银行中分配和交换私有化国有企业的股份；

- 公私伙伴关系；

● 外国投资者在国家拥有土地所有权的新企业中采取"交钥匙"施工，或者在国家拥有部分土地所有权的未完工建筑物中完成施工。

2019 年 5 月 29 日，乌兹别克斯坦通过了《公私伙伴关系法》，以吸引外国投资者参与重大基础设施项目。PPP 安排可用于与乌兹别克斯坦境内任何资产（包括基础设施和工业设施相关项目）的设计、建造、供应、融资、重建、现代化、运营和维护。经济和财政部下属的公司伙伴关系发展署（2022 年底被撤并）指定为负责实施项目的主要国家机构。

"黄金股"机制使政府对任何战略性股份有限公司的某些最重要决定拥有否决权。"黄金股"没有任何价值，目的是在不危及国家利益的情况下实现私有化。

2023 年 1 月，已完成了 212 个总价值超过 45 亿美元的公私合作伙伴关系（PPP）项目。涉及以下领域：能源领域有 8 个项目，医疗保健领域有 20 个项目，水利管理领域有 52 个项目，生态领域有 53 个项目，教育领域有 48 个项目，文化领域有 24 个项目，就业和劳动关系领域有 2 个项目，交通、公共服务、税收、手工业和执法领域有 5 个项目。

吉尔吉斯斯坦计划到 2026 年实施 56 个项目，涵盖能源、医疗保健和交通等领域。预计投资规模约为 12 亿美元，将使该国的 PPP 投资增加三倍以上。该国 2019、2021 年两次修订 2012 年出台的《公私伙伴关系法》，简化了 PPP 项目准备和选择私营合作伙伴的程序。

公共合作伙伴的公共方伙伴可以是：大规模项目（1 亿吉尔吉斯斯坦索姆以上）中，各自政府或地方自治机构、国家、企业、事业单位或国有持股 50% 及以上的股份公司共同成立的 PPP 机构，或者在小规模项目作为单独身份加入的部门。大规模项目将由主管部门经济和商务部进行招标；小规模项目将由各自的政府或地方自治当局、国家或市级企业或事业单位进行招标。

大型 PPP 项目只需要一份投标，且引入了通过直接谈判授予项目的程序。以往大型项目至少需要两个投标人，否则招标可能被宣布无效。

为了在试点模式下测试新的创新 PPP 项目，总统下属的国家投资局作为

PPP 主管机构，可以为实施特定的 PPP 项目提供"监管沙盒"。如果其提案被接受，国家投资局可以向吉尔吉斯共和国内阁部长提交相应的法案草案。如果内阁部长通过了将监管沙盒方法应用于 PPP 项目的相应决定，国家投资局可以与利益相关方签订协议，并确定合格的公共合作伙伴。公共合作伙伴可以监督在监管沙盒计划下实施的 PPP 项目，如果证明其在社会和经济上是有效的，可以向部长内阁提交建议，采取措施在吉尔吉斯共和国的 PPP 项目范围内应用这种方法。

2017 年，卫生部与德国费森尤斯医疗保健有限公司（Fresenius Medical Care Deutschland）签署了该国首个 PPP 协议。该项目被 2018 年伙伴关系奖评为五个最佳医疗保健项目之一。

◆ 七、争议解决 ◆

根据乌兹别克斯坦总统的决定，乌兹别克斯坦共和国工商会下属的塔什干国际仲裁中心（TIAC）于 2018 年 11 月成立。 国际仲裁委员会负责解决本地公司和外国公司（包括外国投资者）之间的国际争端，并建议各方采用各种替代性争端解决办法，包括调解、紧急仲裁等。2021 年，政府有消息释放出会建立"普通法飞地"。乌兹别克斯坦的中间禁令可以在诉讼前申请。

吉尔吉斯斯坦无上述国内的仲裁中心，双方可协商至其他国际仲裁。如果各方未能在第一次书面协商请求之日起 3 个月内友好解决，则投资者与吉尔吉斯斯坦当局之间的任何投资争端方可在吉尔吉斯斯坦法院解决。中间禁令不可在诉讼前申请；律师调查权受到一定限制。

附录 2

乌、吉两国物价调研简报

◆　一、乌、吉两共国民收入状况　◆

2023 年 1 月至 3 月，乌兹别克斯坦人均月收入为 409.21 万乌兹别克斯坦苏姆（约 354.29 美元，以下简称苏姆），较去年同期上涨 19.7%。其中，塔什干市人均月收入为 661.75 万苏姆（约 572.94 美元），较去年同期上涨 26.6%，收入水平及增速均位列各地区之首；纳沃伊州人均月收入为 548.67 万苏姆（约 475.04 美元），为各州第一；塔什干州为 409.14 万苏姆（约 354.23 美元）；安集延州为 350.45 万苏姆（约 303.42 美元）；费尔干纳州为 306.56 万苏姆（约 265.42 美元），为乌兹别克斯坦最低水平。[①] 从行业来看，乌兹别克斯坦收入最高的行业为金融和保险行业，月均收入为 1103.85 万苏姆（约 955.71 美元），其次为信息和通信行业，为 931.98 万苏姆（约 806.91 美元）；收入最低的行业为医疗保健和社会服务行业，月均收入为 272.77 万苏姆（约 236.16 美元）。[②]

---

① 以上数据不包括农业与小型企业。

② 以上数据均来源于乌兹别克斯坦国家统计局 2023 年 1 月—3 月统计报告。汇率换算根据 2023 年 7 月 15 日谷歌财经网的汇率数据，美元兑乌兹别克斯坦苏姆为 1∶11550；人民币兑乌兹别克斯坦苏姆为 1∶1617。https://www.google.com/finance/quote/USD-UZS?sa=X&ved=2ahUKEwjBganF16SAAxVsiv0HHSiOB5IQmY0JegQIARAY, https://www.google.com/finance/quote/USD-KGS?sa=X&ved=2ahUKEwjEmobU16SAAxWeg_0HHYncDG8QmY0JegQIARAY。

吉尔吉斯斯坦 2022 年第三季度人均月收入为 24594 吉尔吉斯斯坦索姆（约 295.13 美元，以下简称索姆）。[①]2022 年吉尔吉斯斯坦人均月收入为 316.5 美元。[②]2023 年最低生活保障为 7838.8 索姆（约 89.21 美元）。[③]若依据乌兹别克斯坦人均月收入标准来看，吉尔吉斯斯坦人均月收入处于中等偏下水平。

相较而言，2023 年，我国共有 15 个省份第一档月最低工资标准在 2000 元及以上（约 281.71 美元）。[④]该数据略低于乌兹别克斯坦人均月收入，与吉尔吉斯斯坦人均月收入基本持平。据世界银行的数据显示，2022 年乌兹别克斯坦人均年收入（GNI per capita）为 2190 美元，吉尔吉斯斯坦人均年收入为 1410 美元，均属于中低收入国家。[⑤]由此可见，乌、吉两国收入情况处于偏低水平，人民生活质量普遍较低。

◆ 二、乌、吉两国物价调研信息汇总及比较研究 ◆

调研团在乌兹别克斯坦塔什干市的 Havas 连锁超市、Chorsu 巴扎、浩罕市的 Marvarid 超市；吉尔吉斯斯坦比什凯克市的 Kiwi 超市、奥什市的 Globus 超市、贾拉拉巴德市的巴扎进行了物价调研。

---

① https://24.kg/english/249047_Average_salary_in_Kyrgyzstan_to_reach_almost_30000_soms_by_2025/。汇率换算根据 2022 年 10 月 25 日（本新闻发布日）谷歌财经网的汇率数据得出，上网日期：2023 年 7 月 15 日。

② "Average salary in Kyrgyzstan to reach almost 30,000 soms by 2025", https://24.kg/english/260834_Average_salary_in_Kyrgyzstan_reached_3165_in_2022/, [2023-07-15].

③ https://24.kg/english/249047_Average_salary_in_Kyrgyzstan_to_reach_almost_30000_soms_by_2025/. 上网日期：2023 年 7 月 15 日。

④ 数据来源：中华人民共和国人力资源和社会保障部：《全国各省、自治区、直辖市最低工资标准情况（截至 2023 年 7 月 1 日）》，2023 年 7 月 3 日，http://www.mohrss.gov.cn/SYrlzyhshbzb/laodongguanxi_/fwyd/202307/t20230703_502349.html，上网日期：2023 年 7 月 15 日。

⑤ 世界银行 GNI per capita 数据，https://data.worldbank.org/indicator/NY.GNP.PCAP.CD?locations=UZ&year_high_desc=true.https://data.worldbank.org/indicator/NY.GNP.PCAP.CD?locations=KG&year_high_desc=true.，上网日期：2023 年 7 月 23 日。

巴扎（传统市场）在乌、吉两国民众的日常生活中占据重要地位。相对连锁商超而言，巴扎是普通民众购买日常用品的通常去处。不过，巴扎的商铺中往往不会提供明确的商品价格标识，因此调研团认为，由本团队在巴扎中搜集的物价数据很有可能不具备代表性，往往会高于当地人购物的实际价格。有鉴于此，本文将主要以连锁商超中明确价格标识的商品作为数据来源。考虑到乌、吉两国连锁超市的主要客户群体可能无法代表两国民众整体状况，因此本文数据仅供参考，主要反映部分地区、特定人群的消费水平。

附表 1　乌兹别克斯坦主要商品价格（2023 年 6 月）

商品名称	2023 年 6 月价格	折合美元（根据 7 月 14 日汇率）
带骨牛肉	70000—74900 苏姆 / 公斤	6.06—6.48
大米	8200—22200 苏姆 / 公斤	0.71—1.92
面粉	9250—10500 苏姆 / 公斤	0.80—0.91
植物油	15780—17950 苏姆 / 升	1.36—1.55
牛奶	12800—20000 苏姆 / 升	1.11—1.73
冷冻整鸡	32500—35500 苏姆 / 公斤	2.81—3.07
奶酪	121500—155000 苏姆 / 公斤	10.52—13.42
饮用水	2400—3500 苏姆 / 升	0.21—0.30
西红柿	6500 苏姆 / 公斤	0.56
中国梨	24900 苏姆 / 公斤	2.16
李子	7500 苏姆 / 公斤	0.65
油桃	14500 苏姆 / 公斤	1.25
蟠桃	29950 苏姆 / 公斤	2.59
卫生纸（1 提 /16 卷）	125300 苏姆	10.85
香皂 / 块	7000 苏姆	0.61

资料来源：乌兹别克斯坦塔什干市 Havas 连锁超市与浩罕市 Marvarid 超市零售价格。

附表 2　吉尔吉斯斯坦主要商品价格（2023 年 7 月）

商品名称	2023 年 7 月价格	折合美元（根据 7 月 14 日汇率）
带骨牛肉	569 索姆 / 公斤	6.47
大米	124—195 索姆 / 公斤	1.41—2.22
面粉	50—83.2 索姆 / 公斤	0.57—0.95
砂糖	83 索姆 / 公斤	0.94
植物油	114—163 索姆 / 升	1.30—1.86
牛奶	64—137 索姆 / 升	0.73—1.56
李子	67 索姆 / 公斤	0.76
中国梨	273 索姆 / 公斤	3.11
西红柿	195 索姆 / 公斤	2.22
腌鸡腿	349 索姆 / 公斤	3.97
面包	19—49 索姆 / 块	0.22—0.58
土豆	57 索姆 / 公斤	0.65
洋葱	37 索姆 / 公斤	0.42
奶酪	66—231 索姆 / 公斤	0.75—2.63
本地橙子	149 索姆 / 公斤	1.69
进口橙子	765 索姆 / 公斤	8.71
卫生纸	19 索姆 / 提（6 卷）	0.22
洗洁精	316 索姆 / 升	3.60
牙膏	160—308/ 管（75ml）	1.82—3.51
洗衣粉	161—272 索姆 / 公斤	1.83—3.10

资料来源：吉尔吉斯斯坦比什凯克市 Kiwi 超市与奥什市 Globus 超市零售价格

2023 年 1 月至 3 月，乌兹别克斯坦综合居民消费价格指数为 102.4%，降至 2019 年 1 月以来最低。[①] 自疫情结束以来，乌兹别克斯坦的通货膨胀率在过去几个月内有所放缓，消费品价格上涨的速度有所减缓。乌兹别克斯坦总体物价在中亚及独联体国家属中上水平。新冠肺炎疫情以来，食品价格涨

① 数据来源：乌兹别克斯坦国家统计局 2023 年 1 月—3 月统计报告。

幅较快。据乌兹别克斯坦国家统计委员会数据显示，2022 年受新冠肺炎疫情影响，乌兹别克斯坦土豆、鸡蛋、食用油、食糖、肉类等基础食品价格均大幅上涨，吉尔吉斯斯坦当地生活用品，尤其是食品价格大幅上涨，面粉、植物油、砂糖等主要生活必需品供不应求。2022 年一季度，吉尔吉斯斯坦物价同比上涨 10.2%。[①] 据了解，两国居民消费支出约五成用于食品类支出，三成用于非食品类，其他公共支出约占两成。从支出结构来看，两国仍然在消费温饱类产品。

乌、吉两国，肉类、奶制品（包括牛奶、奶酪等）的价格与中国物价相比均较低，接近中国价格的 1/2—2/3。2023 年 1 月，比什凯克市羊肉价格为 5.94 美元/公斤，牛肉为 4.53 美元/公斤，为欧亚经济联盟成员国首都的最低水平。[②] 此外，本土蔬菜水果，如土豆、洋葱、李子等价格略低于中国。然而，进口蔬菜水果如进口橙子、进口桃子等较本土产品价格高出 1—5 倍左右。

值得注意的是，调研数据中吉尔吉斯斯坦西红柿价格与中国相比高出 2 倍不止。2021 年，吉尔吉斯斯坦进口西红柿 5420 吨（约合 528 万美元）。其中，2021 年前 4 个月，自土库曼斯坦西红柿进口量占吉西红柿进口总量 55%；自乌兹别克斯坦进口量占总量 32%；自中国进口量占总量 8.3%。[③] 尽管西红柿属于吉尔吉斯斯坦本土蔬菜，但其产量却为中亚五国最少，仅为乌兹别克斯坦的十分之一不到。[④] 因此，吉尔吉斯斯坦一定程度上对于西红柿有进口的需求，导致价格偏高。

---

① 数据来源：对外投资合作国别（地区）指南，吉尔吉斯斯坦 2022 版。

② "Bishkek residents can buy half as much food with salary as residents of Moscow", https://24.kg/english/259589_Bishkek_residents_can_buy_half_as_much_food_with_salary_as_residents_of_Moscow/, [2023-07-16].

③ 数据来源：驻吉尔吉斯斯坦共和国大使馆经济商务处：《2021 年 1 月至 4 月，吉尔吉斯大量进口西红柿》，2021 年 6 月 22 日，http://kg.mofcom.gov.cn/article/jmxw/202106/20210603160546.shtml，上网日期：2023 年 7 月 16 日。

④ 维基百科：《各国番茄产量列表》，https://zh.wikipedia.org/zh-hans/%E5%90%84%E5%9B%BD%E7%95%AA%E8%8C%84%E4%BA%A7%E9%87%8F%E5%88%97%E8%A1%A8，上网日期：2023 年 7 月 16 日。

在能源消费方面，据商务部报告显示，乌兹别克斯坦天然气价格极低，企业用气价格为 0.1 美元 / 立方，相当于吉尔吉斯斯坦的 1/4，中国的 1/3 至 1/10，民用燃气价格则低至 0.036 美元 / 立方。吉尔吉斯斯坦工业电价为 0.02 美元 / 度，是乌兹别克斯坦的一半。乌兹别克斯坦汽油价格略低于吉尔吉斯斯坦，92 号汽油的价格约为每升 0.79 美元（吉）与 0.52 美元（乌）。吉尔吉斯斯坦工业用水 0.12 美元 / 立方，相当于乌兹别克斯坦的 1/3，中国的 1/5。乌兹别克斯坦水价略高，居民生活用水为 0.13 美元 / 立方，工业用水为 0.34 美元 / 立方。

在生活用品方面，乌、吉两国物价情况与两国实际收入水平略有不均衡。乌、吉两国的香皂、卫生纸、洗衣粉等物品价格普遍与中国物价持平，甚至部分商品价格会略高于中国。由于乌、吉两国轻工业较为不发达，生活用品很大程度上依靠进口，导致价格偏高。例如，乌兹别克斯坦洗衣粉价格普遍达到中国的 2—4 倍。卫生纸的价格与中国基本持平，然而产品质量较差，质感较粗糙。

考虑到乌兹别克斯坦和吉尔吉斯斯坦的人均收入普遍较低，这两个国家的物价水平并不足以满足人们的日常生活需求。在调研团走访过程中，居民们表示超市和电商平台的商品价格多处于消费不起的水平。为减少生活开支，居民普遍会选择在巴扎通过砍价购买价格低廉的商品。巴扎中本土生产的蔬菜水果物美价廉，但巴扎中的一些从中国、周边中亚国家进口的生活用品普遍质量偏差。与超市中质量上乘的商品相比，巴扎中的商品出于价格优势，对于当地百姓而言依然是更好的选择。

后 记

十年前，习近平主席在哈萨克斯坦首都阿斯塔纳提出了"一带一路"倡议。这一倡议旨在借用古代丝绸之路的历史文化符号，邀请沿线各国在共商、共建、共享的基础上共同打造政策沟通、设施联通、贸易畅通、资金融通、民心相通的命运共同体。十年来，"一带一路"倡议逐渐走深走实，中国与沿线国家各层次的交流日趋密切，一系列合作项目落地生根。但在这一过程中，现有政策规划、研究和合作机制层面的短板也日益凸显，其中较为显著的是对部分沿线国家知识供给的不足。

国别和区域研究在中国并非新鲜事物。即便不论自《史记》以降历代官修史书记述"四夷"的传统，自魏源编纂《海国图志》以来，域外知识建构始终包含探寻发展道路和支持外交实践两个层面的意义。20 世纪八十年代以来，我国国别和区域研究多聚焦于发达国家和国际政治主要力量，且以相对短时段的国家间关系和政策应对为研究重点。相较之下，"一带一路"沿线国家往往有着与殖民遗产相互交织的历史文化传统，实行形式多样的政治体制，处于不同的经济发展阶段，与国际体系以及周边邻国有着相对复杂的关系。针对"一带一路"沿线国家的国别和区域研究需要语言技能、在地知识和学科训练的有机结合，更需要长期而持续的关注跟踪和实地调研考察。在知识生产和积累的基础上，实务界迫切需要的是战略和战术层面具有针对性和可行性的建议和操作方案。这就意味着"一带一路"建设的深化需要多层次、成体系的国别和区域研究"产业链"。这一体系中既需要长期扎根田野、抑或深耕史料文献的基础研究部门，也需要长期跟踪国际时事、及时把握大国博弈动态的应用研究部门，更需要能对接"上下游"，将基础和应用研究成果与实务部门需求相结合的中间环节。

本书正是新时代国别和区域研究知识生产的一次尝试。自年初启动以来，调研项目得到北京大学研究生院、北京大学社会科学部和北京大学外国语学院的大力支持。乌兹别克斯坦、吉尔吉斯斯坦两国的高校、科研院所以及中资机构对本项目的实地调研工作给予了无私的帮助，特此致以诚挚的感谢！从前期筹备到后期报告写作，调研团的每位成员都为项目的顺利开展和最终成果倾注了心血。愿本报告能为政产学研各界同仁提供借鉴，为"一带一路"建设和中国－中亚命运共同体的构建贡献绵薄之力。

施　越

二零二三年十一月于北京大学燕园